신주 사마천 사기 21

정세가

조세가

이 책은 롯데장학재단의 지원을 받아 번역, 출간되었습니다.

신주 사마천 사기 21 / 정세가·조세가

초판 1쇄 인쇄 2022년 6월 15일
초판 1쇄 발행 2022년 6월 30일

지은이 (본문) 사마천
(삼가주석) 배인·사마정·장수절
번역 및 신주 한가람역사문화연구소 사기연구실

펴낸이 이덕일
펴낸곳 한가람역사문화연구소

등록번호 제2019-000147호
주소 서울특별시 종로구 김상옥로17 대호빌딩 신관 305호
전화 02) 711-1379
팩스 02) 704-1390
이메일 hgr4012@naver.com

ISBN 979-11-90777-31-5 94910

값은 뒤표지에 있습니다.

세계 최초
**삼가주석
완역**

신주
사마천
사기

㉑

정세가
조세가

지은이
본문_ 사마천
삼가주석_ 배인·사마정·장수절

번역 및 신주
한가람역사문화연구소 사기연구실

한가람역사문화연구소

차례

사기 제43권 史記卷四十三
조세가 趙世家

新註史記

원 사료는 중화서국中華書局 발행의 《사기》와 영인본 《백납본사기百衲本史記》를 기본으로 삼고, 인터넷 사료로는 대만 중앙연구원 역사어언연구소歷史語言研究所에서 제공하는 한적전자문헌자료고漢籍電子文獻資料庫의 《사기》를 참조했다.

일러두기

❶ 네모 상자 안의 글은 사기 본문 및 삼가주석 서문의 글이다.
❷ 한글 번역문 바로 아래 한문 원문을 실어 쉽게 대조할 수 있게 했다.
❸ 삼가주석 아래 신주를 실어 우리 연구진의 새로운 해석을 달았다.
❹ 사기 분문뿐만 아니라 삼가주석도 필요할 경우 신주를 달았다.
❺ 직역을 원칙으로 삼고 의역은 최대한 피했다.
❻ 한문 원문의 ( )는 빠져야 할 글자를, [ ]는 추가해야 할 글자를 나타낸다.

《사기》〈세가〉에 관하여

1. 〈세가〉의 여섯 유형

　《사기》〈본기本紀〉가 제왕들의 사적이라면 〈세가世家〉는 제후들의 사적이다. 〈본기〉가 모두 12편으로 1년의 열두 달을 상징한다면 〈세가〉는 모두 30편으로 한 달을 상징한다. 훗날 북송北宋의 구양수歐陽修 (1007~1072)가 《신오대사新五代史》를 편찬하면서 〈열국세가列國世家〉 10편을 저술했지만 반고班固는 《한서漢書》를 편찬할 때 〈열전〉만 저술하고 〈세가〉는 두지 않았다. 반고는 천하의 군주는 황제 1인이라고 다른 왕들의 존재를 인정하지 않았지만, 사마천은 〈세가〉를 설정해 각 지역의 제후도 독자적 영역을 가진 군주로 인정했다. 따라서 〈세가〉는 사마천이 역사를 바라보는 독특한 시각이 담긴 체제이다. 물론 《사기》의 중심은 〈본기〉로 제왕들이 중심이자 축이지만 그 중심이자 축은 혼자서는 기능하지 못하고 다른 기구들의 보좌가 있어야 제 역할을 할 수 있는데, 그중에서 제후로서 보좌한 인물들의 사적이 〈세가〉이다.

　사마천이 〈세가〉를 편찬할 수 있었던 제도의 뿌리는 주나라의 봉건제라고 할 수 있다. 주나라는 제후들을 분봉할 때 공작, 후작, 백작, 자작, 남작의 다섯 작위를 주었는데 이들이 기본적으로 〈세가〉에 분류될 수 있는 제후들이다. 그러나 사마천은 주나라 이래의 수많은 제후 중에서 일부를 추려 30편의 〈세가〉를 저술했다. 〈세가〉는 대략 여섯 유형으로 나눌 수 있다.

〈세가〉의 유형별 분류

유형	목록	편수	내용
1	오태백吳太伯, 제태공齊太公, 노주공魯周公, 연소공燕召公, 관채管蔡, 진기陳杞, 위강숙衛康叔, 송미자宋微子, 진晉, 초楚, 월왕구천越王句踐, 정鄭	12	주나라 초기 분봉 제후
2	조趙, 위魏, 한韓, 전경중완田敬仲完	4	춘추전국 시기 제후가 된 인물들
3	공자孔子	1	유학의 종주
4	진섭陳涉	1	진秦 멸망 봉기의 단초
5	외척外戚, 초원왕楚元王, 형연荆燕, 제도혜왕齊悼惠王, 양효왕梁孝王, 오종五宗, 삼왕三王	7	한나라 외척 및 종친
6	소상국蕭相國, 조상국曹相國, 유후留侯, 진승상陳丞相, 강후주발絳侯周勃	5	한나라 초 개국공신

2. 〈세가〉의 대부분은 동이족 혈통

여섯 유형 중 가장 중요한 것은 제1유형으로 모두 열두 편이다. 주로 주나라 초기에 분봉된 제후들의 사적인데, 제1유형을 특징하는 가장 중요한 요소는 혈통이다. 사마천은 열두 편의 〈세가〉를 모두 오제의 후손으로 설정했다. 사마천이 《사기》를 지은 가장 중요한 목적은 황제黃帝를 시작으로 삼는 한족漢族의 천하사를 서술하려는 것이었는데, 이 목적을 더욱 세밀하게 이루려는 이유로 〈세가〉를 서술한 것이다. 사마천은 《사기》에서 동이족의 역사를 한족의 역사로 대체하고자 했는데, 〈세가〉도 이 목적 내에서 벗어나서는 안 되었다.

이런 의도에서 사마천은 〈세가〉의 대부분을 주나라 왕실의 후예로 설정했다. 상商(은)나라는 동이족 국가임이 명확했기에 상나라를 꺾고 중원을 차지한 주나라를 한족의 역사를 만든 최초의 나라로 간주하고 대부분의 〈세가〉를 주나라 왕실의 후예로 설정한 것이다. 이것은 비단 사마천의 의도뿐만 아니라 주나라 자체에도 이런 성격이 있었다. 주나라는 상나라를 꺾고 중원을 차지한 후 자국의 수도를 천하의 중심이라고 인식하기 시작했다. 여기에서 하락河洛이란 개념이 나온다. 낙양 북쪽으로 흐르는 황하黃河에서 하河 자를 따고 수도 낙양洛陽에서 낙洛 자를 딴 것이 '하락河洛'인데, 이곳이 주나라의 중심부였고 이 지역을 주족周族들이 중국中國이라고 부른 것이 중국의 탄생이었다.

그러나 〈세가〉의 시조 대부분을 주나라 왕실의 후예로 만들어 한족漢族의 역사를 서술하려는 사마천의 의도가 성공을 거두기는 쉽지 않았다. 해석이 사실을 너무 뛰어넘었기 때문이다. 역사의 사실을 바꾸는 것은 쉽지 않은 일이어서 사마천이 서술한 〈세가〉의 이면을 연구하면 각 나라의 시조들이 사실은 한족이 아니라 동이족임을 간파할 수 있다.

특히 주나라의 시조 후직后稷도 한족이 아닌 동이족이라는 점에서 사마천의 의도가 성공을 거두기는 쉽지 않은 일이었다. 후직에 대해 《사기》〈주본기〉에서는 후직의 어머니 강원姜原이 제곡帝嚳의 원비元妃라고 말하고 있는데, 오제의 세 번째 제왕인 제곡은 동이족 소호少昊 김천씨의 손자로 동이족임이 명확하다. 그러므로 그 후예인 주나라 왕실은 동이족의 후예인 것이다. 그러니 사마천이 〈세가〉의 대부분을 주 왕실의 후예로 설정해 한족의 역사를 만들려고 했던 의도는 처음부터 빗나갈 수밖에 없었다. 사마천의 이런 의도를 간파하는 역사학자가 나타난다면 말이다.

주나라 시조 후직이 동이족이라면 사마천이 주왕실의 후예로 설정한 〈세가〉의 주요 인물들인 오태백, 노주공, 연소공, 관채(관숙 선, 채숙 도) 위강숙, 진강숙, 정환공 등도 모두 동이족의 후예일 수밖에 없다.

이는 실제의 혈통을 바꾸는 것이 얼마나 어려운 것인가를 말해주는 것이다. 〈세가〉의 두 번째 주인공인 제태공 여상이 동이족이라는 점이 이를 말해준다. 여상이 살았다는 '동해 위쪽[東海上]'에 대해서 배인裵駰이 《집해》에서 "《여씨춘추呂氏春秋》에는 '동이東夷의 땅이다.'라고 했다."고 쓴 것처럼 제태공은 명백한 동이족이자 상나라의 후예였다. 또한 진기(진陳나라와 기杞나라)는 맹자가 동이족이라고 말했던 순임금의 후예이고, 송미자는 동이족 국가였던 은나라 왕족이니 동이족일 수밖에 없다. 사마천은 초나라의 시조를 전욱 고양의 후손으로 설정했다. 전욱은 황제黃帝의 손자이자 창의昌意의 아들인데, 창의는 어머니와 아버지가 같은 형 소호의 동생이므로 역시 동이족이다. 월왕 구천은 우禹임금의 후예로 설정했는데, 남조南朝 유송劉宋의 유의경劉義慶이 5세기에 편찬한 《세설신어世說新語》에서 "우禹는 동이족이고 주나라 문왕은 서강西羌족이다."라는 구절이 있는 것처럼 하夏, 상商, 주周는 모두 이족夷族의 국가였다. 이는 중국의 삼대, 즉 하, 상, 주의 역사가 동이족의 역사임을 말해준다.

〈세가〉의 가장 중요한 제1유형에 속하는 열두 편의 주인공들은 모두 동이족의 후예였다. 사마천은 주나라부터는 한족이 역사의 주인공인 것처럼 서술했지만 서주西周가 멸망하는 서기전 771년의 사건에 대해 〈정세가〉에서 "견융犬戎이 유왕幽王을 여산驪山 아래에서 살해하고 아울러 정환공도 살해했다."라고 말하는 것처럼 이족夷族들은 제후국뿐만 아니라 주나라 왕실의 운명을 좌우할 정도로 주나라 왕실 깊숙이 뒤섞여 살았다. 동이족의 역사를 배제하면 〈세가〉를 이해할 수 없고, 〈세가〉가 존재할 수도 없다.

3. 유학적 관점의 〈세가〉 배열과 〈공자세가〉

사마천은 제후가 아니었던 공자를 세가 반열에 포함시킬 정도로 유학을 높였다. 비록 〈화식貨殖열전〉 등을 《사기》에 편찬해 의義보다 이利를 앞세웠다는 비판도 받았지만 사마천과 아버지 사마담司馬談은 기본적으로 유학자였다. 이런 사마천의 의도는 〈세가〉를 오태백부터 시작한 것에서도 드러난다. 유학에서 최고의 가치로 여겼던 선양禪讓을 높이기 위해서 주周나라 고공단보의 장남이지만 후사를 동생 계력에게 양보한 오태백을 〈세가〉의 첫 번째로 설정한 것이다.

그러나 〈세가〉는 각국의 시조를 모두 오제나 주나라 왕실의 후예로 설정한 모순이 드러난다. 태백과 동생 중옹이 도주한 형만은 지금의 강소성江蘇省 소주蘇州로 비정하는데, 태백과 중옹이 주나라 강역이 아니었던 남방 오나라의 군주가 되었다는 서술은 많은 검증이 필요하다. 마찬가지로 월나라에 대해 "월왕 구천은 그 선조가 우禹임금의 먼 자손으로 하후夏后 제소강帝少康의 서자庶子이다."라고 말하고 있는데 하나라 강역이 아니었던 월나라의 시조를 하나라 시조의 후손으로 설정한 것도 많은 검증이 필요하다.

4. 흥망성쇠의 역사

〈세가〉는 사실 《사기》의 어느 부분보다 역동적이다. 사마천은 비록 제왕은 아니었지만 한 나라를 세우거나 다스렸던 군주들의 흥망성쇠를 현장감 있게 전해주었다. 한 제후국이 어떻게 흥하고 망하는지는 지금도 많은 교훈과 생각거리를 준다. 진晉나라가 일개 호족들이었던 위魏, 한韓, 조趙씨의 삼진三晉에 의해 멸망하는 것이나, 제나라를 세운 태공망 여씨呂氏의 후손들이 전씨田氏들에 의해 멸망하고 선조들의 제사마저 폐해지는 장면 등은 내부를 장악하지 못한 왕실의 비극적 종말을 보여준다.

또한 같은 동이족이자 영성嬴姓이었던 진秦과 조趙의 양측 100만여 군사가 전사하는 장평지전長平之戰은 때로는 같은 혈통이 다른 혈통보다 더 적대적임을 말해주는 사례이다. 이 장평지전으로 진나라와 1대 1로 맞서는 국가가 사라졌고, 결국 진秦나라가 중원을 통일했다. 만약 장평지전이 없었다면 중원은 현재의 유럽처럼 여러 나라가 공존하는 대륙으로 남을 수 있지 않았을까라는 의문이 든다.

이렇게 중원을 통일한 진나라가 일개 농민이었던 진섭陳涉의 봉기로 무너지는 것은 한 필부匹夫의 한이 역사를 바꾼 사례라는 점에서 동서고금의 위정자들이 새겨야 할 교훈이 아닐 수 없다.

〈세가〉는 한나라 왕실 사람들도 그리 행복한 인생은 아니었다는 사실을 잘 말해주고 있다. 황후들의 운명 또한 그리 행복하지 않았다는 사실을

〈외척세가〉는 잘 보여주고 있다. 특히 한문제가 훗날 소제의 생모 구익부인을 죽이는 장면은 미래의 황제를 낳은 것이 행복의 시작이 아니라 개인적 불행의 정점이라는 점에서 역사의 냉혹함을 느끼게 한다.

효경제孝景帝의 다섯 명의 비妃에게서 난 열세 명의 아들에 대해 서술한 〈오종세가五宗世家〉 역시 황제의 아들이라는 신분이 때로는 축복이 아니라 저주일 수도 있다는 사실을 잘 말해준다. 무제의 세 아들 유굉劉閎, 유단劉旦, 유서劉胥에 대해 서술한 〈삼왕세가三王世家〉도 마찬가지이다. 〈삼왕세가〉는 청나라 양옥승梁玉繩이 《사기지의》에서 저소손褚少孫이 끼워 넣은 것이라고 비판했지만, 이와는 별도로 세 아들은 모두 풍요로운 땅에 봉해졌지만 나라가 없어지거나 자살해야 했으니 이 또한 고귀한 혈통일수록 겸손하고 자제해야 한다는 역사의 교훈을 말해주고 있다.

〈세가〉에서 서술한 각국, 각 제후 명칭과 연도는 그간 숱한 논쟁의 대상이 되어 왔다. 학자들에 따라서 1~2년 정도씩 차이가 나는 경우가 적지 않았다. 우리 해역진은 현재 중국 학계에서 인정하는 연표를 기본으로 서술했다. 그러나 이런 연표들이 다른 사료와 비교 검증했을 때 실제 연도와 다른 경우도 적지 않았다. 이 경우 〈수정 연표〉를 따로 제시했다. 〈수정 연표〉 작성은 이 분야를 오래 연구한 이시율 해역자가 주로 작성했고, 다른 해역자들의 검증도 거쳤음을 밝힌다.

사기 제42권 史記卷四十二

정세가 鄭世家

신주 정鄭나라 시조는 환공桓公인데 희성姬姓에 정씨鄭氏이다. 왕자 시절 이름은 우又이다. 주여왕周厲王 희호姬胡의 막내아들이자 주선왕周宣王 희정姬靜의 동복동생이다. 정나라 시조의 작호는 백작伯爵인데, 백우伯又라고 불렀다. 서기전 771년 견융이 주의 도읍 호경鎬京을 함락시킬 때 환공은 주여왕과 함께 죽임을 당했다. 처음 정 땅은 위수渭水 일대인 화현華縣 동쪽에 있었다. 지금의 섬서성 서안시 동쪽이다. 무공 때 동괵국東虢國과 회국鄶國 사이로 옮겼는데, 지금의 정주시鄭州市 남쪽 신정시新鄭市 자리이다.

군주 세계

군주 칭호	이름	재위 기간(모두 서기전)
정환공鄭桓公	우友	806~771
정무공鄭武公	굴돌掘突	770~744
정장공鄭莊公	오생寤生	743~701
정소공鄭昭公	홀忽	701
정여공鄭厲公	돌突	700~697
정소공鄭昭公	홀忽	696~695(복위)
정자미鄭子亹	미亹	694
정자영鄭子嬰	영嬰	693~680
정여공鄭厲公	돌突	679~673(복위)
정문공鄭文公	첩踕	672~628
정목공鄭穆公	란蘭	627~606
정영공鄭靈公	이夷	605
정양공鄭襄公	견堅	604~587
정도공鄭悼公	비沸	586~585

군주 칭호	이름	재위 기간(모두 서기전)
정성공鄭成公	곤睔	584~571
정희공鄭僖公	곤완髡頑	570~566
정간공鄭簡公	가嘉	565~530
정정공鄭定公	영寧	529~514
정헌공鄭獻公	돈蠆	513~501
정성공鄭聲公	승勝	500~463
정애공鄭哀公	역易	462~455
정공공鄭共公	축丑	455~424
정유공鄭幽公	이巳	423
정수공鄭繻公	태駘	422~396
정강공鄭康公	을乙	395~375

동쪽으로 나라를 옮기다

정鄭나라 환공桓公 우友는 주나라 여왕厲王의 막내아들이며 선왕
宣王의 서제庶弟이다. ①

선왕宣王이 즉위한 지 22년, 우友를 처음으로 정鄭 땅에 봉했다. ②

정나라에 봉해진 33년 동안 백성이 모두 편안하게 여기고 그를
사랑했다.

유왕幽王이 사도司徒로 삼았다. ③ 주나라 백성을 화목하게 하고 편
안하게 하니, 주나라 백성이 모두 달가워하고 하수河水와 낙수雒
水 사이의 사람들도 그를 따르며 사모했다.

鄭桓公友者 周厲王少子而宣王庶弟也① 宣王立二十二年 友初封于
鄭② 封三十三歲 百姓皆便愛之 幽王以爲司徒③ 和集周民 周民皆說 河
雒之間 人便思之

① 宣王庶弟也선왕서제야

[집해] 서광이 말했다. "〈십이제후연표〉에서는 모제母弟라고 했다."

徐廣曰 年表云母弟

[신주] 《사기지의》에서 말한다. "서제란 말은 잘못이며 〈십이제후연표〉

에 의거해 '모제'라고 해야 마땅하다. 《한서》〈지리지〉와 《정시보鄭詩譜》에서도 '모제'라고 했다. 《죽서기년》에서 '환공을 왕자 다보多父라고 했는데, 아마 그의 자字일 것이다.'라고 했다."

② 友初封于鄭우초봉우정

[색은] 정鄭은 현 이름이다. 경조京兆에 속한다. 진무공秦武公 11년 "처음으로 두杜와 정에 현을 두었다."라고 한 것이 이것이다. 또 《세본》에서 말한다. "환공은 역림棫林에 살다가 습拾으로 옮겼다." 송충이 말했다. "역림과 습은 모두 옛 지명이다." 이는 곧 환공이 봉해진 곳의 지명이 정이라는 것이다. 진秦나라 현인 정에 이르렀다고 했다면, 아마 정무공鄭武公이 동쪽의 신정新鄭으로 옮긴 뒤의 그 구정舊鄭일 것이다. 이에 이곳이 옛 도읍일 것이므로 진秦나라가 처음으로 현으로 삼았다.

鄭 縣名 屬京兆 秦武公十一年初縣杜鄭 是也 又系本云桓公居棫林 徙拾 宋忠云棫林與拾皆舊地名 是封桓公乃名爲鄭耳 至秦之縣鄭 蓋是鄭武公東徙新鄭之後 其舊鄭 乃是故都 故秦始縣之

[신주] 정나라 중심지는 현재 정주시 남쪽의 신정시新鄭市 일대이다. 정나라 환공이 처음 봉해진 곳은 오늘날 서안시西安市 동쪽의 위수渭水 일대이다. 한나라 시대 경조군京兆郡에 정현鄭縣이 있었다고 《한서》〈지리지〉에 나온다. 삼국시대에 남정南鄭이라는 곳이 《삼국지》〈장합전〉 등에 나온다. 모두 옛 정나라와 관련있는 이름이다. 참고로 남쪽 한중군漢中郡 치소도 남정인데, 이 남정과는 다른 곳이다.

③ 幽王以爲司徒유왕이위사도

[집해] 위소가 말했다. "유왕 8년에 사도가 되었다."

韋昭曰 幽王八年爲司徒

위소는 《국어》에 의거해서 유왕 8년에 사도가 되었다고 했다.

韋昭據國語以幽王八年爲司徒也

사도가 된 지 1년, 유왕이 포후褒后의 일 때문에 왕실을 다스림에 간악함이 많아지니 제후들이 혹 배반하기도 했다. 이에 환공이 태사 백伯①에게 물었다.

"왕실에 사고事故가 많은데, 나는 어떻게 해야 죽음을 피하겠는가?"

태사 백이 대답했다.

"오직 낙雒의 동쪽 땅, 하수河水와 제수濟水의 남쪽만이 살 만한 곳입니다."

환공이 말했다.

"무엇 때문인가?"

태사 백이 대답해 말했다.

"이 지역은 괵虢나라와 회鄶나라②에서 가까운 곳인데 괵나라와 회나라 군주가 탐욕스럽고 이익만 좋아하니③ 백성이 따르지 않습니다. 지금 공께서는 사도가 되어 백성이 모두 공을 아끼니 공이 진실로 그곳에 자리 잡기를 청하고, 괵과 회의 군주들이 공께서 장차 일하시는 것을 본다면④ 손쉽게 공에게 땅을 나누어 줄 것입니다. 공께서 진실로 그곳에 자리 잡고 사신다면, 괵과 회의 백성은 모두 공의 백성이 될 것입니다."

爲司徒一歲 幽王以褒后故 王室治多邪 諸侯或畔之 於是桓公問太史

伯①曰 王室多故 予安逃死乎 太史伯對曰 獨雒之東土 河濟之南可居

公曰 何以 對曰 地近虢鄶② 虢鄶之君貪而好利③ 百姓不附 今公爲司徒

民皆愛公 公誠請居之 虢鄶之君見公方用事④ 輕分公地 公誠居之 虢鄶

之民皆公之民也

① 太史伯태사백

[집해] 우번이 말했다. "주나라 태사이다."

虞翻曰 周太史

② 虢鄶괵회

[집해] 서광이 말했다. "괵은 성고에 있고 회는 밀현에 있다." 살펴보니
우번이 말했다. "괵은 희성姬姓이고 동괵東虢이다. 회는 운성妘姓이다."

徐廣曰 虢在成皐 鄶在密縣 駰案 虞翻曰 虢 姬姓 東虢也 鄶 妘姓

[정의] 《괄지지》에서 말한다. "낙주 범수현은 옛 동괵숙東虢叔의 나라이
며 동괵의 군주이다." 또 말한다. "옛 회성鄶城은 정주 신정현 동북쪽 32
리에 있다."

括地志云 洛州氾水縣 古東虢叔之國 東虢君也 又云 故鄶城在鄭州新鄭縣東北
三十二里

[신주] 한나라 시대 하남군 소속이다. 성고현成皐縣은 낙양 동쪽에 있고,
밀현密縣은 성고현 동남쪽에 있다. 운성妘姓은 제전욱帝顓頊의 손자 축융
祝融의 후예로 운妘, 기己, 동董, 팽彭, 독禿, 조曹, 짐斟, 미羋 성을 '축융팔
성祝融八姓'이라고 부른다. 제전욱은 황제의 손자이자 황제의 둘째 아들
창의昌意의 아들이다. 창의의 동부동복同父同腹 친형인 소호가 동이족이

라는 점에서 그도 동이족이고, 아들 전욱도 동이족일 수밖에 없다.

③ 虢鄶之君貪而好利곽회지군탐이호리

색은 《국어》〈정어〉에서 "괵숙虢叔은 세력을 믿고 회중鄶仲은 험한 지형을 믿어 모두 교만하고 사치스러우며, 또 탐욕을 더했다."라고 한 것이 이것이다. 괵숙은 문왕의 아우이다. 회鄶는 운성妘姓의 나라이다.

鄭語云虢叔恃勢 鄶仲恃險 皆有驕侈 又加之以貪冒是也 虢叔 文王弟 鄶 妘姓
之國也

④ 用事용사

신주 용사는 일을 맡아서 한다는 뜻으로 곧 권력을 쥐고 있음을 말한다. 당시 환공은 사도의 자리에 있었다.

환공이 말했다.

"내가 남쪽 강수江水 근처로 간다면 어떻습니까?"

태사 백이 대답해 말했다.

"옛날 축융祝融은 고신씨高辛氏의 화정火正이 되었는데 그 공이 컸습니다. 그러나 그들은 주나라에서 흥성하지 못했는데, 초나라가 그의 후예입니다. 주나라 왕실이 쇠약해지면 초나라가 반드시 흥성할 것이며, 초나라가 흥성하게 되면 정나라는 이롭지 못할 것입니다."

환공이 말했다.

"내가 서쪽에서 산다면 어떻습니까?①"

대답해 말했다.

"그 백성은 탐욕스럽고 이익만을 좋아하니 오래 살기는 어려운 곳입니다."

公曰 吾欲南之江上 何如 對曰 昔祝融爲高辛氏火正 其功大矣 而其於 周未有興者 楚其後也 周衰 楚必興 興 非鄭之利也 公曰 吾欲居西方 何 如① 對曰 其民貪而好利 難久居

① 吾欲居西方 何如오욕거서방 하여

색은 《국어》에서는 "공이 묻기를 '사謝의 서쪽인 구주九州는 어떤가?'라고 했다."로 되어 있다. 위소는 말한다. "사는 신백申伯의 나라이다. 사는 서쪽으로 구주九州를 소유했다. 2,500가구가 주州가 된다." 그 설명이 대개는 이곳과 다르다.

國語曰 公曰 謝西之九州何如 韋昭云謝 申伯之國 謝西有九州 二千五百家爲 州 其說蓋異此

신주 《국어》〈정어〉는 1권 1편으로 되어 있는데, 모두 환공과 태사 백이 말한 내용이다.

환공이 말했다.

"주나라가 쇠약해지면 어느 나라가 일어나겠습니까?"

대답해 말했다.

"제齊나라, 진秦나라, 진晉나라, 초楚나라일 것입니다.[①] 무릇 제나라는 강성姜姓이고 백이伯夷의 후예입니다. 백이는 요임금을 보좌해 전례典禮를 맡았습니다. 진秦나라는 영성嬴姓이고 백예伯翳의 후예입니다. 백예는 순임금을 보좌해 만물을 부드럽게 길들였습니다. 초나라 선조에 이르러서도 모두 일찍이 천하에 공이 있었습니다. 주나라 무왕이 은나라 주왕紂王을 토벌한 뒤에 성왕이 숙우叔虞를 당唐에 봉했는데[②] 그 땅은 길도 막혀 있고 험난합니다. 이때문에 덕을 지닌 자손이 주나라와 함께 쇠약해졌으니 (진晉나라가) 또한 반드시 흥성할 것입니다."

환공이 말했다.

"좋은 말씀입니다."

이에 급히 주나라 유왕에게 말하고 그의 백성을 낙수 동쪽으로 옮기자, 괵나라와 회나라에서 정말로 10개의 읍[③]을 바쳐서 마침내 그곳을 나라로 삼았다.[④]

公曰 周衰 何國興者 對曰 齊秦晉楚乎[①] 夫齊 姜姓 伯夷之後也 伯夷佐堯典禮 秦 嬴姓 伯翳之後也 伯翳佐舜懷柔百物 及楚之先 皆嘗有功於天下 而周武王克紂後 成王封叔虞于唐[②] 其地阻險 以此有德與周衰竝亦必興矣 桓公曰 善 於是卒言王 東徙其民雒東 而虢鄶果獻十邑[③] 竟國之[④]

① 齊秦晉楚乎제진진초호

신주 당시는 유왕이 견융에게 피살당하기 전으로, 아직 진秦나라가 제후에 반열되지 않았을 때의 일이다.

② 成王封叔虞于唐성왕봉숙우우당

집해 서광이 말했다. "〈진세가〉에서 '당나라 숙우叔虞의 성은 희姬이고, 자는 자우子于'라고 한다."

徐廣曰 晉世家曰唐叔虞 姓姬氏 字子于

색은 당唐은 옛 나라로 요임금의 후예인데, 군주를 숙우叔虞라고 한다. 어찌 그런 것을 알겠는가? 이 계가는 〈정세가〉의 다음 문장에 의거했다.

"당인唐人의 끝 세대는 당숙우唐叔虞이다. 무왕과 읍강邑姜이 마침 대숙大叔을 임신하니, 꿈에 하늘이 아들을 우虞라 하고 당唐을 주라고 명했다. 태어났는데 손바닥에 '우虞'라는 무늬가 있어서 마침내 이름으로 삼았다. 성왕成王이 당나라를 멸하고 태숙太叔의 나라로 봉해주었다. 그러므로 이로 인해 당숙우라고 칭했다." 또한 두예가 "당군唐君이라는 이름을 취했다."라고 말한 것이 이것이다.

唐者 古國 堯之後 其君曰叔虞 何以知然者 據此系家下文云唐人之季代曰唐叔虞 當武王邑姜方動大叔 夢天命而子曰虞 與之唐 及生有文在手曰虞 遂以名之 及成王滅唐而國太叔 故因以稱叔虞 杜預亦曰取唐君之名是也

신주 〈정세가〉 후반에 나오는 내용이다. 자산子産이 진평공晉平公을 위문하면서 한 말인데, 사마정은 그것을 축약 정리하여 인용했다.

③ 十邑십읍

집해 우번이 말했다. "10읍은 괵虢, 회鄶, 언鄢, 폐蔽, 보補, 단丹, 의依,

유언, 역歷, 신莘이다.”

虞翻曰 十邑謂虢鄶鄢蔽補丹依疇歷莘也

색은 《국어》에서 말한다. “태사 백이 이르기를 ‘만약 두 읍을 이기고 나면 언, 폐, 보, 단, 의, 유, 역, 신은 군君의 땅이 될 것입니다.’라고 했다.” 우번의 주석은 모두 《국어》의 설명에 의거했다.

國語云 太史伯曰 若克二邑 鄢蔽補丹依疇歷莘君之土也 虞翻注皆依國語爲說

④ 竟國之경국지

집해 위소가 말했다. “뒤에 무공武公이 마침내 10개의 읍 땅을 취해 자리 잡았으니, 지금의 하남 신정新鄭이다.”

韋昭曰 後武公竟取十邑地而居之 今河南新鄭也

신주 〈정세가〉 내용처럼 환공 때 옮긴 것이 아니라, 위소의 말처럼 이후의 무공 때 옮겼을 수도 있다. 《사기지의》의 설명도 위소의 말과 같다.

2년 만에 견융이 유왕幽王을 여산驪山 아래에서 살해하고 아울러 환공도 살해했다. 정나라 사람들이 모두 그의 아들 굴돌掘突①을 군주로 세웠는데, 이이가 무공武公②이다.

무공 10년, 신후申侯의 딸③에게 장가들어 부인으로 삼았는데 무강武姜이라고 했다. 무강은 태자 오생寤生을 낳았는데, 낳을 때 고생했으므로 오생이 태어났는데도 사랑하지 않았다. 뒤에 작은아들 숙단叔段④을 낳았는데 숙단은 쉽게 태어나 무강이 아꼈다.

27년, 무공이 병이 들었다. 부인이 무공에게 숙단을 태자로 세우

자고 청했으나 무공이 허락하지 않았다. 이해에 무공이 죽고 오생
이 즉위했는데, 이이가 장공莊公이다.

二歲 犬戎殺幽王於驪山下 幷殺桓公 鄭人共立其子掘突① 是爲武公②
武公十年 娶申侯女③爲夫人 曰武姜 生太子寤生 生之難 及生 夫人弗
愛 後生少子叔段 段生易 夫人愛之④ 二十七年 武公疾 夫人請公 欲立
段爲太子 公弗聽 是歲 武公卒 寤生立 是爲莊公

① 掘突굴돌

[정의] 앞 글자 掘의 발음은 '굴[求勿反]'이고, 뒤 글자 突의 발음은 '홀[戶
骨反]'이다

上求勿反 下戶骨反

② 武公무공

[색은] 초주는 "무공의 이름은 돌골突滑이다."라고 했는데, 모두 잘못되
었다. 아마 옛 역사에서 그의 이름을 잃어버렸을 것이다. 태사공은 옛날
에 잃어버린 것을 좇아서 망령되이 기록했을 뿐이다. 어떻게 그러한 것을
알겠는가? 아래 문장을 살펴보면 그의 손자 소공昭公의 이름은 홀忽이고
여공厲公의 이름은 돌突인데, 어떻게 손자와 할아버지가 이름이 같을 수
있겠는가? 이는 당연히 옛 역사에서 소昭, 여厲, 홀忽, 돌突의 이름이 섞여
기록된 것이 결국 잘못해서 굴돌掘突이 무공의 자가 되었을 뿐이다.

譙周云名突滑 皆非也 蓋古史失其名 太史公循舊失而妄記之耳 何以知其然者
按下文其孫昭公名忽 厲公名突 豈有孫與祖同名乎 當是舊史雜記昭厲忽突之
名 遂誤以掘突爲武公之字耳

신주 《사기지의》에서는 무공의 자字를 굴돌이라고 한 것은 망령된 것이라고 했다. 〈십이제후연표〉에서는 '활돌滑突'이라고 했다.

③ 申侯女신후녀

정의 《괄지지》에서 말한다. "옛 신성申城은 등주 남양현 북쪽 30리에 있다." 《좌전》에서 말한다. "정무공은 신申에 장가들었다."

括地志云 故申城在鄧州南陽縣北三十里 左傳云鄭武公取於申也

④ 生太子寤生~夫人愛之생태자오생~부인애지

집해 서광이 말했다. "〈십이제후연표〉에서는 14년에 오생寤生을 낳았고 17년에 태숙 단을 낳았다."고 했다.

徐廣曰 年表云十四年生寤生 十七年生太叔段

장공과 그의 아들들

장공 원년, 아우 숙단을 경京①에 봉하고 호를 태숙太叔이라고 했다. 제중祭仲이 말했다.

"경 땅은 나라의 수도보다 크니 아우를 봉할 곳이 아닙니다."

장공이 말했다.

"무강武姜께서 하고자 하시는데 내가 감히 빼앗지 못하겠소."

숙단은 경 땅에 이르러 군사를 정비하고 어머니 무강과 함께 정나라를 습격할 것을 모의했다.

22년, 숙단은 과연 정나라를 습격하고, 무강은 안에서 호응했다. 장공이 군사를 일으켜 숙단을 정벌하자 숙단은 달아났다. 경 땅을 정벌하자 경 사람들이 숙단에게서 돌아섰고 숙단은 언鄢②으로 달아났다. 언 땅마저 무너지자 숙단은 공共③으로 달아났다.

莊公元年 封弟段於京① 號太叔 祭仲曰 京大於國 非所以封庶也 莊公曰 武姜欲之 我弗敢奪也 段至京 繕治甲兵 與其母武姜謀襲鄭 二十二年 段果襲鄭 武姜爲內應 莊公發兵伐段 段走 伐京 京人畔段 段出走鄢② 鄢潰 段出奔共③

① 京경

집해 가규가 말했다. "경京은 정나라 도읍이다." 두예가 말했다. "지금의 형양군 경현이다."

賈逵曰 京 鄭都邑 杜預曰 今滎陽京縣

신주 형양군은 한나라 때의 하남군이다. 삼국시대와 서진西晉시대를 거쳐 하남군 동쪽을 나누어 형양군을 설치했다.

② 鄢언

정의 鄢의 발음은 '오[烏古反]'이다. 지금 신정현 남쪽 오두에 촌락이 있는데, 1만 가구보다 많다. 옛날에는 '언鄢'으로 되어 있고 '언偃'으로 발음했다. 두예가 말했다. "언은 지금의 언릉이다."

鄢音烏古反 今新鄭縣南鄢頭有村 多萬家 舊作鄢 音偃 杜預云 鄢 今鄢陵也

③ 共공

집해 가규가 말했다. "공共은 나라 이름이다." 두예가 말했다. "지금의 급군 공현이다."

賈逵曰 共 國名也 杜預曰 今汲郡共縣也

정의 살펴보니 지금의 위주 공성현이다.

按 今衛州共城縣是也

신주 '위주衛州'라는 이름에서 알 수 있듯이 공현은 옛 위衛나라 영역에 가깝다. 급군은 한나라 때에 하내군 동쪽을 나누어 설치한 군이다. 공현은 황하 북쪽에 자리하고 있으며, 당시 위나라 도읍지였던 은나라 마지막 수도 조가朝歌의 서남쪽에 있다. 〈위강숙세가〉에 근거하면 당시 위나라 땅이었다.

이에 장공은 그의 어머니 무강을 성영城潁^①으로 옮기면서 맹세하며 말했다.

"황천^②에 이르지 않는다면 서로 만나지 않을 것입니다."

한해 남짓 되어 후회하며 어머니를 생각했다. 영곡潁谷의 고숙考叔^③이 장공에게 예물을 바치자 장공은 고숙에게 식사를 내렸다. 고숙이 말했다.

"신에게는 어머니가 있습니다. 군주께서 신의 어머니에게도 음식을 내려 주시길 청합니다."

장공이 말했다.

"나도 어머니가 몹시 그립지만 맹세를 어길까 두려우니 어찌하면 되겠소?"

고숙이 말했다.

"땅을 파서 황천에 이르면 서로 만날 수 있습니다."

이에 마침내 그의 말을 따라서 어머니를 만났다.^④

於是莊公遷其母武姜於城潁^① 誓言曰 不至黃泉^② 毋相見也 居歲餘 已悔思母 潁谷之考叔^③有獻於公 公賜食 考叔曰 臣有母 請君食賜臣母 莊公曰 我甚思母 惡負盟 奈何 考叔曰 穿地至黃泉 則相見矣 於是遂從之 見母^④

---

① 城潁성영

集解 가규가 말했다. "정나라 땅이다."

賈逵曰 鄭地

正義 아마 허주 임영현일 것이다.

疑許州臨潁縣是也

② 黃泉황천
집해 복건이 말했다. "하늘은 검고 땅은 누렇다. 샘이 땅속에 있으므로 황천黃泉이라고 말한 것이다."
服虔曰 天玄地黃 泉在地中 故言黃泉

③ 潁谷之考叔영곡지고숙
집해 가규가 말했다. "영곡은 정나라 땅이다."
賈逵曰 潁谷 鄭地
정의 《괄지지》에서 말한다. "영수潁水는 물의 근원이 낙주 숭고현 동남쪽 30리 양건산에서 나오는데, 세속에서는 영산천潁山泉이라고 부른다. 수원은 산의 동쪽 골짜기에서 나온다. 그 곁에는 옛사람들의 거처가 있는데, 세속에서는 영허潁墟라고 불렀다. 옛 노인들이 이르기를 '이곳은 영고숙이 옛날에 살던 곳이다.'라고 했으며, 곧 역도원의 《수경주》에서 이른바 영곡潁谷이라고 쓴 곳이다."
括地志云 潁水源出洛州嵩高縣東南三十里陽乾山 今俗名潁山泉 源出山之東谷 其側有古人居處 俗名爲潁墟 故老云是潁考叔故居 即酈元注水經所謂潁谷也

④ 見母견모
신주 〈십이제후연표〉에서는 이 일이 장공 23년에 나온다. 《좌전》에서는 노나라 은공 원년(서기전 722)인 정나라 장공 22년으로 나온다. 그러나 〈정세가〉에 한해 남짓이라고 했으므로 장공 23년이라고 판단했을 것이다.

24년, 송나라 목공繆公이 죽고 공자 풍馮이 정나라로 도망쳐 왔다.[1] 정나라에서 주나라 땅을 침범해 벼를 탈취했다.[2]

25년, 위衛나라 주우州吁가 군주 환공桓公을 시해하고 스스로 즉위하여[3] 송나라와 함께 정나라를 침략했는데, 공자 풍의 일 때문이다.

27년, 처음으로 주나라 환왕桓王에게 조회했다. 환왕은 정나라가 벼를 빼앗아 간 것이 노여워 예를 갖춰 대우하지 않았다.[4]

二十四年 宋繆公卒 公子馮奔鄭[1] 鄭侵周地 取禾[2] 二十五年 衛州吁弑其君桓公自立[3] 與宋伐鄭 以馮故也 二十七年 始朝周桓王 桓王怒其取禾 弗禮也[4]

① 宋繆公卒 公子馮奔鄭송목공졸 공자풍분정

신주 송나라 선공宣公이 아들 여이與夷를 제치고 아우 화和를 태자로 세웠는데, 이이가 목공이다. 목공이 죽고 아들 풍馮 대신에 여이를 세우니 이이가 상공殤公이다. 이로 인해 송나라에 환란이 일어난다.

② 鄭侵周地 取禾정침주지 취화

색은 《좌전》 은공 2년 조에서 "정나라 무공武公과 장공莊公이 천자인 평왕平王을 위해 경사卿士가 되었다. 평왕은 괵나라에 마음을 두었고 평왕이 붕어하자 주나라 사람들이 장차 괵공에게 정사를 넘기려고 했다. 여름 4월, 정나라 제족祭足이 군대를 지휘하여 온溫 땅의 보리를 탈취하고 또 가을에는 성주成周의 벼를 탈취했다."라고 한 것이 이것이다.

隱二年左傳鄭武公莊公爲平王卿士 王貳于虢 及王崩 周人將畀虢公政 夏四月

鄭祭足帥師取溫之麥 秋又取成周之禾是

③ 衛州吁弒其君桓公自立위주우시기군환공자립

신주 주우는 위장공衛莊公(서기전 757~735) 양揚의 서자이다. 장공을 이어 아들 완完이 환공桓公(서기전 734~719)이 되었다. 위衛나라 환공 2년, 환공이 주우를 축출하려고 하자 주우는 달아났다. 환공 13년, 정나라 숙단이 장공을 공격했으나 패하고 공共 땅으로 달아나 주우와 친하게 지냈다. 마침내 위나라 환공 16년인 정나라 장공 25년에 주우가 환공을 살해하고 즉위하여 숙단 및 송나라 등과 함께 정나라를 공격했다. 하지만 주우는 이듬해에 석작石碏에게 살해된다. 석작은 환공의 아우 진晉을 형邢나라에서 맞이해 군주로 세우니 이이가 선공宣公(서기전 718~700)이다.

④ 桓王怒其取禾 弗禮也환왕노기취화 불례야

□색은□ 두예가 말했다. "환왕桓王이 즉위하자(장공 25년, 서기전 719) 주나라와 정나라 사이가 좋지 않았다. 이에 이르러 처음으로 조회했으므로 '시始'라고 말한 것이다."《좌전》에서 또 말한다. "주나라 환공桓公이 환왕에게 말하기를 '우리 주 왕실이 동천한 것은 진晉나라와 정鄭나라에 의지한 것입니다. 정나라는 친하게 지내서 찾아오도록 권해도 오히려 이르지 않을까 걱정인데, 하물며 예우하지 않으니 정나라는 오지 않을 것입니다.'라고 했다."

杜預曰 桓王即位 周鄭交惡 至是始朝 故言始也 左傳又曰 周桓公言於王曰 我周之東遷 晉鄭焉依 善鄭以勸來者 猶懼不蔇 況不禮焉 鄭不來矣

> 29년, 장공은 주나라가 예로써 대우하지 않은 일을 노여워했다.
> 노나라와 더불어 팽祊과 허전許田을 바꾸었다.[1]
> 33년, 송나라에서 공보孔父를 살해했다.[2]
> 二十九年 莊公怒周弗禮 與魯易祊許田[1] 三十三年 宋殺孔父[2]

① 與魯易祊許田여노이팽허전

색은 허전許田은 허許에 가까운 밭인데 노나라에서 조회할 때 묵는 읍이다. 팽祊은 정나라에서 태산의 제사를 돕기 위해 탕목읍湯沐邑으로 받은 것이다. 정나라는 천자가 순수巡守하지 않았으므로 팽을 허전과 바꾸었으니, 각자 가까운 곳을 따른 것이다.

許田 近許之田 魯朝宿之邑 祊者 鄭所受助祭太山之湯沐邑 鄭以天子不能巡守 故以祊易許田 各從其近

신주 이해에 팽 땅을 노나라에 주고 4년 뒤인 장공 33년에 주공周公의 제사를 정나라에서 지내겠다고 청하는 한편 벽璧을 더해 주고 노나라 허전과 완전히 바꾼다. 〈노주공세가〉에 주석을 달아 놓았다.

② 宋殺孔父송살공보

신주 화독華督이 공보의 아내를 탐내 그를 살해하고, 그의 아내를 차지했다. 공보는 공자의 6대조이다. 상공殤公이 노여워하자 상공마저 시해하고 목공의 아들 풍馮을 정나라에서 맞이해 세웠는데, 이이가 송나라 장공莊公(서기전 709~692)이다. 아울러 이때는 정나라 장공 33년이 아니라 34년(서기전 710)이 맞다.

장공 33년에는 다시 벽을 더하여 노나라에게 주고 허전과 바꾼다. 노나라와 제사를 돕는 땅을 바꾼 것은 큰 사건이므로 〈주본기〉, 〈십이제후연표〉, 〈노주공세가〉에는 기록이 있지만 〈정세가〉에는 이 기록이 보이지 않는다. 아마 시대를 내려오면서 중간에 글자가 탈락된 것이 아닐까 하는 의문이 생긴다.

37년, 장공이 주나라에 조회하지 않자 주나라 환왕이 진陳, 채蔡, 괵虢, 위衛나라의 군사를 인솔하고 정나라를 정벌했다. 장공은 제중祭仲,[①] 고거미高渠彌[②]와 함께 군사를 일으켜 스스로 구원하면서 환왕의 군대를 크게 무찔렀다. 축담祝聸[③]이 왕의 어깨를 활로 쏘아 적중시켰다. 축담이 추격하겠다고 청했으나 정나라 백작이 막고 말했다.

"어른을 범하는 일도 어려운 것이거늘 하물며 감히 천자를 능멸하겠는가?"

이에 그만두었다. 밤에 제중에게 왕의 병을 위문하게 명했다.

三十七年 莊公不朝周 周桓王率陳蔡虢衛伐鄭 莊公與祭仲[①]高渠彌[②] 發兵自救 王師大敗 祝聸[③]射中王臂 祝聸請從之 鄭伯止之 曰 犯長且難之 況敢陵天子乎 乃止 夜令祭仲問王疾

---

① 祭仲제중

〔색은〕《좌전》에서는 제중족祭仲足이라고 일컬었는데 아마 제祭는 이 읍邑이고 그 사람의 이름은 중仲이고 자는 중족仲足일 것이다. 그러므로 《좌전》에서 제祭의 봉인封人 중족仲足이라고 이른 것이다. 수갈繻葛의 전

투는 노환공 5년(서기전 707)에 있었다.

左傳祭仲足 蓋祭是邑 其人名仲字仲足 故傳云祭封人仲足是也 此繻葛之戰在
魯桓公五年

② 高渠彌고거미

색은 다른 판본에는 '彌미'로 되어 있고, 또 다른 판본에는 '眯미'로 되
어 있다. 모두 발음은 '미[名卑反]'이다.

一作彌 一作眯 並名卑反

신주 《사기지의》에서 말한다. "《좌전》에서는 '만백曼伯과 제중 두 사
람이 막고, 원번原繁과 고미는 중군中軍으로 장공을 모셨다.'라고 했는데,
여기서는 구체적이지 않다."

③ 祝瞻축담

색은 《좌전》에서는 '축담祝聃'으로 되어 있다.

左傳作祝聃

38년, 북융北戎이 제나라를 공격하자 제나라에서 사신을 보내 구
원을 요청했다. 정나라는 태자 홀忽을 보내 군사를 인솔하고 제
나라를 구원하게 했다. 제나라 희공釐公이 아내를 취해 주고자 하
니 홀이 사양하며 말했다.

"우리는 작은 나라로서 제나라의 상대가 아닙니다."

이때 제중이 함께했는데, 아내를 취하도록 권하며 말했다.

"군주께서 안으로 총애하는 여인이 많으니[1] 태자께서는 큰 도움이 없다면 장차 군주로 서지 못할 것입니다. 세 공자는 모두 군주 감입니다."

세 공자란 이른바 태자 홀과 그의 아우 돌突과 다음 아우 자미子亹이다.[2]

三十八年 北戎伐齊 齊使求救 鄭遣太子忽將兵救齊 齊釐公欲妻之 忽
謝曰 我小國 非齊敵也 時祭仲與俱 勸使取之 曰 君多內寵[1] 太子無大
援將不立 三公子皆君也 所謂三公子者 太子忽 其弟突 次弟子亹也[2]

① 君多內寵군다내총

[집해] 복건이 말했다. "서자 중에서 총애를 받는 자들이 많다는 말이다."

服虔曰 言庶子有寵者多

② 所謂三公子者~次弟子亹也소위삼공자자~차제자미야

[색은] 여기서는 태자 홀과 돌과 자미 셋이라고 했다. 그러나 두예는 태자를 세지 않고 자돌子突과 자미子亹와 자의子儀를 셋이라고 했는데, 아마 이것이 맞을 것이다.

此文則數太子忽及突子亹爲三 而杜預云不數太子 以子突子亹子儀爲三 蓋得之

43년에 장공이 죽었다.

당초 제중은 장공에게 매우 총애를 받았는데 장공이 제중을 경卿으로 삼았다. 장공은 등鄧나라 여인을 취해서 태자 홀을 낳았다. 이 때문에 제중이 그를 군주로 세우니 이이가 소공昭公이다.

장공은 또 송나라 옹씨雍氏의 딸①을 취해서 여공厲公 돌突을 낳았다. 옹씨는 송나라에서 총애가 있었다.② 송나라 장공은 제중이 태자 홀을 세웠다는 소문을 듣고 이에 사람을 시켜 제중을 유인해 불러서 체포하고 말했다.

"돌을 세우지 않는다면 장차 죽일 것이다."

또한 돌을 체포하고 뇌물을 요구했다. 제중이 송나라의 요구를 받아들이고 송나라와 더불어 맹약했다. 돌이 돌아오자 그를 군주로 세웠다.

소공 홀은 제중이 송나라의 요구로 아우 돌을 군주로 세웠다는 소식을 듣고, 9월 정해일에 탈출해서 위衛나라로 달아났다. 기해일 돌이 정나라에 이르러 즉위했는데, 이이가 여공厲公이다.

四十三年 鄭莊公卒 初 祭仲甚有寵於莊公 莊公使爲卿 公使娶鄧女 生太子忽 故祭仲立之 是爲昭公 莊公又娶宋雍氏女① 生厲公突 雍氏有寵於宋② 宋莊公聞祭仲之立忽 乃使人誘召祭仲而執之 曰 不立突 將死 亦執突以求賂焉 祭仲許宋 與宋盟 以突歸 立之 昭公忽聞祭仲以宋要立其弟突 九月(辛)[丁]亥 忽出奔衛 己亥 突至鄭 立 是爲厲公

① 雍氏女옹씨녀

[집해] 가규가 말했다. "옹씨雍氏는 황제黃帝의 후손이고 길성姞姓의 후

예인데 송나라 대부가 되었다."

賈逵曰 雍氏 黃帝之孫 姞姓之後 爲宋大夫

신주 〈오제본기〉에서 "황제는 25명의 아들을 두었는데 그 성씨姓氏를 얻은 자는 14명이었다."라고 말했다. 이 구절에 대해 사마정은 이렇게 말했다.

"지금 살펴보니 《국어國語》에서 서신胥臣이 이르기를 '황제黃帝의 아들은 25종宗이고 그 성씨를 얻은 자는 14명인데 12개 성씨가 되었다. 희姬, 유酉, 기祁, 기己, 등滕, 짐葴, 임任, 순荀, 희僖, 길姞, 현嬛, 의衣 등이다. 오직 청양靑陽과 이고夷鼓가 같은 기성己姓이다.'라고 말했다."

② 雍氏有寵於宋용씨유총어송

집해 복건이 말했다. "송나라 정경正卿이 되었다. 그러므로 총애가 있었다."

服虔曰 爲宋正卿 故曰有寵

여공 4년, 제중이 나라의 정사를 멋대로 했다. 여공이 이를 걱정해서 몰래 제중의 사위 옹규雍糾[①]를 시켜 제중을 살해하고자 했다. 제중의 딸인 옹규의 아내는 그 사실을 알고 그의 어머니에게 일러 말했다.

"아버지와 지아비 중에 누가 더 친합니까?"

어머니가 말했다.

"아버지는 한 사람일 뿐이지만 세상 사람은 모두 지아비가 될 수 있다.[②]"

이에 딸이 제중에게 알리자 제중이 도리어 옹규를 살해하고 저자에서 육시했다. 여공이 제중을 어찌할 수가 없게 되자 (죽은) 옹규에게 화를 내며 말했다.

"계책이 부인에게 이르게 했으니 죽어도 참으로 마땅하구나!"

여름, 여공이 변방 읍 역櫟③으로 나가 거처했다. 제중이 소공 홀을 맞이하고, 6월 을해일에 다시 정나라로 와 즉위하게 했다.

厲公四年 祭仲專國政 厲公患之 陰使其婿雍糾欲殺祭仲① 糾妻 祭仲女也 知之 謂其母曰 父與夫孰親 母曰 父一而已 人盡夫也② 女乃告祭仲 祭仲反殺雍糾 戮之於市 厲公無柰祭仲何 怒糾曰 謀及婦人 死固宜哉 夏 厲公出居邊邑櫟③ 祭仲迎昭公忽 六月乙亥 復入鄭 即位

① 雍糾옹규

집해 가규가 말했다. "옹규는 정나라 대부이다."

賈逵曰 雍糾 鄭大夫

② 父一而已 人盡夫也부일이기 인진부야

집해 두예가 말했다. "부인이 집 안에 있을 때는 아버지가 하늘이고, 부인이 출가했을 때는 지아비가 하늘이다. 딸이 의심한다고 생각했기 때문에 어머니가 태어난 바가 근본이라고 풀이해준 것이다."

杜預曰 婦人在室則天父 出則天夫 女以爲疑 故母以所生爲本解之

③ 櫟역

집해 송충이 말했다. "지금의 영천군 양적현이다."

宋忠曰 今潁川陽翟縣

색은 살펴보니 櫟의 발음은 '역歷'이다. 역은 곧 정나라에서 처음에 얻은 10개 읍의 역歷이다.

按 櫟音歷 即鄭初得十邑之歷也

신주 역 땅은 수도 신정新鄭의 서남쪽에 있다. 《사기지의》에서 여공은 처음에 채蔡나라로 달아났다가 다시 정나라 역으로 왔다고 했다.

가을, 정나라 여공 돌은 역 땅의 사람들에게 의지하여 대부 단백單伯[1]을 죽이고 마침내 자리를 잡았다. 제후들은 여공이 탈출해 달아났다는 소식을 듣고 정나라를 공격했으나 이기지 못하고 떠나갔다. 송나라에서 자못 여공에게 군사를 주어 스스로 역 땅을 지키게 하자 정나라에서 이 때문에 또한 역 땅을 정벌하지 못했다.

秋 鄭厲公突因櫟人殺其大夫單伯[1] 遂居之 諸侯聞厲公出奔 伐鄭 弗克 而去 宋頗予厲公兵 自守於櫟 鄭以故亦不伐櫟

---

① 單伯단백

집해 두예가 말했다. "정나라에서 역櫟을 지키는 대부다."

杜預曰 鄭守櫟大夫也

색은 《좌전》에 의하면 '단백檀伯'으로 되어 있다. 단백은 정나라에서 역을 지키는 대부인데, 이 사건은 환공 15년조에 있다. 〈정세가〉에서는 잘못하여 '단백單伯'이라고 했는데, 아마도 기인한 바가 있을 것이다. 살펴보니 노장공 14년에 여공이 역으로부터 정나라로 쳐들어갔는데, 이 사건은 주나라 선백單伯이 제나라 군사와 회맹하고 송나라를 정벌한 것과 서로 연결되어 있다. 그러므로 잘못된 것이다.

依左傳作檀伯 檀伯 鄭守櫟大夫 事在桓十五年 此文誤爲單伯者 蓋亦有所因也 按魯莊公十四年 厲公自櫟侵鄭 事與周單伯會齊師伐宋相連 故誤耳

신주 사마정은 사마천이 '단백'이라고 잘못 쓴 이유를, 이로부터 17년 뒤 여공이 다시 돌아오기 위해 정나라를 치는데, 동시에 주나라 선백이 제나라 군사와 함께 송나라를 친 때에 기인한 것이라고 여겼다. 송나라를 친 까닭은 송나라 남궁만南宮萬이 군주 민공湣公(서기전 691~682) 첩捷을 시해하고 아들 유游를 세웠는데, 송나라에서 다시 남궁만과 유를 살해하고 민공의 아들 어설禦說을 세워 환공桓公(서기전 681~651)으로 삼았다. 환공 원년에 제환공이 송나라와 제나라 북행北杏에서 회맹했는데, 송나라 환공이 회맹을 깨자 정나라는 주周나라, 진陳나라, 조曹나라와 함께 송나라를 공격했다. 그래서 《사기지의》에서는 사마정의 의견을 사리에 맞지 않는다고 했다.

소공 2년, 소공이 태자가 된 때부터 아버지 장공은 고거미高渠彌를 경卿으로 삼고자 했는데, 태자 홀이 싫어했다. 그러나 장공은 태자의 말을 듣지 않고 마침내 고거미를 경으로 등용했다. 소공이 즉위하자 고거미는 자신을 죽일까 두려워했다. 겨울 10월 신묘일에 고거미는 소공과 함께 사냥을 나갔다가 들에서 활로 소공을 쏘아 죽였다.

제중과 고거미는 감히 여공을 들이지 못하고 다시 소공의 아우 자미子亹를 세워 군주로 삼았다. 이 사람이 자미인데, 시호가 없다.

자미子亹 원년 7월, 제나라 양공이 제후들과 수지首止[①]에서 회합했다. 정나라의 자미도 회합하러 가는데, 고거미가 재상이 되어 따랐으나 제중은 병을 핑계대고 가지 않았다. 그 이유는 자미가 제나라 양공이 공자였을 때 일찍이 회합에서 다퉈 서로 원수가 되었기 때문이다.[②] 그래서 제후의 회맹이 닥치자 제중은 자미에게 가지 말라고 청했다. 자미가 말했다.

"제나라가 강성하고 여공[③]이 역 땅에 있는데, 곧 가지 않는다면 이것으로 제후들을 인술하여 나를 침벌하고 여공을 들일 것이오. 내가 가는 것만 못하며, 가더라도 어찌 반드시 치욕을 당한다고만 할 수 있겠소? 또 어쩌다 여기까지 이르게 되었소?"

昭公二年 自昭公爲太子時 父莊公欲以高渠彌爲卿 太子忽惡之 莊公弗聽 卒用渠彌爲卿 及昭公即位 懼其殺己 冬十月辛卯 渠彌與昭公出獵 射殺昭公於野 祭仲與渠彌不敢入厲公 乃更立昭公弟子亹爲君 是爲子亹也 無謚號 子亹元年七月 齊襄公會諸侯於首止[①] 鄭子亹往會 高渠彌相 從 祭仲稱疾不行 所以然者 子亹自齊襄公爲公子之時 嘗會鬪相仇[②] 及會諸侯 祭仲請子亹無行 子亹曰 齊彊 而厲公[③]居櫟 即不往 是率諸侯伐我 内厲公 我不如往 往何遽必辱 且又何至是

① 首止수지

집해 복건이 말했다. "수지는 정나라 땅에 가깝다." 두예가 말했다. "수지는 위衛나라 땅이다. 진류군 양읍현 동남쪽에 수향首鄕이 있다."

服虔曰 首止 近鄭之地 杜預曰 首止 衛地 陳留襄邑縣東南有首鄉

② 嘗會鬪 相仇상회투 상구

신주 《사기지의》에서 말한다. "이 일은 들어본 적이 없다."

③ 厲公여공

신주 《사기지의》에서는 자미가 말한 '여공'을 모두 '자돌子突'로 바꾸어야 한다고 했는데, 그 이유는 자돌이 군주로 즉위했으나 역 땅에 내몰려 있는 상태이고, 자미가 제후로 즉위했기 때문일 것이다.

마침내 회합에 갔다. 이때 제중은 제나라에서 함께 살해당할 것이 두려워 병을 핑계댄 것이다. 자미가 이르러 제후齊侯에게 사죄하지 않자 제양공은 노여워 마침내 갑옷 입은 무사를 숨겼다가 자미를 살해했다. 고거미는 도망쳐 돌아왔다.① 돌아와서 제중과 함께 계책을 세워 자미의 아우 공자 영嬰을 진陳나라에서 불러서 군주로 세웠다. 이이가 정나라 자작이다.②

이해에 제양공은 팽생彭生을 시켜 술에 취한 노환공을 살해하게 했다.

卒行 於是祭仲恐齊并殺之 故稱疾 子亹至 不謝齊侯 齊侯怒 遂伏甲而殺子亹 高渠彌亡歸① 歸與祭仲謀 召子亹弟公子嬰於陳而立之 是爲鄭子② 是歲 齊襄公使彭生醉拉殺魯桓公

① 高渠彌亡歸고거미망귀

색은 《좌전》에서 말한다. "고거미를 거열형[轘]에 처했다."

左氏云轘高渠彌

신주 《좌전》 노환공 18년조에서 "제나라 사람들이 공자 미亹를 죽이고 고거미를 거열형에 처했다."라고 말한다. 곧 제나라 양공襄公이 고거미의 사지를 찢어 죽였다는 것이다. 그러나 〈정세가〉에서는 고거미가 정나라로 도망쳐 돌아왔다고 한다. 《좌전》의 '轘환'(거열하다) 자는 '還환'(돌아오다) 자를 잘못 쓴 것으로 보이나 어떤 것이 진실인지는 알 수 없다.

② 鄭子정자

색은 《좌전》에서는 정나라 자작의 이름을 자의子儀라고 했고, 〈정세가〉에서는 영嬰이라고 했다. 아마 따로 본 것이 있을 것이다.

左傳以鄭子名子儀 此云嬰 蓋別有所見

신주 앞서 두예가 셈한 세 공자라고 한다면 '자의'일 것이다. 아마도 두예는 《좌전》에 따른 듯하다. 〈십이제후연표〉도 〈정세가〉와 같다.

정나라 자작 8년, 제나라 사람 관지보管至父 등이 난을 일으켜 군주 양공을 시해했다.

12년, 송나라 사람 장만長萬(남궁만)이 군주 민공湣公을 시해했다. 정나라의 제중이 죽었다.

14년, 이전에 정나라에서 도망친 여공厲公 돌突이 역 땅에 있었다. 여공은 사람을 시켜 대부 보하甫假①를 유인해 겁박하고 국내로 들어갈 수 있게 해달라고 요구했다. 부하가 말했다.

"나를 놓아주면 나는 군주를 위해 정나라 자작을 죽이고 군주를 들어오게 할 것이오."

여공은 그와 맹세하고 놓아주었다.

6월 갑자일, 부하가 정나라 자작과 그의 두 아들을 살해하고 여공 돌을 맞이했다. 돌은 역 땅에서 다시 돌아와 즉위했다

鄭子八年 齊人管至父等作亂 弑其君襄公 十二年 宋人長萬弑其君湣公 鄭祭仲死 十四年 故鄭亡厲公突在櫟者使人誘劫鄭大夫甫假^① 要以求入 假曰 舍我 我爲君殺鄭子而入君 厲公與盟 乃舍之 六月甲子 假殺鄭子及其二子而迎厲公突 突自櫟復入即位

① 甫假부하

색은 《좌전》에서는 '부하傅瑕'로 되어 있다. 이 판본에서는 가차假借한 것이 많고 또한 글자의 독음에 의거했다.

左傳作傅瑕 此本多假借 亦依字讀

당초에 안의 뱀과 밖의 뱀이 정나라 남쪽 문 안에서 싸웠는데, 안에 있는 뱀이 죽었다.

6년이 지나서 여공이 정말로 다시 돌아왔다. 돌아와서 그의 백부 伯父 원原^①을 꾸짖으며 말했다.

"나는 도망쳐 나라 밖에서 살았는데 백부께서는 나를 돌아오게

할 뜻이 없었으니 또한 심한 일입니다."

원이 대답했다.

"군주를 섬기는 데 두 마음이 없는 것이 인신人臣의 직분입니다. 저는 죄를 알고 있습니다."

마침내 자살했다. 여공이 이에 보하에게 일러 말했다.

"그대는 군주를 섬기는 데 두 마음을 갖고 있었다."

마침내 죽이니 보하가 말했다.

"중후한 덕은 갚지 않는 것이라는데 진실로 그렇구나."

初 内蛇與外蛇鬪於鄭南門中 内蛇死 居六年 厲公果復入 入而讓其伯父原^①曰 我亡國外居 伯父無意入我 亦甚矣 原曰 事君無二心 人臣之職也 原知罪矣 遂自殺 厲公於是謂甫假曰 子之事君有二心矣 遂誅之 假曰 重德不報 誠然哉

① 原원

색은 《좌전》에서는 원번原繁이라고 했다.

左傳謂之原繁

여공 돌 후원년, 제환공이 비로소 패자가 되었다.

5년, 연燕나라와 위衛나라가 주나라 혜왕惠王의 아우 퇴穨와 함께 혜왕을 공격하자^① 혜왕이 온溫 땅으로 달아났다.^② 그의 아우 퇴를 군주로 세워서 왕으로 삼았다.

6년, 혜왕이 위급함을 정나라에 알렸다. 여공이 군사를 일으켜 주나라 왕자 퇴를 공격했으나 이기지 못했다. 이에 주나라 혜왕과 함께 돌아와 혜왕을 역 땅에 살게 했다.③

7년 봄, 정나라 여공이 괵숙虢叔과 함께 왕자 퇴를 습격해 살해하고 혜왕을 주나라로 돌아가게 했다.

厲公突後元年 齊桓公始霸 五年 燕衛與周惠王弟穨伐王① 王出奔溫②
立弟穨爲王 六年 惠王告急鄭 厲公發兵擊周王子穨 弗勝 於是與周惠
王歸 王居于櫟③ 七年春 鄭厲公與虢叔襲殺王子穨而入惠王于周

① 周惠王弟穨伐王주혜왕제퇴벌왕

색은 혜왕은 장왕莊王의 손자이자 희왕僖王의 아들이다. 자퇴子穨는 장왕의 첩 왕요王姚 소생이다. 이 일은 노나라 장공 19년에 있었다.

惠王 莊王孫 僖王子 子穨 莊王之妾王姚所生 事在莊十九年

신주 이 연나라는 정황과 지리적 위치로 보아 소공召公 석奭이 봉해졌다는 연燕이 아니다. 아마 남연국으로 길성姞姓일 가능성이 있다. 또 사마천은 자퇴를 혜왕의 아우로 보았으나 색은 에서는 자퇴를 혜왕의 아버지 희왕 첩의 소생이라고 말하고 있다. 또 《좌전》에서는 장왕 첩 왕요王姚의 소생으로 기록하고 있다.

② 王出奔溫왕출분온

신주 온溫은 낙양에서 황하를 건너 동북쪽에 있다. 《사기지의》에 따르면 《좌전》에서 두 나라가 처음 왕을 공격했다가 실패하자 퇴가 온 땅으로 달아났다고 한다. 다시 공격하자 왕이 패하여 정나라 역櫟 땅으로 달아났다고 한다. 그래서 〈주본기〉, 〈정세가〉, 〈위강숙세가〉의 기록은 잘못이라고 했다.

③ 王居于櫟왕거우역

신주　역 땅은 양적현이다.《죽서기년》을 참고해도 당시 정나라 땅이었다. 이때 정나라 사람들이 혜왕의 창고에 들어가서 옥玉을 많이 훔쳤는데, 그 옥이 곡식을 갉아먹는 해충 물여우[蜮]로 변했다고 한다. 그 역蜮은 역魊과 같은데, 전설상의 해충으로 사람에게 해를 끼친다고 했다. 옥玉은 곧 천자인 왕王을 말하고 역은 곧 역櫟 땅을 뜻하는 것으로 여겨진다. 비슷한 발음을 가진 글자로 대체되고 그 사실이 전설처럼 전해져《죽서기년》에 실렸을 것이다. 이렇듯 고대 신화나 전설은 어떤 역사적 사실을 반영하는 도구이다. 이미 서양 사학계에서는 신화를 반영하여 역사를 재구성한 지 오래이다.

가을①에 여공이 죽었다. 아들 문공文公 첩踕②이 계승했다.

여공이 처음 4년간 즉위했다가 도망쳐 역 땅에 살았다. 역에서 거처한 지 17년 만에 다시 돌아와서 7년을 재위했는데, 도망쳤던 해와 합하면 28년이다.

문공 17년, 제환공이 군사를 일으켜 채나라를 쳐부수고 마침내 초나라를 정벌하여 소릉召陵에 이르렀다.

秋① 厲公卒 子文公踕② 立 厲公初立四歲 亡居櫟 居櫟十七歲 復入 立七歲 與亡凡二十八年 文公十七年 齊桓公以兵破蔡 遂伐楚 至召陵

① 秋추

신주 《사기지의》에서는 "《춘추》에서는 여름 5월이라 했다."라고 한다.

② 文公踕문공첩

색은 踕의 발음은 '접[在接反]'이다. 《세본》에서는 문공이 정鄭으로 이

사했다고 한다. 송충은 곧 신정新鄭이라고 했다.

音在接反 系本云文公徙鄭 宋忠云即新鄭

진나라와 초나라의 틈바구니

24년, 문공의 천한 첩이 연길燕姞[①]인데 꿈에 하늘에서 난초[②]를 주면서 말했다.

"나는 백조伯儵[③]이다. 나는 너의 할아버지이다. 너를 위해 아들을 줄 것이니,[④] 난은 국가의 향기를 가질 것이다."

꿈 이야기를 문공에게 알리자 문공이 총애하고 초란을 주어서 부신符信을 만들게 했다. 마침내 아들을 낳아서 이름을 난蘭이라고 했다.

二十四年 文公之賤妾曰燕姞[①] 夢天與之蘭[②] 曰 余爲伯儵[③] 余 爾祖也 以是爲而子[④] 蘭有國香 以夢告文公 文公幸之 而予之草蘭爲符 遂生子 名曰蘭

① 燕姞연길

집해 가규가 말했다. "길姞은 남연의 성姓이다."

賈逵曰 姞 南燕姓

② 蘭란

집해 가규가 말했다. "향초이다."

賈逵曰 香草也

③ 伯鯈백조

집해 가규가 말했다. "백조는 남연의 조상이다."

賈逵曰 伯鯈 南燕祖

④ 以是爲而子이시위이자

집해 왕숙이 말했다. "이 난초를 너의 아들 이름으로 삼으라는 것이다."

王肅曰 以是蘭也爲汝子之名

36년, 진晉나라 공자 중이重耳가 지나가는데 문공이 예우하지 않았다. 문공의 아우 숙첨叔詹이 말했다.

"중이는 현명하고 또 동성同姓인데 궁한 처지에서 군주의 나라를 지나갑니다. 예우가 없으면 안 될 것입니다."

문공이 말했다.

"제후가 망명하고 공자 중에서도 지나가는 자가 많은데 어찌 다 예우할 수 있겠는가?"

숙첨이 말했다.

"군주께서 만일 예로 대하지 않으시려면 죽이십시오. 죽이지 않고 곧 나라로 되돌아가게 되면 정나라의 걱정거리가 될 것입니다."

문공은 들어주지 않았다.

37년 봄, 진晉나라 공자 중이가 자신의 나라로 돌아가서 즉위하니 이이가 문공文公이다.

가을, 정나라에서 활滑 땅으로 쳐들어갔다. 활 땅에서 명에 따르겠다고 해서 그만두고 돌아갔다. 활 땅에서 위衛나라와 함께하자 정나라에서 활 땅을 침벌하려 했다.[①] 주나라 양왕襄王은 백복伯犕을 보내[②] 활 땅을 위해 사정했다.

정나라 문공은 혜왕이 도망쳐 역 땅에 있을 때 문공의 아버지 여공을 돌아가게 했는데도 여공에게 작위와 상을 하사하지 않고,[③] 또 양왕이 위衛나라, 활 땅과 함께한 것을 원망했다. 그러므로 (정나라 문공은) 양왕이 청한 것을 들어주지 않고 백복을 가두었다. 양왕은 노하여 적인翟人과 함께 정나라를 공격했지만 승리하지 못했다.

겨울, 적나라가 양왕을 공격해서 침략하자 양왕은 정나라로 달아났다. 정나라 문공은 왕을 범氾 땅[④]에 살게 했다.

38년, 진晉나라 문공이 양왕을 성주成周로 들어보냈다.

三十六年 晉公子重耳過 文公弗禮 文公弟叔詹曰 重耳賢 且又同姓 窮而過君 不可無禮 文公曰 諸侯亡公子過者多矣 安能盡禮之 詹曰 君如弗禮 遂殺之 弗殺 使即反國 爲鄭憂矣 文公弗聽 三十七年春 晉公子重耳反國 立 是爲文公 秋 鄭入滑 滑聽命 已而反與衛 於是鄭伐滑[①] 周襄王使伯犕[②]請滑 鄭文公怨惠王之亡在櫟 而文公父厲公入之 而惠王不賜厲公爵祿[③] 又怨襄王之與衛滑 故不聽襄王請 而囚伯犕 王怒 與翟人伐鄭 弗克 冬 翟攻伐襄王 襄王出奔鄭 鄭文公居王于氾[④] 三十八年 晉文公入襄王成周

① 鄭伐滑정벌활

[색은] 《좌전》 희공 24년 조에서 말한다. "정나라 공자 사설士洩과 도유미堵兪彌가 군사를 거느리고 활을 정벌했다."

僖二十四年左傳鄭公子士洩堵兪彌帥師伐滑

[신주] 《사기지의》에 따르면 추秋는 초初를 잘못 쓴 것이고 4년 전의 일을 추가로 서술한 것이라고 한다. 《좌전》에 따르면 희공 20년에 이미 정나라는 위衛나라에 붙은 활을 공격한다. 그러다가 이때 다시 활을 쳤으니, 그 주장이 타당하다고 여겨진다.

② 周襄王使伯犕주양왕사백복

[색은] 犕의 발음은 '복服'이다. 《좌전》에서 양왕이 백복伯服과 유손백游孫伯을 시켜 정나라에 가서 활滑을 청하게 했다. 두예는 "두 사람은 주나라 대부이다."라고 했으니, 백복伯犕이 곧 백복伯服임을 알 수 있다.

音服 左傳王使伯服游孫伯如鄭請滑 杜預云二子周大夫 知伯犕即伯服也

[신주] 《사기지의》에서는 '복犕'을 곧 고대의 '복服' 자라고 했다.

③ 惠王不賜厲公爵祿혜왕불사여공작록

[색은] 이 작록爵祿이란 말은 《좌전》의 설명과 다르다. 《좌전》에서 말한다. "정백이 왕에게 잔치를 베풀어 대접할 때, 왕은 왕후가 쓰는 거울이 달린 띠를 주었다. 괵나라 공작이 왕에게 기물을 청하자 왕은 옥술잔[爵]을 주었다." 곧 작爵은 술그릇이니 이는 태사공과 좌구명의 설명이 다르다.

此言爵祿 與左氏說異 左傳云鄭伯享王 王以后之鞶鑑與之 虢公請器 王予之爵 則爵酒器 是太史公與丘明說別也

[신주] 《좌전》에서 혜왕이 기물을 하사한 사건은 노장공 21년 봄에 있

었다. 여름에 정나라 여공 돌이 죽었다. 즉 정나라 문공은 주나라에서 곽나라와 정나라를 차별한 것에 대해 원망한 것이다.

④ 氾범

신주 양왕은 배다른 아우 숙대叔帶와 숙대의 어머니 혜후惠后에게 패하여 쫓겨났다. 이듬해 진문공이 숙대를 죽이고 양왕을 다시 들인다. 범 땅은 허許 땅 서쪽에 있다. 한나라 때의 영천군穎川郡 양성현襄城縣이다.

41년, 초나라를 도와 진晉나라를 공격했다. 진晉나라 문공(중이)이 지나갈 때 무례했는데, 그래서 진晉나라를 저버리고 초나라를 도왔다.

43년, 진晉나라 문공과 진秦나라 목공이 함께 정나라를 포위했다. 정나라가 초나라를 돕고 진晉나라를 공격한 것과 문공이 정나라를 지날 때 무례했던 것 때문에 토벌한 것이다.

당초에 정나라 문공에게는 세 명의 부인이 있었고 총애하는 아들 다섯이 있었는데, 모두 죄가 있어서 일찍 죽었다.[1] 문공은 개洩[2]를 미워했으며 공자들을 쫓아냈다. 자란子蘭은 진晉나라로 달아났다가 진晉나라 문공을 따라 정나라를 포위했다.

四十一年 助楚擊晉 自晉文公之過無禮 故背晉助楚 四十三年 晉文公
與秦穆公共圍鄭 討其助楚攻晉者 及文公過時之無禮也 初 鄭文公有
三夫人 寵子五人 皆以罪蚤死[1] 公怒洩[2] 逐群公子 子蘭奔晉 從晉文公
圍鄭

① 寵子五人 皆以罪蚤死총자오인 개이죄조사

신주 정나라 목공 난蘭이 죽은 해는 노나라 선공 3년이다. 《좌전》에 따르면 그해에 문공에게는 부인 셋과 적자 다섯이 있었는데, 네 명은 비명에 죽고 공자 자하子瑕만 남은 상태였다.

② 湨개

집해 서광이 말했다. "다른 판본에는 '하瑕'로 되어 있다."

徐廣曰 一作瑕

색은 湨의 발음은 '기蒹'이다. 《좌전》에는 '하瑕'로 되어 있다.

音蒹 左傳作瑕

신주 《사기지의》에 따르면 이 공자가 자하子瑕였다. 《좌전》에 따르면 대부 설가洩駕가 싫어하고 덩달아 문공도 미워하여 태자가 되지 못했다.

당시에 난蘭은 진晉나라 문공을 섬기는 데 매우 공손했으며, 문공은 그를 아끼고 총애했다. 이에 진晉나라에서 은밀하게 지내다가 정나라로 돌아가 태자가 되기를 바랐다. 진晉나라는 이에 숙첨을 잡아서 죽이려고 했다. 정문공은 두려워하면서도 감히 숙첨에게 말하지 않았다. 숙첨이 듣고 정나라 군주에게 말했다.

"신이 군주에게 일렀는데 군주께서 듣지 않으셔서 진晉나라가 마침내 우환이 되었습니다. 그러나 진晉나라에서 정나라를 포위한 것은 저 때문이니 제가 죽어서 정나라가 사면받는 것이 제가 원하는 바입니다."

이에 숙첨은 자살했다.[①] 정나라 사람들은 숙첨의 시신을 진晉나라에 보냈다. 진晉나라 문공이 말했다.

"반드시 한 번은 정나라 군주를 만나서 치욕을 주고 떠날 것이다."

時蘭事晉文公甚謹 愛幸之 乃私於晉 以求入鄭爲太子 晉於是欲得叔詹爲僇 鄭文公恐 不敢謂叔詹言 詹聞 言於鄭君曰 臣謂君 君不聽臣 晉卒爲患 然晉所以圍鄭 以詹 詹死而赦鄭國 詹之願也 乃自殺[①] 鄭人以詹尸與晉 晉文公曰 必欲一見鄭君 辱之而去

① 乃自殺내자살

신주 《국어》〈진어〉에서 나온 내용은 다르다. 숙첨이 먼저 진나라 진영으로 갈 것을 청했지만 정나라 문공은 반대했다. 숙첨은 진나라 진영으로 갔고, 진문공은 그를 죽이려다가 숙첨의 말을 듣고 살려 보낸다. 정나라에서는 숙첨을 장군으로 삼았다.

정나라 사람들이 걱정하고 이에 사람을 보내서 진秦나라에 은밀히 말했다.

"정나라를 무찌르면 진晉나라에 보탬이 될 뿐 진秦나라에 이롭지는 않을 것입니다."

그러자 진秦나라에서 군사를 물렸다. 진晉나라 문공이 난蘭을 들여보내 태자로 삼게 하려고 정나라에 알렸다. 정나라 대부 석계石癸가 말했다.

"제가 듣자니 길성姞姓은 후직后稷의 원비元妃①인데 그의 후예는 마땅히 흥성한다고 했습니다. 자란의 어머니가 그 후예입니다. 또 부인의 자식들이 모두 이미 죽었고, 나머지 서자庶子 중에는 난처럼 현명한 이가 없습니다. 지금 포위당했으니 급한데 진晉나라에서 청하니 이익이 이것보다 크겠습니까?"

마침내 진晉나라에 허락하여 함께 맹약하고 마침내 자란을 세워서 태자로 삼자 진晉나라 군사는 그만두고 물러갔다.

鄭人患之 乃使人私於秦曰 破鄭益晉 非秦之利也 秦兵罷 晉文公欲入蘭爲太子 以告鄭 鄭大夫石癸曰 吾聞姞姓乃后稷之元妃① 其後當有興者 子蘭母 其後也 且夫人子盡已死 餘庶子無如蘭賢 今圍急 晉以爲請 利孰大焉 遂許晉 與盟 而卒立子蘭爲太子 晉兵乃罷去

① 姞姓乃后稷之元妃길성내후직지원비

집해 두예가 말했다. "길성姞姓의 딸이고 후직后稷의 비妃가 되었다."
杜預曰 姞姓之女 爲后稷妃

45년, 문공이 죽고 자란이 계승했는데 이이가 목공繆公이다.

목공 원년 봄, 진秦나라 목공繆公이 세 장수를 시켜 군사들을 거느리고 정나라를 습격하고자 활滑 땅에 이르렀다. 이때 정나라 상인 현고弦高를 만났는데, 현고가 소 열두 마리를 잡아서 군사들을 위로한다는 명목으로 술책을 부렸다. 이 때문에 진秦나라 군사들이 정나라에 이르지 못하고 돌아갔다.

진晉나라는 효산崤山에서 진秦나라 군사들을 무찔렀다. 당초 지난해 정문공이 죽고 정나라 사성司城 증하繪賀[1]가 정나라 내부 사정을 판 것이 진秦나라 군사들이 쳐들어오게 된 이유였다.

3년, 정나라는 군사를 일으켜 진晉나라를 따라 진秦나라를 침략해, 진秦나라 군사들을 왕汪 땅에서 무찔렀다.

四十五年 文公卒 子蘭立 是爲繆公 繆公元年春 秦繆公使三將將兵欲襲鄭 至滑 逢鄭賈人弦高詐以十二牛勞軍 故秦兵不至而還 晉敗之於崤 初 往年鄭文公之卒也 鄭司城繪賀[1]以鄭情賣之 秦兵故來 三年 鄭發兵從晉伐秦 敗秦兵於汪

① 鄭司城繪賀정사성증하

신주 〈진본기〉에서는 정인鄭人이라 했고, 《좌전》 희공 31년에서는 진秦나라 사람 기자杞子가 정나라 사람에게 시켰다고 기록하여 〈정세가〉의 내용과 약간 다르다.

지난해[1] 초나라 태자 상신商臣이 아버지 성왕成王을 시해하고 대신 왕이 되었다.

21년, 송나라 화원華元과 함께 정나라를 공격했다.[2] 송나라 화원은 양을 잡아서 군사들을 먹였는데, 그의 수레를 모는 양짐羊斟에게는 주지 않았다. 양짐이 화가 나서 수레를 달려 정나라 군진으로 달려가자, 정나라에서 화원을 체포해 가두었다. 송나라에서 속전으로 죄를 면하게 하려는데, 화원이 또한 도망쳤다. 진晉나라에서는 조천趙穿[3]을 시켜서 군사로써 정나라를 침벌하게 했다.

22년, 정나라 목공이 죽고 자이子夷가 계승했는데, 이이가 영공이다.

往年[1]楚太子商臣弑其父成王代立 二十一年 與宋華元伐鄭[2] 華元殺羊食士 不與其御羊斟 怒以馳鄭 鄭囚華元 宋贖華元 元亦亡去 晉使趙穿[3]以兵伐鄭 二十二年 鄭繆公卒 子夷立 是爲靈公

① 往年왕년

[집해] 서광이 말했다. "목공 2년이다."

徐廣曰 繆公之二年

[신주] 상신商臣은 곧 초나라 목왕穆王이다.

② 與宋華元伐鄭여송화원벌정

[신주] 몇 글자가 탈락한 것으로 보인다. 〈송미자세가〉에 따르면 이때 초나라는 정나라에 명하여 송나라를 치게 한다. 송나라는 화원을 장군으로 삼아 정나라와 맞서 싸웠는데, 화원은 포로가 되었다.

③ 趙穿조천

[신주] 《사기지의》에 따르면 조돈趙盾이라고 한다. 《좌전》의 기록도 마찬가지이다.

영공靈公 원년 봄, 초나라에서 자라를 영공에게 바쳤다. 자가子家와 자공子公①이 장차 영공에게 조회하려는데 자공의 식지食指②가 움직이자 자가子家에게 일러 말했다.

"식지가 꼬불거리며 움직이는 날이면 반드시 특이한 음식을 먹을 것이다."

궁으로 들어가 영공을 뵈었는데 자라국이 오르자 자공이 웃으면서 말했다.

"과연 그렇구나."

영공이 웃는 까닭을 묻자 영공에게 자세하게 고했다. 영공은 그를 불러놓고서 자공에게만 자라국을 주지 않았다. 자공이 노여워 그의 손가락에 묻혀③ 맛보고 나갔다. 영공이 노여워 자공을 죽이고자 했다. 자공과 자가가 먼저 계책을 세웠다.

靈公元年春 楚獻黿於靈公 子家子公①將朝靈公 子公之食指②動 謂子家曰 佗日指動 必食異物 及入 見靈公進黿羹 子公笑曰 果然 靈公問其笑故 具告靈公 靈公召之 獨弗予羹 子公怒 染其指③嘗之而出 公怒 欲殺子公 子公與子家謀先

① 子家子公자가자공

집해 가규가 말했다. "두 사람은 정나라 경卿이다."

賈逵曰 二子鄭卿也

② 食指식지

집해 복건이 말했다. "둘째 손가락이다."

服虔曰 第二指

집게손가락이다. 곧 욕심이 생긴다는 뜻이다.

③ 染其指염기지

집해 《좌전》에서는 "솥에 손가락을 넣어 맛본다.[染指於鼎]"라고 되어 있다.

左傳曰 染指於鼎

여름에 영공을 시해했다. 정나라 사람들이 영공의 아우 거질去疾을 군주로 세우고자 했는데 거질이 사양하여 말했다.

"반드시 현명함으로 따진다면 저 거질은 불초합니다. 반드시 순서로 따지더라도 공자 견堅이 어른입니다."

견은 영공의 서제庶弟①이자 거질의 형이다. 이에 자견을 군주로 세웠는데, 이이가 양공襄公이다.

夏 弒靈公 鄭人欲立靈公弟去疾 去疾讓曰 必以賢 則去疾不肖 必以順 則公子堅長 堅者 靈公庶弟① 去疾之兄也 於是乃立子堅 是爲襄公

① 靈公庶弟영공서제

집해 서광이 말했다. "〈십이제후연표〉에서는 영공의 서형庶兄이라고 한다."

徐廣曰 年表云靈公庶兄

신주 중화서국본 〈십이제후연표〉에서도 '서제'라고 하여 〈정세가〉와 같다.

양공이 즉위하여 장차 목씨繆氏들을 다 제거하고자 했는데, 목씨는 영공을 살해한 자공子公의 가족이다. 거질이 말했다.

"반드시 목씨들을 제거해야 한다면 저는 떠날 것입니다."

이에 그만두었고 모두를 대부大夫로 삼았다.

양공 원년, 초나라는 정나라가 송나라의 뇌물을 받고 화원을 풀어 준 것에 노여워 정나라를 침벌했다. 정나라는 초나라를 배신하고 진晉나라와 화친했다.

5년, 초나라가 다시 정나라를 침벌하자 진晉나라가 와서 구원했다.

6년, 자가子家가 죽자 나라 사람들이 다시 그의 가족들을 쫓아냈는데, 그가 영공을 시해했기 때문이다.

7년, 정나라와 진晉나라가 언릉鄢陵[1]에서 맹약했다.

襄公立 將盡去繆氏 繆氏者 殺靈公子公之族家也 去疾曰 必去繆氏 我將去之 乃止 皆以爲大夫 襄公元年 楚怒鄭受宋賂縱華元 伐鄭 鄭背楚與晉親 五年 楚復伐鄭 晉來救之 六年 子家卒 國人復逐其族 以其弑靈公也 七年 鄭與晉盟鄢陵[1]

① 鄢陵언릉

신주 신정新鄭에는 동남쪽으로 유수洧水가 흐른다. 언릉은 유수 동남쪽에 있는데, 한나라 때 영천군潁川郡에 속한 현이다. 《사기지의》에서는 《춘추》와 《좌전》을 인용하여 이때 정나라는 초나라와 진릉辰陵에서 맹약했다가 또 진晉나라에 섬길 것을 요구했다고 한다.

8년, 정나라와 진晉나라가 맹약을 맺자 초나라 장왕이 와서 공격하여 정나라를 3개월간 포위했다.[①] 정나라는 성문을 열고 초나라에 항복했다. 초왕이 황문皇門에서 들어오자 정양공은 웃통을 벗고 양을 끌고 초왕을 맞이하며 말했다.

"제가 변방의 읍으로써 섬기지 못하고 군왕으로 하여금 노여움을 품게 해 폐읍敝邑까지 이르게 했으니 저의 죄입니다. 감히 명하신 것을 곧 듣지 않았습니다. 군왕께서 저를 강남江南으로 옮기시고, 이 땅을 제후들에게 주신다고 해도[②] 이 또한 명령이면 곧 듣겠습니다. 만약 군왕께서 여왕厲王과 선왕宣王 그리고 환공桓公과 무공武公을 잊지 않으셨다면 애석하게 여기셔서 차마 그 사직을 끊지 마시고 불모의 땅이라도[③] 하사해 주십시오. 다시 마음을 고쳐 군왕을 섬기는 것이 제가 원하는 바입니다. 그러나 감히 바라는 바는 아닙니다. 감히 속마음을 털어놓은 것이니 오직 명하시면 이를 듣겠습니다."

八年 楚莊王以鄭與晉盟 來伐 圍鄭三月[①] 鄭以城降楚 楚王入自皇門 鄭襄公肉袒擊羊以迎 曰 孤不能事邊邑 使君王懷怒以及樊邑 孤之罪也 敢不惟命是聽 君王遷之江南 及以賜諸侯[②] 亦惟命是聽 若君王不忘厲宣王 桓武公 哀不忍絶其社稷 錫不毛之地[③] 使復得改事君王 孤之願也 然非所敢望也 敢布腹心 惟命是聽

① 圍鄭三月위정삼월

신주 전년에 초장왕은 진陳나라 영공靈公을 시해한 하징서夏徵舒를 처단하여 진나라를 평정했다. 그런 다음 나라를 성공成公에게 돌려주고 진나라에 주둔하고 있었으므로, 빠르고 쉽게 정나라를 칠 수 있었다. 또 《좌전》에 따르면 초나라와 이미 맹약을 맺고도 진晉나라를 따랐기 때문에 침략을 당한 것이다.

② 君王遷之江南 及以賜諸侯군왕천지강남 급이사제후

신주 〈정세가〉에서는 《좌전》과 비교했을 때 생략된 부분이 있다. 그래서 《좌전》의 뜻에 따라 번역했다.

③ 不毛之地불모지지

집해 하휴가 말했다. "땅이 메말라 오곡이 자라지 않는 것을 '불모'라고 한다. 겸손하게 감히 비옥한 것을 요구하지 못하는 것이다."

何休曰 境埆不生五穀曰不毛 謙不敢求肥饒

장왕莊王이 30리를 물러난 뒤에 군사를 주둔시켰다. 초나라 신하들이 말했다.

"영郢 땅에서 이곳에 이르면서 사士와 대부들이 또한 오랜 수고가 있었습니다. 지금 다른 나라를 얻었는데 버리시면 어떻게 합니까?"

장왕이 말했다.

"정벌한다는 것은 복종하지 않는 자를 정벌하는 것이다. 지금 이미 복종했거늘 무엇을 구한단 말인가?"

마침내 떠났다. 진晉나라는 초나라가 정나라를 공격한다는 소식을 듣고 군사를 일으켜 정나라를 구원하려고 했다. 그러나 오는데 이런저런 사정으로 지체되었다. 하수 근처에 이르렀는데 초나라 군사는 이미 떠났다. 진晉나라 장수들 중 어떤 이는 하수를 건너가자고 하고 어떤 이는 돌아가자고 하다가 마침내 하수를 건넜다.[1] 장왕이 듣고 군사를 돌려 진晉나라를 공격했다. 정나라는 도리어 초나라를 도와 진晉나라 군사들을 하수 근처에서 크게 쳐부수었다.[2] 10년, 진晉나라에서 와서 정나라를 침벌했다. 그들이 진晉나라를 배반하고 초나라와 화친을 맺었기 때문이다.

莊王爲卻三十里而後舍 楚群臣曰 自郢至此 士大夫亦久勞矣 今得國舍之 何如 莊王曰 所爲伐 伐不服也 今已服 尙何求乎 卒去 晉聞楚之伐鄭 發兵救鄭 其來持兩端 故遲 比至河 楚兵已去 晉將率或欲渡 或欲還卒渡河[1] 莊王聞 還擊晉 鄭反助楚 大破晉軍於河上[2] 十年 晉來伐鄭 以其反晉而親楚也

① 卒渡河졸도하

신주 〈진세가〉에 따르면 이때 진나라 총대장은 순림보荀林父였다. 그는 돌아가고자 했지만 보좌하던 선곡先縠이 하수를 건너 싸울 것을 주장했다. 순림보는 돌아가서 용서를 받았지만, 선곡은 대패한 책임을 물을까 두려워 반란을 꾸미다가 처단되었다.

② 大破晉軍於河上대파진군어하상

신주 이때는 진나라 경공景公 3년이며, 싸운 곳은 정나라 필邲 땅이다. 초나라는 옛날 진晉나라 문공에게 성복城濮에서 진 것을 복수했으며, 이로써 초장왕이 패권을 잡게 된다.

11년, 초나라 장왕이 송나라를 공격하자 송나라에서 진晉나라에 위급함을 알렸다. 진나라 경공景公이 군사를 일으켜 송나라를 구원하고자 했는데 백종伯宗이 진나라 군주에게 간언해서 말했다.

"하늘이 마침 초나라를 열었으니 정벌하지 못할 것입니다."

이에 장사壯士를 구하고자 했는데 곽霍 땅 사람 해양解揚을 사로잡았다. 자는 자호子虎였다.[①] 해양은 초나라를 속이고 송나라가 항복하지 못하도록 하기 위해 정나라를 지나가는데, 정나라가 초나라와 화친하고 곧 해양을 체포해 초나라에 바쳤다.

초왕이 후하게 대우하면서 함께 약조했는데, 그 말을 거꾸로 해서 송나라에게 빨리 항복하게 하려는 것이었다. 세 번을 요구하자 이에 허락했다. 이에 초나라는 해양을 누거樓車[②]에 올려서 송나라에 소리쳐 알리게 했다. 그런데 해양은 마침내 초나라와의 약속을 저버리고 진晉나라 군주의 명령을 전달해 말했다.

"진晉나라는 온 나라의 군사로 송나라를 구원할 것이니 송나라는 비록 급하더라도 조심하고 초나라에 항복하지 마시오. 진나라 군사가 지금 이를 것이오."

十一年 楚莊王伐宋 宋告急于晉 晉景公欲發兵救宋 伯宗諫晉君曰 天方開楚 未可伐也 乃求壯士 得霍人解揚 字子虎[①] 誑楚 令宋毋降 過鄭 鄭與楚親 乃執解揚而獻楚 楚王厚賜與約 使反其言 令宋趣降 三要乃許 於是楚登解揚樓車[②] 令呼宋 遂負楚約而致其晉君命曰 晉方悉國兵以救宋 宋雖急 愼毋降楚 晉兵今至矣

① 霍人解揚 字子虎곽인해양 자자호

《사기지의》에 따르면《좌전》에는 이런 말이 없으니《사기》에서 따로 근거한 바가 있을 것이다. 그렇게 말하고《설원》도《사기》를 따랐다고 했다.

② 樓車누거

복건이 말했다. "누거는 적군을 엿보는 곳이며, 병법에서는 이른바 '운제雲梯'라고 한다." 두예가 말했다. "누거는 수레 위의 망루이다."

服虔曰 樓車所以窺望敵軍 兵法所謂雲梯也 杜預曰 樓車 車上望櫓也

초나라 장왕이 크게 노여워 장차 죽이려고 했다. 해양이 말했다.
"군주께서 명령으로 통제하는 것을 의義로 삼지만 신은 명령을 받드는 것을 신信으로 여깁니다. 우리 군주의 명령을 받아 나왔으니 죽음이 있더라도 명령을 저버리는 일은 없을 것입니다.①"
장왕이 말했다.
"너는 내게 허락했으나 이미 배신했는데 그 신信이 어디 있는가?"
해양이 말했다.
"왕께 허락한 까닭은 우리 군주의 명령을 이루고자 한 것입니다."
장차 죽게 되자 초나라 군사들을 돌아보고 일러 말했다.
"남의 신하가 되어 충성을 다하면 죽을 수 있음을 잊지 마시오."
초나라 왕의 동생들이 모두 왕에게 사면시켜 달라고 간언하자 이에 해양을 사면하여 돌려보냈다. 진晉나라에서 작위를 내려 상경上卿으로 삼았다.

楚莊王大怒 將殺之 解揚曰 君能制命爲義 臣能承命爲信 受吾君命以

出 有死無隕^① 莊王曰 若之許我 已而背之 其信安在 解揚曰 所以許王
欲以成吾君命也 將死 顧謂楚軍曰 爲人臣無忘盡忠得死者 楚王諸弟
皆諫王赦之 於是赦解揚使歸 晉爵之爲上卿

① 有死無隕유사무운

집해 복건이 말했다. "운隕은 떨어뜨리는 것이다."

服虔曰 隕 墜也

18년, 양공이 죽고 아들 도공悼公 비沸^①가 계승했다.

도공 원년, 허공酅公^②이 정나라를 초나라에서 헐뜯었다. 도공이
아우 곤睔^③을 초나라에 보내서 스스로 해명하게 했다. 해명이 바
르지 못하자 초나라에서 곤을 가두었다. 이에 정나라 도공이 와
서 진晉나라와 화평을 맺고 마침내 화친했다. 곤은 초나라 자반
子反과 개인적으로 친분이 있었다. 이에 자반이 말해 곤을 정나라
로 돌아가게 했다.

2년, 초나라에서 정나라를 정벌하자 진晉나라 군사가 와서 구원
했다. 이해에 도공이 죽자 그의 아우 곤을 군주로 세웠는데, 이이
가 성공成公이다.

十八年 襄公卒 子悼公沸^①立 悼公元年 酅公^②惡鄭於楚 悼公使弟睔^③
於楚自訟 訟不直 楚囚睔 於是鄭悼公來與晉平 遂親 睔私於楚子反 子
反言歸睔於鄭 二年 楚伐鄭 晉兵來救 是歲 悼公卒 立其弟睔 是爲成公

① 悼公沸도공비

[색은] 유씨는 沸의 발음을 '비祕'라고 했다. 추탄생본의 다른 판본에는 '비沸'로 되어 있고, 또 다른 판본은 '불弗'로 되어 있다. 《좌전》에서는 비費라고 했으며, 발음은 '비[扶味反]'라고 했다.

劉音祕 鄒本一作沸 一作弗 左傳作費 音扶味反

② 鄦公허공

[집해] 서광이 말했다. "鄦(나라이름)의 발음은 '허許'이다. 허공은 영공靈公이다."

徐廣曰 鄦音許 許公 靈公也

③ 睔곤

[색은] 睔(눈이 크다)의 발음은 '곤[公遜反]'이다.

公遜反

[신주] 《사기지의》에서 말한다. "《좌전》에 따르면 도공이 초나라로 갔고 곤을 사신으로 보낸 것이 아니다. 초나라는 황술皇戌과 자국子國을 가두었지 곤을 가둔 것이 아니다. 다음 문장에서 말한 '곤은 초나라 자반子反과 개인적으로 친분이 있었다. 이에 자반이 말해 곤을 정나라로 돌아가게 했다.'라고 한 것도 그릇된 것이다."

성공 3년, 초나라 공왕共王은 "정나라 성공과 나는 덕이 있다."라면서 사신을 보내 함께 맹약하게 했다. 성공成公은 은밀히 함께하기로 맹약했다.

가을에 성공이 진晉나라에 조회하러 갔다. 진晉나라는 "정나라가 은밀히 초나라와 화평을 맺었다."라고 말하며 성공을 구금하고 난서欒西를 보내서 정나라를 침략하게 했다.

4년 봄, 정나라는 진나라가 포위한 것을 근심하고 이에 공자 여如가 성공成公의 서형庶兄 수繻[1]를 세워 군주로 삼았다.

그해 4월, 진晉나라는 정나라에서 군주를 세웠다는 소식을 듣고 성공을 돌려보냈다. 정나라 사람들은 성공이 돌아온다는 소문을 듣고 또한 군주 수를 죽이고 성공을 맞이했다. 진晉나라 군사들이 물러갔다.[2]

成公三年 楚共王曰鄭成公孤有德焉 使人來與盟 成公私與盟 秋 成公朝晉 晉曰鄭私平於楚 執之 使欒書伐鄭 四年春 鄭患晉圍 公子如乃立成公庶兄繻[1]爲君 其四月 晉聞鄭立君 乃歸成公 鄭人聞成公歸 亦殺君繻 迎成公 晉兵去[2]

① 庶兄繻서형수

[색은] 繻의 발음은 '수須'이다. 추탄생은 "다른 판본에는 '훈繻'으로 되어 있는데 '훈訓'으로 발음한다."라고 했다.

音須 鄒氏云 一作繻 音訓

② 其四月~晉兵去기사월~진병거

《사기지의》에서 말한다. "《좌전》성공 10년 조에서 '3월, 정나라 자여子如는 진나라에서 성공을 잡아 가두자 수繻를 세워 군주가 급하지 않음을 진나라에 보였다. 4월, 정나라 사람이 수를 죽이고 성공의 태자 곤완髠頑을 세웠다. 5월, 진나라는 정나라를 정벌하고 성공을 돌려보냈다.'라고 했다. 여기서는 진나라가 봄에 정나라를 정벌했다고 한 것이 첫 번째 오류이고, 진나라가 포위하여 군주를 바꿨다고 한 것이 두 번째 오류이고, 성공이 돌아온 것을 4월이라 한 것이 세 번째 오류이고, 수는 성공이 돌아온 것 때문에 죽임을 당했다고 한 것이 네 번째 오류이고, 곤완을 세운 것을 서술하지 않은 것이 다섯 번째 오류이다. 또 수를 성공의 서형이라 했는데, 어디서 근거했는지 모르겠다."

10년, 진晉나라와의 맹약을 버리고 초나라와 맹약했다. 진晉나라 여공厲公이 노여워 군사들을 일으켜 정나라를 침벌했다. 초나라 공왕이 정나라를 구원했다. 진晉나라와 초나라가 언릉鄢陵에서 싸웠는데, 초나라 군사들이 무너졌다. 진晉나라는 초나라 공왕의 눈을 활로 쏘아 상처를 입히고, 군사 모두를 철수하여 물러났다. 13년, 진晉나라 도공悼公이 정나라를 공격해서 유상洧上[1]에 주둔했다. 정나라에서 성을 지키자 진晉나라가 모두 물러났다.

十年 背晉盟 盟於楚 晉厲公怒 發兵伐鄭 楚共王救鄭 晉楚戰鄢陵 楚兵敗 晉射傷楚共王目 俱罷而去 十三年 晉悼公伐鄭 兵於洧上[1] 鄭城守晉亦去

① 洧上유상

집해 복건이 말했다. "유洧는 물 이름이다."

服虔曰 洧 水名

정의 《괄지지》에서 말한다. "유수는 정주 신정현 북쪽 3리에 있는 옛날 신정성의 남쪽이다. 《한시외전》에서 '정나라 풍속에는 2월에 도화수桃花水가 나올 때 진수溱水와 유수洧水 근처에 모여 스스로 재액을 떨어 없앤다.'라고 했다." 살펴보니 옛 성은 성 남쪽 진수溱水와 합치는 곳에 있었다.

括地志云 洧水在鄭州新鄭縣北三里 古新鄭城南 韓詩外傳云 鄭俗 二月桃花水 出時 會於溱洧水上 以自祓除 按 在古城城南 與溱水合

신주 전년에 초나라가 어석魚石을 위해 송나라를 공격하고 어석을 팽성에 봉했다. 그러자 그해 봄, 초나라와 다투던 진晉나라가 주가 되어 송나라를 구원하고 어석을 잡아 팽성을 송나라에 돌려주었다. 여름에 진나라가 초나라를 응원하던 정나라를 공격하여 유수洧水에 주둔하자, 가을에 초나라가 정나라를 구원했다. 정나라는 다시 송나라를 쳐서 견구犬丘를 빼앗았다.

14년, 성공이 죽고 아들 운惲①이 계승했다. 이이가 희공釐公이다. 희공 5년, 정나라 재상 자사子駟가 희공에게 조회하는데 희공이 예로써 대하지 않았다. 자사가 분노하고 주방 사람을 시켜 희공을 약으로 살해하고② 제후들에게 부고하며 말했다.

"희공이 갑작스럽게 병으로 죽었다."

이에 희공의 아들 가嘉를 군주로 세웠다. 가는 이때 다섯 살이었는데,

이이가 간공簡公이다.

十四年 成公卒 子惲^①立 是爲釐公 釐公五年 鄭相子駟朝釐公 釐公不禮 子駟怒 使厨人藥殺釐公^② 赴諸侯曰釐公暴病卒 立釐公子嘉 嘉時年五歲 是爲簡公

① 子惲자운

색은 惲의 발음은 '운[紆紛反]'이다. 《좌전》에서는 '곤완髡頑'이라고 했다.
紆紛反 左傳作髡頑

② 使厨人藥殺釐公사주인약살희공

집해 서광이 말했다. "〈십이제후연표〉에서는 자사가 도적을 시켜서 밤에 희공을 시해했다고 한다."
徐廣曰 年表云子駟使賊夜弑僖公

마지막 불꽃 자산

간공 원년, 공자들이 모의해 재상 자사를 죽이고자 했으나 자사가 그들의 모의를 발각하고 도리어 공자들을 모두 죽였다.

2년, 진晉나라가 정나라를 공격하여 정나라와 맹약하고 진나라가 떠나갔다. 겨울에 또 초나라와 함께 맹약했다. 자사는 처단될까 두려워 진나라, 초나라와 화친했다.

3년, 재상 자사가 스스로 즉위하여 군주가 되고자 했다. 공자 자공子孔이 울지尉止를 시켜서 재상 자사를 살해하고 대신 재상이 되었다. 자공이 또 스스로 즉위하고자 했다. 자산子産이 말했다.[①]

"자사를 불가하다고 죽이고 지금 또 본받는다면, 이 변란은 종식되는 때가 없을 것입니다."

이에 자공이 자산의 말을 따르고 정나라 간공을 보좌했다.

簡公元年 諸公子謀欲誅相子駟 子駟覺之 反盡誅諸公子 二年 晉伐鄭 鄭與盟 晉去 冬 又與楚盟 子駟畏誅 故兩親晉楚 三年 相子駟欲自立爲君 公子子孔使尉止殺相子駟而代之 子孔又欲自立 子産曰[①] 子駟爲不可 誅之 今又效之 是亂無時息也 於是子孔從之而相鄭簡公

① 子産曰자산왈

신주 울지가 난을 일으켜 자사 등을 살해하고 북궁北宮에서 간공을 위협했는데, 자산 등이 끝내 그들을 모두 물리쳤다. 자공이 독단하려 하자 자산이 자공을 설득하여 그러지 못하게 했다. 자세한 내용은 《좌전》 양공 10년 조에 나온다.

4년, 진晉나라는 정나라와 초나라가 맹약한 것에 화를 내고 정나라를 공격하자 정나라는 진나라와도 맹약했다. 초나라 공왕共王이 정나라를 구원하고 진나라 군사들을 무찔렀다.① 간공은 진晉나라와 화평하고자 했다. 이 때문에 초나라에서 또 정나라 사신을 구금했다.

12년, 간공은 재상 자공이 국가의 권력을 전횡하는 것에 분노해 죽이고 자산을 경卿으로 삼았다.

19년, 간공이 진晉나라에 가서 위衛나라 군주를 돌려보내도록 요청하고② 자산에게 6개 읍③을 봉했다. 자산이 사양하고 그중 3개 읍만 받았다.

四年 晉怒鄭與楚盟 伐鄭 鄭與盟 楚共王救鄭 敗晉兵① 簡公欲與晉平 楚又囚鄭使者 十二年 簡公怒相子孔專國權 誅之 而以子産爲卿 十九 年 簡公如晉請衛君還② 而封子産以六邑③ 子産讓 受其三邑

---

① 四年~敗晉兵사년~패진병

신주 〈십이제후연표〉에서 말한다. "초나라와 더불어 송나라를 치자 진

晉나라가 제후들을 거느리고 정나라를 쳤는데, 진秦나라가 와서 구원했다." 두 기록이 약간씩 다르지만 사실을 축약하는 과정에서 조금씩 오류가 생긴 듯하다.

진晉나라와 초나라 사이에서 괴로워하던 정나라는 일부러 송나라를 쳐서 진이 이끄는 제후국들의 공격을 유발시킨다. 그리고 초나라에 사신을 보내자 초나라는 정나라 사신을 감금하고 정나라는 진晉과 화평하여 뇌물을 많이 바친다. 초나라는 진秦에 정나라 구원을 요청한다. 겨울에 진秦이 진晉을 쳐서 역櫟에서 무찌른다. 〈진세가〉 도공 11년에 위강魏絳에게 음악을 하사한 것은 정나라에서 바친 뇌물의 일부였다. 그리고 진秦에게서 역櫟을 빼앗았다고 한 것이 이것이다. 이때는 노나라 양공襄公 11년으로 《좌전》에 내용이 자세하게 기록되어 있다.

② 請衛君還청위군환

신주 위衛나라 헌공獻公을 말한다. 헌공은 쫓겨났다가 영희甯喜가 상공殤公을 시해하여 맞이한 덕분에, 12년 만에 다시 위나라로 돌아가게 된다.

③ 六邑육읍

집해 복건이 말했다. "사정四井이 읍이 된다."

服虔曰 四井爲邑

22년, 오나라는 연릉계자延陵季子를 정나라에 사신으로 보냈는데, 자산子産을 만나보고 오랜 친구같이 여겨서 자산에게 일러 말했다.

"정나라 정권을 쥔 자는 사치스러우니 어려움이 장차 닥칠 것이고, 정사는 그대에게 이를 것이오. 그대는 정사를 하면 반드시 예로써 하십시오. 그렇지 않으면 정나라는 장차 무너질 것입니다."

자산은 연릉계자를 후하게 대우했다.

23년, 공자들이 총애를 다투어 서로 죽이고 또 자산을 죽이고자 했다. 공자 중에 어떤 이가 간언해서 말했다.

"자산은 어진 사람이고 정나라가 보존되는 것은 자산 때문이니 죽이지 말라."

이에 중지했다.

25년, 정나라는 자산을 진晉나라에 사신으로 보내 평공平公의 병을 위문하게 했다. 평공이 말했다.

"점을 치니 실침實沈과 대태臺駘①가 빌미가 되었다고 하는데 사관史官이 알지 못한다고 합니다. 감히 묻겠습니다."

자산이 대답해 말했다.

"고신씨高辛氏는 두 아들이 있었는데 맏이가 알백閼伯이고 막내가 실침입니다. 거대한 수풀②에 거처하면서 서로 이기지 못하면서도 날마다 방패와 창을 가지고 서로 공격했습니다. 요임금이 좋지 않게 여기고③ 알백을 상구商丘로 옮겨서 진성辰星을 주관하게 했는데④ 상나라 사람들이 이로 인해 진성이 상성商星이 되었습니다.⑤

二十二年 吳使延陵季子於鄭 見子産如舊交 謂子産曰 鄭之執政者侈

難將至 政將及子 子爲政 必以禮 不然 鄭將敗 子産厚遇季子 二十三年
諸公子爭寵相殺 又欲殺子産 公子或諫曰 子産仁人 鄭所以存者子産
也 勿殺 乃止 二十五年 鄭使子産於晉 問平公疾 平公曰 卜而曰實沈臺
駘[1]爲崇 史官莫知 敢問 對曰 高辛氏有二子 長曰閼伯 季曰實沈 居曠
林[2] 不相能也 日操干戈以相征伐 后帝 弗臧[3] 遷閼伯于商丘 主辰[4] 商
人是因 故辰爲商星[5]

① 實沈臺駘실침대태

신주 실침은 고신씨의 두 아들 알백과 실침에서 유래한다. 알백은 상
구商丘로 옮기게 하고, 실침은 반대편인 대하大夏(하나라 첫 도읍)로 옮기게
해서 각각 삼성參星과 상성商星을 주관하게 했다. 삼성은 동쪽에 있고 상
성은 서쪽에 있으니, 멀리 떨어뜨려 서로 만나지 못하게 한 것이다. 서로
대립하여 화목하지 못하거나 친척이나 벗들이 만날 수 없는 경우를 탄식
하는 말로 '삼상지탄參商之歎'이라는 성어가 생겼다.

대태는 금천씨金天氏의 후예이다. 아버지 매昧가 현명玄冥의 수장으로
있을 때, 윤격允格과 대태를 낳았다. 대태는 전욱顓頊이 등용해 아버지의
관직을 이어 분수汾水와 조수洮水를 잇고 대택大澤을 막아 수재를 해결했
다. 이로써 《좌전》 소공 원년의 기록에는 분수와 조수의 신령으로 지칭
하고 있다.

② 曠林광림

집해 가규가 말했다. "광曠은 커다란 것이다."

賈逵曰 曠 大也

③ 后帝弗臧후제불장

집해 가규가 말했다. "후제后帝는 요임금이다. 장臧은 좋은 것이다."

賈逵曰 后帝 堯也 臧 善也

④ 闕伯于商丘 主辰알백우상구 주진

집해 가규가 말했다. "상구는 장수漳水 남쪽에 있다." 두예가 말했다. "상구는 송나라 땅이다." 복건이 말했다. "진辰은 대화大火이고 제사를 주관한다."

賈逵曰 商丘在漳南 杜預曰 商丘 宋地 服虔曰 辰 大火 主祀也

⑤ 商人是因 故辰爲商星상인시인 고진위상성

집해 복건이 말했다. "상나라 사람은 설契이 선조인데 (상나라) 탕임금의 시조인 상토相土를 알백의 옛 땅에 봉하였기에 그 옛 나라를 따라 대신 하게 되었다."

服虔曰 商人 契之先 湯之始祖相土封闕伯之故地 因其故國而代之

실침을 대하大夏로 옮겨서 삼參을 주관하게 했는데① 당나라 사람 들이 이를 따라서 하나라와 상나라에 복종하고 섬겼습니다.② 그 의 끝 세대를 당숙우唐叔虞③라고 합니다.

遷實沈于大夏 主參① 唐人是因 服事夏商② 其季世曰唐叔虞③

① 遷實沈于大夏 主參천실침우대하 주삼

복건이 말했다. "대하는 분수汾水와 회수澮水 사이에 있는데 삼성參星의 제사를 주관한다." 두예가 말했다. "대하는 지금의 진양현이다."
服虔曰 大夏在汾澮之間 主祀參星 杜預曰 大夏 今晉陽縣

삼성은 현재 오리온자리의 삼태성三太星을 말한다. 중국 고대 천문학에서 말하는 북극성 주위의 삼태성三台星과는 다르다. 우리 동방에서는 생명을 주관하는 별로 여겼다.

② 唐人是因 服事夏商당인시인 복사하상

집해 가규가 말했다. "당인은 도당씨陶唐氏의 후손 유루劉累가 하나라 공갑孔甲을 섬겨 대하에 봉해진 것을 말하며, 실침의 나라이기 때문에 자손들이 하夏와 상商에 복종하고 섬긴 것을 말한다."
賈逵曰 唐人謂陶唐氏之胤劉累事夏孔甲 封於大夏 因實沈之國 子孫服事夏商也

정의 《괄지지》에서 말한다. "옛날 당성은 강주 익성현 서쪽 20리에 있다. 서재종의 《국도성기》에서 '당국은 요임금의 후손이 봉해진 곳이다. 《춘추》에서 말한다. 「하나라 공갑 때 요임금의 후손인 유루가 있었는데 환룡豢龍으로 공갑을 섬기자 하후夏后가 아름답게 여겨 어룡씨御龍氏를 내리고 시위豕韋의 뒤를 잇게 했다. 암컷용 한 마리가 죽자 유루는 남모르게 소금에 절여 하후에게 들게 했다. 들고 나서 다시 구하자 그는 두려워서 노현으로 옮겨 갔다고 한다.」 하후는 아마 따로 유루의 후예를 하夏의 터에 봉하고 당후唐侯로 삼았던 듯하다. 주성왕 때에 이르러 당인이 난을 일으키자 성왕이 멸하고 태숙太叔을 봉하였으며, 당인의 자손들은 두杜로 옮겨서 두백杜伯이라고 일렀다. 범씨가 이른바 주나라에 있어서는 당두씨唐杜氏가 되었다.'라고 한다. 《지기》에서 '당씨는 대하허大夏墟에 있었으니, 하동군 안현에 속한다. 지금 강성絳城의 서북쪽 100리에 당성이 있는데, 당唐의 옛 나라로 생각한다.'라고 했다." 그런즉 숙우를 봉한 곳은 곧 이 땅이다.

括地志云 故唐城在絳州翼城縣西二十里 徐才宗國都城記云 唐國 帝堯之裔子所封 春秋云夏孔甲時有堯苗冑劉累者 以豢龍事孔甲 夏后嘉之 賜曰御龍氏 以更豕韋之後 龍一雌死 潛醢之以食夏后 旣而使求之 懼而遷于魯縣 夏后蓋別封劉累之後于夏之墟 爲唐侯 至周成王時 唐人作亂 成王滅之而封太叔 遷唐人子孫于杜 謂之杜伯 范氏所云在周爲唐杜氏也 地記云 唐氏在大夏之墟 屬河東安縣 今在絳城西北一百里有唐城者 以爲唐舊國 然則叔虞之封即此地也

③ 其季世曰唐叔虞기계세왈당숙우

집해 두예가 말했다. "당나라 사람들의 끝 세대 군주를 숙우叔虞라고 한다."

杜預曰 唐人之季世 其君曰叔虞

그때 (주나라) 무왕武王의 (부인) 읍강邑姜이 마침 대숙大叔을 임신했는데 꿈에 상제께서 무왕에게① '내가 네 아들을 우虞②라고 명할 것이니 당唐 땅을 주어 삼성參星에 속하게 하고, 그의 자손을 번창시켜라.' 이르셨습니다. 태어나자 그의 손바닥에 '우虞'라는 무늬가 있어서 마침내 명령을 따르셨습니다. 성왕에 이르러 당을 멸하고 대숙의 나라로 삼았습니다. 그래서 삼성參星이 진晉나라 별이 되었습니다.③ 이로 살펴본다면 실침은 삼성參星의 신령입니다.

當武王邑姜方娠大叔 夢帝謂己① 余命而子曰虞② 乃與之唐 屬之參而

蕃育其子孫 及生有文在其掌曰 虞 遂以命之 及成王滅唐而國大叔焉 故參爲晉星③ 由是觀之 則實沈 參神也

① 帝謂己제위기

집해 가규가 말했다. "제帝는 천제이다. 기己는 무왕이다."

賈逵曰 帝 天也 己 武王也

② 余命而子曰虞여명이자왈우

집해 두예가 말했다. "당군唐君의 이름으로 취하라는 것이다."

杜預曰 取唐君之名

③ 故參爲晉星고삼위진성

집해 가규가 말했다. "진나라 군주가 삼성에 제사하니 삼성은 진晉나라 별이 된다."

賈逵曰 晉主祀參 參爲晉星

옛날 (소호) 금천씨金天氏 후예로 매매라는 사람이 있었는데 현명玄冥의 수장이 되어① 윤격允格과 대태臺駘②를 낳았습니다. 대태는 그 관직을 이어받을 능력이 있어서③ 분수汾水와 조수洮水를 통하게 하고④ 대택大澤을 막고⑤ 태원太原⑥에 거처했습니다. 전욱顓頊이 가상하게 여기고 등용하여⑦ 그 나라를 분천汾川에 두게 했습니다.

심沈, 사姒, 욕蓐, 황黃나라 등이 실제로 그의 제사를 지키고 있습
니다.⑧

昔金天氏有裔子曰昧 爲玄冥師① 生允格臺駘② 臺駘能業其官③ 宣汾
洮④ 障大澤⑤ 以處太原⑥ 帝用嘉之⑦ 國之汾川 沈姒蓐黃⑧實守其祀

---

① 昔金天氏有裔子曰昧 爲玄冥師석금천씨유예자왈매 위현명사

[집해] 복건이 말했다. "금천은 소호이다. 현명은 수관水官이다. 사師는
장長이다. 매昧는 수관의 장이 되었다."

服虔曰 金天 少皥也 玄冥 水官也 師 長也 昧爲水官之長

[신주] 소호 금천씨는 동이족이다. 이 기사에 등장하는 윤격, 대태, 전욱
은 모두 동이족이며, 심, 사, 욕, 황국 등은 모두 동이족 국가이다.

② 允格臺駘윤격대태

[집해] 복건이 말했다. "윤격과 대태는 형제이다."

服虔曰 允格臺駘 兄弟也

③ 臺駘能業其官태태능업기관

[집해] 복건이 말했다. "매昧는 직분을 닦은 것이다."

服虔曰 脩昧之職

④ 宣汾洮선분조

[집해] 가규가 말했다. "선宣은 통通과 같다. 분수와 조수는 두 물줄기
이름이다."

賈逵曰 宣猶通也 汾洮 二水名

⑤ 障大澤장대택

집해 복건이 말했다. "그 물을 모으기 위해 방죽을 쌓은 것이다."

服虔曰 陂障其水也

⑥ 以處太原이처태원

집해 복건이 말했다. "태원은 분수汾水의 이름이다." 두예가 말했다.
"태원은 진양晉陽이다. 대태가 거처하던 곳이다."

服虔曰 太原 汾水名 杜預曰 太原 晉陽也 臺駘之所居者

⑦ 帝用嘉之제용가지

집해 복건이 말했다. "제는 전욱이다."

服虔曰 帝顓頊也

⑧ 沈姒蓐黃심사욕황

집해 가규가 말했다. "4국은 대태의 후예이다."

賈逵曰 四國臺駘之後也

지금 진晉나라는 분천汾川을 주관하는 나라를 멸망시켰습니다.①
이로 말미암아 살펴본다면 대태는 분수와 조수의 신령입니다. 그
러나 이 두 신령은 군주의 몸을 해치지 않을 것입니다. 산천의 신
령이라면 큰물이나 가뭄의 재앙이 있을 것이니 영제禜祭를 지내십
시오.② 해와 달과 별의 신령이라면 눈과 서리와 바람과 비가 제때
내리지 않을 것이니 영제를 지내십시오. 군주의 질병과 같은 것은
음식이나 슬픔이나 즐거움이나 여색女色에서 생긴 것입니다."
평공과 숙향叔嚮이 말했다.
"통달했구나. 박물군자③로다!"
이에 자산에게 후한 예물을 주었다.
今晉主汾川而滅之① 由是觀之 則臺駘 汾洮神也 然是二者不害君身 山
川之神 則水旱之菑禜之② 日月星辰之神 則雪霜風雨不時禜之 若君疾
飲食哀樂女色所生也 平公及叔嚮曰 善 博物君子③也 厚爲之禮於子産

① 晉主汾川而滅之진주분천이멸지

[집해] 가규가 말했다. "심, 사, 욕, 황 4국을 멸망시켰다."

賈逵曰 滅四國

② 山川之神 則水旱之菑禜之산천지신 즉수한지치영지

[집해] 복건이 말했다. "영禜은 영營이고 폐백을 사용하여 (재앙을) 도려내
는 것이다. 만약 수재나 가뭄이 있게 되면 산천의 신에게 영제禜祭를 지
내 복을 비는 것이다."

服虔曰 禜爲營 攢用幣也 若有水旱 則禜祭山川之神以祈福也

영제禜는 재앙을 막는 제사를 의미하며, 주로 산천에 제사하여 천재지변을 막아달라고 비는 것이다. 《주례周禮》〈춘관 대축春官 大祝〉의 육기六祈 중에 네 번째가 영제禜祭이다. 땅을 고르고 표기表旗를 세우고 폐백幣帛을 사용해서 제사祭祀하는데 재앙을 막고 복상福祥을 기구祈求하는 것이다. 산천의 신은 대태를 말하고, 성신의 신은 실침을 말하는데 진평공의 병은 이 때문이 아니라 음식이나 희로애락이나 여색에서 비롯된 것이라는 말이다.

③ 博物君子박물군자

모든 사물에 능통한 사람을 뜻한다.

27년 여름, 정나라 간공이 진晉나라에 조회하러 갔다. 겨울, 초나라 영왕이 강성해진 것을 두려워하여 또 초나라에 조회하러 갔는데, 자산이 수행했다.

28년, 정나라 군주가 병이 들어 자산을 사신으로 보내 제후와 회합하게 하자, 자산은 초나라 영왕과 더불어 신申 땅에서 맹약하고 제나라 경봉慶封을 죽였다.[①]

36년, 간공이 죽고 아들 정공定公 영寧이 계승했다. 가을, 정공은 진晉나라 소공昭公에게 조회했다.

二十七年夏 鄭簡公朝晉 冬 畏楚靈王之彊 又朝楚 子産從 二十八年 鄭君病 使子産會諸侯 與楚靈王盟於申 誅齊慶封[①] 三十六年 簡公卒 子定公寧立 秋 定公朝晉昭公

① 靈王盟於申 誅齊慶封영왕맹어신 주제경봉

신주 당시 경봉은 제나라에 죄를 짓고 7년 전에 오나라로 도망하여 주방朱方 땅에 살고 있었다. 초영왕은 회맹을 주도하여 오나라 주방을 쳐서 그를 처단했다.

> 정공 원년, 초나라 공자 기질棄疾이 군주 영왕을 시해하고 스스로 즉위하여 평왕平王이 되었다. 제후들에게 덕을 행하려고 영왕이 침략한 정나라 땅을 정나라에 돌려주었다.
>
> 4년, 진晉나라 소공이 죽고 그의 육경六卿들이 강성해졌으며 공실公室은 비천해졌다. 자산이 한선자韓宣子에게 일러 말했다.
>
> "정치를 할 때는 반드시 덕으로써 해야 지위에 오를 수 있다는 바를 잊지 마십시오."
>
> 6년, 정나라에 화재가 나자, 정공이 제사하여 빌고자 했다. 자산이 말했다.
>
> "덕을 닦느니만 못합니다."
>
> 8년, 초나라 태자 건建이 도망쳐 왔다.
>
> 10년, 태자 건은 진晉나라와 함께 정나라 습격을 모의했다. 정나라에서 태자 건을 죽이자 태자 건의 아들 승勝은 오나라로 달아났다.
>
> 11년, 정공이 진晉나라에 갔다. 진晉나라는 정나라와 함께 모의해 주나라의 난신들을 죽이고 경왕敬王을 주나라로 돌려보냈다.①
>
> 13년, 정공이 죽고② 아들 헌공獻公 채蠆가 계승했다.③
>
> 헌공이 13년에 죽고 아들 성공聲公 승勝이 계승했다. 이때 진晉나라

육경이 강성해져 정나라 땅을 침략해 빼앗았으며 정나라는 마침내 약해졌다.

定公元年 楚公子棄疾弑其君靈王而自立 爲平王 欲行德諸侯 歸靈王所侵鄭地于鄭 四年 晉昭公卒 其六卿彊 公室卑 子産謂韓宣子曰 爲政必以德 毋忘所以立 六年 鄭火 公欲禳之 子産曰 不如修德 八年 楚太子建來奔 十年 太子建與晉謀襲鄭 鄭殺建 建子勝奔吳 十一年 定公如晉 晉與鄭謀 誅周亂臣 入敬王于周^① 十三年 定公卒^② 子獻公蠆立^③ 獻公十三年卒 子聲公勝立 當是時 晉六卿彊 侵奪鄭 鄭遂弱

① 誅周亂臣 入敬王于周주주난신 입경왕우주

[색은] 경왕이 아우 자조子朝의 난을 피해 나가 적천狄泉에 거처한 것이 노나라 소공昭公 23년에 있었다. 26년에 이르러 진晉나라와 정나라에서 경왕을 들여보냈다. 《춘추》경문에서 "천자가 성주成周로 들어갔다."라고 한 것이 이것이다.

王避弟子朝之亂出居狄泉 在昭二十三年 至二十六年 晉鄭入之 經曰天王入于成周 是也

② 十三年 定公卒십삼년 정공졸

[신주] 〈십이제후연표〉에는 16년에 죽은 것으로 나온다. 앞뒤로 기년을 맞추어보면 정공은 16년 재위해야 맞다. 아마 헌공이 13년에 죽은 것과 뒤섞여 잘못 기록된 것으로 보인다. 《춘추》 노소공 28년의 기록에도 정나라 군주 영寧이 죽었다고 했다.

③ 獻公躉立헌공채립

《좌전》노정공 6년(서기전 504)이자 정나라 헌공 10년에 정나라는 초나라가 오나라에 패전한 틈을 타서 허許나라를 멸망시켰다고 한다. 후한 말, 조조曹操가 후한 헌제獻帝를 맞이하여 임시로 허도許都로 옮기는데 지금의 허창許昌이다. 이때 허나라 군주는 허사許斯이며, 형식적으로 원공元公 성成이 뒤를 이어 22년 뒤인 정나라 성공聲公 19년까지 이어진다.

성공 5년(서기전 496), 정나라 재상 자산이 죽었다.① 정나라 사람들이 모두 곡을 하며 울었는데, 슬퍼함이 친척이 죽은 것과 같았다. 자산은 정나라 성공成公의 막내아들이다.② 사람됨이 어질고 남을 아끼며 군주를 섬기는 충성심이 두터웠다.
공자孔子가 일찍이 정나라를 지날 때 자산과 함께했는데 형제 같았다고 했다. 자산이 죽었다는 소식을 듣자 공자는 눈물을 흘리면서 말했다.
"옛날에 사랑을 남긴 분이다!③"
聲公五年 鄭相子産卒① 鄭人皆哭泣 悲之如亡親戚 子産者 鄭成公少子也② 爲人仁愛人 事君忠厚 孔子嘗過鄭 與子産如兄弟云 及聞子産死 孔子爲泣曰 古之遺愛也③

① 子産卒자산졸

《괄지지》에서 말한다. "자산의 묘는 신정현 서남쪽 35리에 있다. 역도원의 《수경주》에서 '자산의 묘는 이수洧水 가에 있는데 돌을 포개서 네모난 무덤을 만들었고 무덤은 동북쪽 정성鄭城을 향하고 있으니, 두예는 근본을 잊지 않으려는 것을 말하는 것이라고 한다.'라고 했다."

括地志云 子産墓在新鄭縣西南三十五里 酈元注水經云 子産墓在潧水上 累石
爲方墳 墳東北向鄭城 杜預云言不忘本

신주 《사기지의》에 따르면 《좌전》에서 자산이 소공 20년에 죽었다고 했으니, 이는 정나라 정공定公 8년(서기전 522)에 해당하여 무려 26년 차이가 난다고 했다. 〈순리열전〉에서 자산은 집권한 지 26년 만에 죽었다고 했다. 간공이 자산에게 봉읍한 것을 재상 임명으로 본다면 간공 19년이다. 그 뒤로 26년이면 정공 8년에 해당한다. 또 성공은 자산의 5대손에 해당하니 짧은 정나라 군주들의 재위 기간을 감안하더라도 자산이 그렇게까지 오래 살 수는 없었을 것이다.

정공 8년이라면 공자 나이 30세인데 이때 공자는 주나라에 막 다녀온 직후였다. 주나라로 갈 때 정나라를 통과하면서 자산을 만났을 것이다. 그 직후 자산이 죽었다면 공자가 이런 말을 했을 것이다. 아마 사마천은 어떤 이유로 기록을 착오하지 않았나 싶다. 두예의 말은 유언 일부이며 《진서》 〈두예전〉에 나온다.

② 鄭成公少子也정성공소자야

신주 자산은 정나라 목공穆公 난蘭의 손자이고 공자 발發(자字 자국子國)의 아들로 희성姬姓에 공손씨公孫氏이고, 이름은 교僑, 자字는 자산, 또는 자미子美이다. 통칭 '자산'이라고 불리는데, '공손교公孫僑', '공손성자公孫成子'라고도 불린다. 서기전 554년부터 서기전 543년 동안 집권했는데, 공실公室의 이익을 지키고 귀족의 특권을 제한하면서 위로부터 개혁을 단행했다. 공경公卿 사서士庶의 토지 강역의 구획을 정했고, 조세제도 등을 바로잡았다.

③ 古之遺愛也고지유애야

집해 가규가 말했다. "애愛는 혜惠이다." 두예가 말했다. "자산은 자애를 보였는데 옛 사람들의 유풍을 남겼다."

賈逵曰 愛 惠也 杜預曰 子産見愛 有古人遺風也

8년, 진晉나라 범씨范氏와 중항씨中行氏가 진晉나라에 반기를 들고 위급함을 정나라에 알리자 정나라에서 구원해 주었다.① 진晉나라에서 정나라를 침략하여 정나라 군사들을 철鐵②에서 무찔렀다.

14년, 송나라 경공景公이 조曹나라를 멸망시켰다.

20년, 제나라 전상田常이 군주 간공簡公을 시해하고 스스로 제나라 재상이 되었다.

22년, 초나라 혜왕이 진陳나라를 멸망시켰다.③ 공자가 세상을 떠났다.

36년, 진晉나라 지백知伯이 정나라를 정벌하고 9개 읍을 빼앗았다.④

八年 晉范中行氏反晉 告急於鄭 鄭救之① 晉伐鄭 敗鄭軍於鐵② 十四年
宋景公滅曹 二十年 齊田常弑其君簡公 而常相於齊 二十二年 楚惠王
滅陳③ 孔子卒 三十六年 晉知伯伐鄭 取九邑④

① 告急於鄭 鄭救之고급어정 정구지

범씨와 중항씨로 인한 진나라의 혼란은 진나라 정공定公 15년에 시작되어 22년에 끝난다. 정나라 성공聲公 8년이면 진나라 정공 19년이다.

② 鐵철

집해 두예가 말했다. "척성 남쪽이 철구鐵丘이다."

杜預曰 戚城南鐵丘

정의 《괄지지》에서 말한다. "철구는 활주 위남현 동남쪽 15리에 있다."

括地志云 鐵丘在滑州衛南縣東南十五里

③ 楚惠王滅陳초혜왕멸진

신주 《좌전》에는 진陳나라는 공자가 세상을 떠난(서기전 479) 이듬해에 망했다고 나온다.

④ 知伯伐鄭 取九邑지백벌정 취구읍

신주 〈육국연표〉 주나라 정왕定王 5년에 기록이 있는데, 그때는 정나라 성공 37년이 된다. 아울러 〈육국연표〉의 '한표韓表'와 '제표齊表'에서 제나라가 정나라를 구원한 때는 정왕 원년이고 노나라 애공 27년이며 정나라 성공 33년이다. 《좌전》 애공 27년에 과정이 생생하게 나오고 《죽서기년》의 기록도 역시 그러하다. 따라서 〈육국연표〉의 '한표'와 '제표' 기록은 정왕 원년에 들어가야 하는데, 잘못하여 주나라 정왕 5년에 삽입된 것으로 보인다.

한편 '조표趙表'에 보면 지백이 조간자에게 조양자를 폐하라고 했다는 기록이 있는데, 이때는 조간자가 이미 죽고 조양자 집권 12년째인 시절이다. 〈조세가〉에서는 그때를 진출공晉出公 11년이라 기록했는데, 위에서 살펴 대로 정나라 성공 37년에 해당한다. 〈조세가〉에서 기록한 기년이 맞다. 따라서 위 〈정세가〉의 기록은 성공 37년에 진의 지백과 조양자가 정나라를 친 일이다.

37년, 성공이 죽고 아들 애공哀公 이易가 계승했다.[①]

애공 8년, 정나라 사람은 애공을 시해하고 성공聲公의 아우 축丑을 군주로 세웠는데, 이이가 공공共公이다.

공공 3년(서기전 453), 삼진三晉이 지백을 멸망시켰다.

31년, 공공이 죽고[②] 아들 유공幽公 이已가 계승했다.

유공 원년, 한무자韓武子가 정나라를 공격해서 유공을 살해했다.[③] 정나라 사람이 유공의 아우 태駘를 군주로 세웠는데, 이이가 수공繻公[④]이다.

三十七年 聲公卒 子哀公易立[①] 哀公八年 鄭人弑哀公而立聲公弟丑 是
爲共公 共公三年 三晉滅知伯 三十一年 共公卒[②] 子幽公已立 幽公元
年 韓武子伐鄭 殺幽公[③] 鄭人立幽公弟駘 是爲繻公[④]

---

① 三十七年~哀公易立삼십칠년~애공이립

　집해　〈육국연표〉에서는 (성공의 죽음을) 38년이라고 했다.

年表云三十八年

② 三十一年 共公卒삼십일년 공공졸

　신주　〈육국연표〉에서는 공공을 빼뜨렸다. 그리고 뒤를 이은 유공과 수공 및 강공의 재위 기간이 모두 1년씩 뒤로 밀려 기록되었다. 하지만 정나라가 망한 연도로 계산하면, 오히려 〈육국연표〉의 기록에 맞아 떨어진다. 그럴 경우 공공의 재위는 32년이 맞다.

③ 韓武子伐鄭 殺幽公한무자벌정 살유공

신주 〈한세가〉에서는 한무자 2년이라고 한다. 그로 계산하면 유공 원년은 서기전 423년이 되며, 사마천이 기록한 〈정세가〉보다 1년 늦다. 위에서 보았듯이 이것은 〈정세가〉보다 〈육국연표〉의 기록이 맞는다는 증거이다.

④ 鄭人立幽公弟駘 是爲繻公정인입유공제태 시위수공

집해 〈육국연표〉에서는 정나라에서 유공의 아들 태유駘繻를 세웠다고 했다. 어떤 판본에는 '요繚'라고 했다.

年表云鄭立幽公子駘繻 或作繚

> 수공 15년, 한韓나라 경후景侯는 정나라를 공격하고① 옹구雍丘②를 빼앗았다. 정나라는 경京에 성을 쌓았다.
> 16년, 정나라는 한韓나라를 공격하여 한나라 군사를 부서負黍③에서 무찔렀다.
> 20년, 한韓나라와 조趙나라와 위魏나라가 반열해 제후가 되었다.
> 23년, 정나라는 한나라 양적陽翟을 포위했다.
> 25년, 정나라 군주가 그의 재상 자양子陽을 살해했다.

繻公十五年 韓景侯伐鄭^① 取雍丘^② 鄭城京 十六年 鄭伐韓 敗韓兵於負
黍^③ 二十年 韓趙魏列爲諸侯 二十三年 鄭圍韓之陽翟 二十五年 鄭君
殺其相子陽

① 繻公十五年 韓景侯伐鄭수공십오년 한경후벌정

신주 〈한세가〉로 계산하면 한경후 원년이며, 정鄭나라 공공 31년으로
계산한 〈정세가〉 수공 16년에 해당한다. 하지만 〈육국연표〉로 계산하면
수공 15년이 맞다. 〈정세가〉보다 〈십이제후연표〉의 기록이 맞는 증거가
또 하나 추가된다. 〈한세가〉와 〈육국연표〉 및 《죽서기년》과 비교하면, 정
나라 망국까지 이어지는 모든 사건 연도는 정나라 공공 31년으로 계산
한 〈정세가〉보다 〈육국연표〉 기록에 맞아 떨어진다.

② 雍丘옹구

신주 옹구는 한나라 때 진류군陳留郡 소속 현이며, 당시 정나라 동쪽
경계로 신정新鄭에서 동쪽으로 송나라로 가는 길목이다.

③ 負黍부서

집해 서광이 말했다. "양성현에 있다."

徐廣曰 在陽城

정의 《괄지지》에서 말한다. "부서정은 낙주 양성현 서남쪽 35리에 있
으며, 옛날 주나라 읍이다."

括地志云 負黍亭在洛州陽城縣西南三十五里 故周邑也

27년, 자양의 무리가 공모해서 수공 태녜를 시해하고 유공幽公의 아우 을乙을 세워서 군주로 삼았다. 이이가 정군鄭君이다.[①]

정군 을이 즉위한 지 2년, 정나라 부서負黍 땅에서 배반하고 한나라로 돌아갔다.

11년, 한나라가 정나라를 공격하고 양성陽城을 빼앗았다.

21년(서기전 375), 한나라 애후哀侯가 정나라를 멸하고[②] 한나라에 합쳤다.

二十七 子陽之黨共弒繻公駘而立幽公弟乙爲君 是爲鄭君[①] 鄭君乙立

二年 鄭負黍反 復歸韓 十一年 韓伐鄭 取陽城 二十一年 韓哀侯滅鄭[②]

并其國

① 立幽公弟乙爲君 是爲鄭君입유공제을위군 시위정군

[집해] 서광이 말했다. "다른 판본에는 '유공의 아우 을양乙陽을 세워 군주로 삼으니, 이이가 강공康公이다.'라고 되어 있다. 〈육국연표〉에서는 유공의 아들 태녜를 세웠다고 했고, 또 정군鄭君 양陽을 정강공 을乙이라고 했다. 반고는 '정강공 을은 한韓나라에 멸망했다.'라고 했다."

徐廣曰 一本云 立幽公弟乙陽爲君 是爲康公 六國年表云立幽公子駘 又以鄭君陽爲鄭康公乙 班固云 鄭康公乙爲韓所滅

[신주] 현재 중화서국본 〈육국연표〉에서는 한나라 열후 5년에 '정강공 원년'이라고만 나온다.

② 二十一年 韓哀侯滅鄭이십일년 한애후멸정

[신주] 〈한세가〉에서는 애후哀侯 2년이라고 한다. 공공 31년으로 계산한

〈정세가〉 기록을 따르면 강공 22년이 되어야 하지만 〈육국연표〉로 따지면 역시 강공 21년이 맞다. 《죽서기년》에서 정나라가 망한 해를 위魏나라 문후文侯 21년이라고 기록했는데, 〈육국연표〉에서는 정나라 강공 21년에 맞아 떨어진다. 이상의 기록들을 종합해보면 정나라 말기의 군주 재위 기록은 〈육국연표〉를 기준으로 삼아야 하고, 정공공鄭共公 재위 32년이라 해야 한다.

만약 공공 31년이라고 한다면 앞선 애공哀公의 재위를 8년이라고 해야 한다. 공공의 뒤를 이은 유공과 수공과 강공의 원년은 〈육국연표〉에 따라야 하고, 〈정세가〉 기록보다 1년씩 늦게 설정해야 할 것이다.

태사공은 말한다.

속담에서 "권력과 이익으로 합한 자는 권력과 이익이 다하면 사귐이 멀어진다."라고 했다. 부하甫瑕가 이런 사람이다. 부하는 정나라 자작을 겁박해 살해하고 여공厲公을 돌아오게 했다. 그러나 여공은 마침내 부하를 배신하고 살해했다. 이것은 진晉나라 이극里克과 무엇이 다르겠는가?[1] 절개를 지키는 것을 순식荀息같이 했어도 자신은 죽고 해제奚齊를 보살피지 못했다.[2] 변하는 바가 따라 오는 것은 또한 까닭이 많으리라!

太史公曰 語有之 以權利合者 權利盡而交疏 甫瑕是也 甫瑕雖以劫殺
鄭子內厲公 厲公終背而殺之 此與晉之里克何異[1] 守節如荀息 身死而
不能存奚齊[2] 變所從來 亦多故矣

① 晉之里克何異진지이극하이

신주 진晉나라 이극은 도자悼子 해제奚齊를 살해하고 이오夷吾를 세워 혜공惠公으로 삼았지만, 결국 혜공에게 자결을 강요받는다. 부하甫瑕 역시 이런 경우에 해당한다.

② 守節如荀息 身死而不能存奚齊수절여순식 신사이불능존해제

신주 이극이 해제를 살해하자 헌공獻公에게 해제를 보살필 것을 부탁받은 순식도 따라 죽는다.

색은술찬 사마정이 펼쳐서 밝히다.

여왕厲王의 아들은 정나라에 봉해짐을 얻었다. 사도의 직무를 이어 《시경》 '치의緇衣'를 읊었다.① 곽과 회나라에서 읍을 바치니 제사하며 비는 것을 마음대로 할 수 있었다. 장공莊公은 앞서 왕을 침범했고 여공厲公도 도망쳐 달아났다. 여공은 역櫟에 살다가 이기고 돌아갔으며 난蘭을 꿈꾸니 경사가 생겼다. 백복伯服은 포로로 갇혔고 숙첨叔瞻의 시신은 외국으로 보내졌다. 희공과 간공의 후대는 주나라 공실과 다투지 않았다. 부서負黍를 비록 탈환했어도 한韓나라 애후는 날로 강성해졌다.

厲王之子 得封於鄭 代職司徒 緇衣在詠① 虢鄶獻邑 祭祝專命 莊旣犯王 厲亦奔命 居櫟克入 夢蘭毓慶 伯服生囚 叔瞻尸聘 釐簡之後 公室不競 負黍雖還 韓哀日盛

① 緇衣在詠치의재영

신주 치의는 《시경》 〈국풍 정풍鄭風〉에 나온다.

[지도 1] 정세가

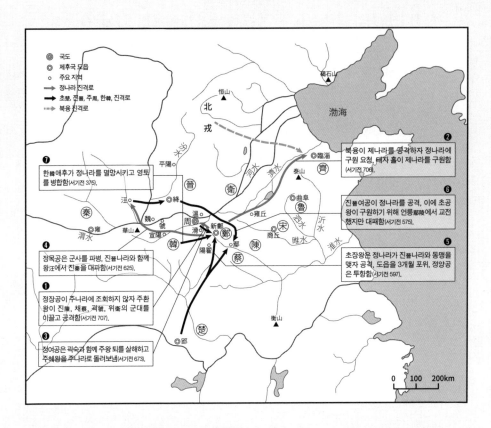

북융이 정나라를 공격하자 정나라에
구원 요청. 태자 홀이 제나라를 구원함
(서기전 706).

진晉여공이 정나라를 공격, 이에 초공
왕이 구원하기 위해 언릉鄢陵에서 교전
했지만 대패함(서기전 575).

초장왕은 정나라가 진晉나라와 동맹을
맺자 공격, 도읍을 3개월 포위, 정양공
은 투항함(서기전 597).

한韓애후가 정나라를 멸망시키고 영토
를 병합함(서기전 375).

정목공은 군사를 파병, 진晉나라와 함께
왕왕汪에서 진秦을 대파함(서기전 625).

정장공이 주나라에 조회하지 않자 주환
왕이 진陳, 채蔡, 괵虢, 위衛의 군대를
이끌고 공격함(서기전 707).

정여공은 괵숙과 함께 주왕 퇴를 살해하고
주혜왕을 주나라로 돌려보냄(서기전 673).

사기 제43권 史記卷四十三

조세가 趙世家

신주 조趙나라는 영성嬴姓의 조씨趙氏이다. 진秦나라와 같은 영성으로 동이족 국가이다. 조나라의 시조는 조보趙父인데, 상商나라 명신 비렴飛廉의 둘째 아들 계승季勝의 후예이다. 동이족 서국徐國을 정벌하는 데 공을 세워 조성趙城에 봉함을 받아 조씨가 되었다. 진晉나라는 서기전 633년 진문공이 회국한 후 3군軍을 건립하고, 군마다 장군과 군좌軍佐를 두었다. 중군장中軍將과 중군좌中軍佐, 상군장과 상군좌, 하군장과 하군좌가 그것이다. 중군장이 정경正卿으로 국정을 장악했고, 이들이 육경六卿으로 재상이 되었다. 처음에는 10여 가문이었으나 나중에 한씨韓氏, 조씨趙氏, 위씨魏氏, 지씨智氏, 범씨范氏, 중항씨中行氏의 여섯 가문이 육경으로 국정을 장악했다.

서기전 403년 조趙, 한韓, 위魏 세 호족이 주나라 위열왕威烈王에게 정식으로 제후를 책봉받아서 진晉나라를 나누어 다스렸다. 이를 '삼가분진三家分晉'이라고 부른다. 조씨도 조열후趙烈侯가 되면서 정식으로 조국趙國이 수립되었다. 도읍은 앞뒤로 지금의 태원인 진양晉陽과 지금의 학벽鶴壁인 중모中牟, 지금의 한단邯鄲인 한단이었는데, 서기전 372년에 지금의 형대刑臺에 신도信都를 세우고 별도別都로 삼았다. 조나라 무령왕武

靈王이 왕을 칭하면서 호복기사胡服騎射를 했다. 중국 역사상 최초의 기병을 건립하고 조장성趙長城을 쌓았다. 서기전 296년에는 같은 동이족 국가인 중산국中山國을 멸망시켰다. 하북성과 산서성 대부분, 그리고 내몽골 음산 산맥 남부를 차지함으로써 동방 6국 중 가장 강한 국가를 이룩했다. 그러나 같은 동이족 진국秦國과 수십 년간 치열한 패권다툼을 전개하다가 장평대전에서 패전했다. 이후에도 염파와 이목 같은 장수들을 홀대하면서 서기전 222년 조나라 대왕代王 가嘉가 체포되면서 멸망하고 말았다.

군주 세계

1. 나라를 세우기 전의 조씨趙氏 종주

칭호	이름	재위 기간(모두 서기전)
조성자趙成子	조쇠趙衰	636~622
조선자趙宣子	조순趙盾	621~601
조장자趙莊子	조삭趙朔	600~597
조문자趙文子	조무趙武	583~541
조경숙趙景叔	조성趙成	540~518

군주 칭호	이름	재위 기간(모두 서기전)
조간자趙簡子	조앙趙鞅	517~476
조양자趙襄子	조무휼趙無恤	475~443?
조환자趙桓子	조가趙嘉	442?~424
조헌자趙獻子	조완趙浣	423~409

2. 조국 군주

군주 칭호	이름	재위 기간(모두 서기전)
조열후趙烈侯	조적趙籍	408~400
조무후趙武侯	?	399~387
조경후趙敬侯	조장趙章	386~375
조성후趙成侯	조종趙種	374~350
조숙후趙肅侯	조어趙語	349~326
조무령왕趙武靈王	조옹趙雍	325~299
조혜문왕趙惠文王	조하趙何	298~266
조효성왕趙孝成王	조단趙丹	265~245
조도양왕趙悼襄王	조언趙偃	244~236

군주 칭호	이름	재위 기간(모두 서기전)
조유무왕趙幽繆王	조천趙遷	235~228
대왕가代王嘉	조가趙嘉	227~222

제
일
장

창성하는 조씨

조씨의 선조는 진秦나라와 더불어 시조가 같다. 중연仲衍[1]에 이
르러 제태무帝大戊의 수레를 몰게 되었다. 그의 후세 비렴蜚廉이
두 아들을 두었는데 한 아들을 오래惡來라고 불렀다. 그는 (상나라)
주왕紂王을 섬기다가 주나라에 죽임을 당했다. 그의 후손이 진秦
나라를 세웠다. 오래의 아우를 계승季勝이라고 하는데 그의 후손
이 조趙나라를 세웠다.

계승이 맹증孟增을 낳았다. 맹증은 주나라 성왕成王에게 총애를
받았는데, 이이가 택고랑宅皐狼[2]이다. 택고랑은 형보衡父를 낳았
고, 형보는 조보造父를 낳았다. 조보는 주나라 목왕繆王에게 총애
를 받았다. 조보는 적기赤驥 1승乘, 1필匹[3]과 도림桃林[4]의 준마
도려盜驪, 화류驊騮, 녹이綠耳를 취하여 목왕에게 바쳤다.

趙氏之先 與秦共祖 至中衍[1] 爲帝大戊御 其後世蜚廉有子二人 而命其
一子曰惡來 事紂 爲周所殺 其後爲秦 惡來弟曰季勝 其後爲趙 季勝生
孟增 孟增幸於周成王 是爲宅皐狼[2] 皐狼生衡父 衡父生造父 造父幸於
周繆王 造父取驥之乘匹[3] 與桃林[4]盜驪驊騮綠耳 獻之繆王

① 中衍중연

[정의] 中의 발음은 '중仲'이다.

中音仲

② 宅皋狼택고랑

[집해] 서광이 말했다. "어떤 이는 고랑皋狼이 지명이며 서하西河에 있다고 한다."

徐廣曰 或云皋狼地名 在西河

[색은] 살펴보니 이 설명과 같이 곧 이름은 맹증孟增이고 택고랑은 호號라고 한다. 서광은 말했다. "어떤 이가 이르기를 '고랑은 지명이고 서하에 있다.'라고 한다." 〈지리지〉를 살펴보니 고랑은 서하군의 현 이름이다. 아마 맹증이 주성왕의 총애를 받아 성왕이 고랑에 살게 했으므로 고랑이라고 부른 듯하다.

按 如此說 是名孟增號宅皋狼 而徐廣云或曰皋狼地名 在西河 按地理志 皋狼是西河郡之縣名 蓋孟增幸於周成王 成王居之於皋狼 故云皋狼

③ 造父取驥之乘匹조보취기지승필

[색은] 조보가 준마 8마리를 취해 색깔을 맞추고 말의 힘을 가지런히 해서 길들였다는 말이다. 4마리를 묶은 것을 승乘이라 한다. 2마리를 묶은 것을 필匹이라고 한다.

言造父取八駿 品其色 齊其力 使馴調也 竝四曰乘 竝兩曰匹

[정의] 乘의 발음은 '승[食證反]'이다. 4마리가 나란한 것을 승乘이라고 하고, 2마리가 나란한 것을 필匹이라고 한다. 8준駿을 취해서 그 힘의 등급에 따라 두루 훈련시키는 것이다.

乘 食證反 竝四曰乘 兩曰匹 取八駿品其力 使均馴

④ 桃林도림

정의 《괄지지》에서 말한다. "도림은 섬주 도림현에 있다. 서쪽으로 동관潼關에 이르기까지 모두 도림새桃林塞의 땅이 된다. 《산해경》에서 '과보산 북쪽에 수풀이 있는데 이름을 도림이라고 한다. 너비가 300리인데 그 안에는 말이 많다. 조보가 이곳에서 화류와 녹이의 승乘을 얻어서 주목왕에게 바쳤다.'라고 했다."

括地志云 桃林在陝州桃林縣 西至潼關 皆爲桃林塞地 山海經云夸父之山 北有林焉 名曰桃林 廣闊三百里 中多馬 造父於此得驊騮騄耳之乘獻周穆王也

신주 최영 장군의 시조에서 나오는 '녹이 상제 살찌게 먹여'라는 구절의 녹이가 곧 여기 나오는 준마 녹이를 가리킨다.

목왕은 조보에게 말을 몰게 하고 서쪽을 순수하면서 서왕모西王母[①]를 만나서 즐겁게 지내면서 주나라로 돌아가는 것을 잊었다. 그러나 서언왕徐偃王[②]이 반란을 일으키자 목왕은 하루 만에 천리마를 달려서 서언왕을 공격하고[③] 크게 쳐부수었다. 이에 조보에게 조성趙城[④]을 하사해 주었는데 이로 말미암아 조씨가 되었다.

繆王使造父御 西巡狩 見西王母[①] 樂之忘歸 而徐偃王[②]反 繆王日馳千里馬 攻徐偃王[③] 大破之 乃賜造父以趙城[④] 由此爲趙氏

① 西王母서왕모

색은 《목천자전》에서 말한다. "목왕은 서왕모와 함께 요지瑤池 위에서 술잔을 함께하고 노래를 지었다. 이는 곧 즐거워 돌아가는 것을 잊은 것이다." 초주는 이 일을 믿지 않고 말했다. "나는 항상 듣자니 대代 지방의 풍속은 동서에서 음양이 출입하는 것으로 그들의 신을 높이는 것을 왕부모王父母라고 이른다. 어떤 이는 지명이라 하고 서역에 있다고 하는데, 무엇을 본 것이 있는가?"

穆天子傳曰穆王與西王母觴於瑤池之上 作歌 是樂而忘歸也 譙周不信此事 而云余常聞之 代俗以東西陰陽所出入 宗其神 謂之王父母 或曰地名 在西域 有何見乎

신주 서왕모는 곤륜산에 산다는 전설 속의 여왕이다.

② 徐偃王서언왕

정의 《괄지지》에서 말한다. "대서성은 사주 서성현 북쪽 30리에 있다. 옛날 서국徐國이다. 《박물지》에서 말한다. '서나라 군주의 궁인이 임신을 해서 알을 낳자 상서롭지 않은 것으로 여겨 물가에 버렸다. 고독한 여인(과부)에게 곡창鵠倉이라는 개가 있었는데 버려진 알을 물고 돌아오자 따뜻하게 덮어 주었다. 마침내 어린아이가 되었으며 언왕偃王이 생겨난 것이다. 그러므로 궁인이 듣고 다시 거두어 길렀다. 성장하자 물려받아 서나라 군주가 되었다. 뒤에 곡창이라는 개가 죽음에 이르자, 뿔이 나고 9개의 꼬리가 생겨나 실제로 황룡이 되었다. 곡창을 어떤 이는 후창后倉이라고 했다.'"

括地志云 大徐城在泗州徐城縣北三十里 古之徐國也 博物志云 徐君宮人娠 生卵 以爲不祥 棄於水濱 孤獨母有犬名鵠倉 銜所棄卵以歸 覆煖之 遂成小兒 生偃王 故宮人聞之 更收養之 及長 襲爲徐君 後鵠倉臨死生角而九尾 實黃龍也 鵠倉或名后倉也

신주 서언왕은 영성嬴姓의 서씨徐氏다. 이름은 탄誕이고 자字는 자유子孺이다. 동이족이다. 서국徐國은 32개국의 군주인데 지금의 회수淮水와 사수泗水 일대를 다스렸다. 도읍은 하비량성下邳良城으로 지금의 강소성江蘇省 비주시邳州市이다. 《도성기都城記》에서 말한다. "주목왕 말년에 서국의 군주 언偃이 인의仁義를 행하기 좋아해서 동이東夷로 귀부한 나라가 40여 국이었다. 목왕이 서쪽을 순시하면서 서국 군주의 위덕이 날마다 멀어졌다는 소식을 듣고 초나라를 보내 습격하게 했다. 서국은 준비가 되어 있지 않아 주나라는 서국을 크게 부수고 서언왕을 죽였다. 그 자식을 마침내 북쪽 팽성彭城으로 이주시키니 백성 중에 따라간 자가 수만 명이었다. 서국은 지금의 서성徐城이다."

서국은 하나라 시기의 동이東夷 제국으로 수령이 고요皐陶이고, 영성嬴姓이다. 고요는 순임금에 의해 형법을 관장했는데, 고요의 아들 백익伯益은 우禹의 치수 사업에 큰 공이 있어서 그의 아들 약목若木이 서지徐地에 봉해져 서국을 건립했다. 서국은 44대를 이어지다가 주나라 경왕敬王 8년(서기전 512) 오국吳國에 의해 멸망했다. 역년曆年이 1,600여 년이었다.

③ 攻徐偃王공서언왕

색은 초주가 말했다. "서언왕은 초문왕楚文王과 동시대이고, 주목왕과는 거리가 멀다. 또 왕이 된 자가 가는 데는 두루 호위하는데, 어찌 난이 일어났다는 말을 듣고 혼자 말을 오래 몰아 하루에 1,000리를 가겠는가?"(초주의 의견은) 나란히 여기 사건은 사실이 아니라는 말이다.

譙周曰 徐偃王與楚文王同時 去周穆王遠矣 且王者行有周衛 豈聞亂而獨長驅日行千里乎 竝言此事非實也

④ 趙城조성

정의 진주 조성현은 곧 조보의 읍이다.

晉州趙城縣卽造父邑也

신주 왕(천자)의 수도를 경京, 제후의 수도를 도都, 대부의 수도를 읍邑이라고 한다. 즉 읍은 대부의 치소治所이다.

조보부터 아래로 6세 엄보奄父에 이르러 공중公仲이라고 했다. 그는 주나라 선왕宣王 때 융戎을 정벌하는 데 수레를 몰았다. 천무千畝[1]의 전쟁에 이르러 엄보는 선왕을 탈출시켰다.

엄보는 숙대叔帶를 낳았다. 숙대 시대에 주나라 유왕幽王이 무도하자, 주나라를 떠나 진晉나라로 가서 진나라 문후文侯를 섬겼다. 그가 처음으로 조씨 가문을 진나라에 세웠다.

自造父已下六世至奄父 曰公仲 周宣王時伐戎 爲御 及千畝[1]戰 奄父脫宣王 奄父生叔帶 叔帶之時 周幽王無道 去周如晉 事晉文侯 始建趙氏于晉國

---

① 千畝천무

정의 《괄지지》에서 말한다. "천무원은 진주 악양현 북쪽 90리에 있다."

括地志云 千畝原在晉州岳陽縣北九十里也

숙대부터 아래로 조씨 종족이 더욱 흥성했는데 5대 조숙趙夙에 이르렀다. 조숙은 진晉나라 헌공獻公이 재위 16년에 곽霍과 위魏와 경耿을 공격하자 조숙은 장군이 되어 곽나라를 공격했다. 곽공霍公 구求[1]는 제나라로 달아났다.

진나라에 큰 가뭄이 들어 점을 쳤는데 점괘에 "곽태산이 빌미가 되었다."라고 했다. 이에 조숙을 보내 곽나라 군주를 제나라에서 불러 복귀시키고 곽태산의 제사를 받들게 하자 진나라에 다시 풍년이 들었다. 진헌공은 조숙에게 경耿 땅[2]을 하사했다.

조숙은 공맹共孟을 낳았는데 이때가 노나라 민공閔公 원년이다. 공맹은 조사趙衰를 낳았는데[3] 자는 자여子餘이다.

自叔帶以下 趙宗益興 五世而(生)[至]趙夙 趙夙 晉獻公之十六年伐霍 魏耿 而趙夙爲將伐霍 霍公求[1]奔齊 晉大旱 卜之曰霍太山爲祟 使趙夙 召 霍君於齊 復之 以奉霍太山之祀 晉復穰 晉獻公賜趙夙耿[2] 夙生共 孟 當魯閔公之元年也 共孟生趙衰[3] 字子餘

① 霍公求곽공구

집해 서광이 말했다. "구求는 다른 판본에는 '래來'로 되어 있다."

徐廣曰 求 一作來

② 耿경

색은 두예가 말했다. "경耿은 지금의 하동군 피지현 경향耿鄕이다."

杜預曰 耿 今河東皮氏縣耿鄕是

③ 共孟生趙衰공맹생조사

색은 《세본》에서는 공명公明이 공맹共孟과 조숙趙夙을 낳았고, 조숙은 성계成季 사쇠衰를 낳았으며, 조사는 맹선자孟宣子 조돈을 낳았다고 한다. 《좌전》에서는 조사를 조숙趙夙의 아우라고 했다. 그러나 여기 〈조세가〉에서는 공맹共孟이 조사를 낳았다고 했는데, 초주는 이것을 잘못이라고 여겼을 따름이다.

系本云公明生共孟及趙夙 夙生成季衰 衰生宣孟盾 左傳云衰 趙夙弟 而此系家云共孟生衰 譙周亦以此爲誤耳

조사趙衰가 진晉나라 헌공과 여러 공자를 섬기는 것을 점쳤는데 길하지 않았다. 공자 중이重耳를 섬기는 것을 점쳤는데 길하다고 해서 곧 중이를 섬겼다. 중이가 여희驪姬의 난亂으로 적적翟나라로 달아나자 조사도 따랐다. 적에서 장고여廧咎如[1]를 정벌하고 두 여자를 얻었는데, 작은딸은 중이가 아내로 삼고, 큰딸은 조사가 아내로 삼아 돈盾을 낳았다.

당초 중이가 진晉나라에 있을 때 조사의 아내가 조동趙同, 조괄趙括, 조영제趙嬰齊를 낳았다.[2]

조사는 중이를 따라서 망명한 지 모두 19년 만에 나라로 돌아오게 되었다. 중이는 진晉나라 문공이 되었고, 조사는 원原 땅의 대부[3]가 되어 원에서 살며 나라의 정사를 맡았다. 문공이 나라로 돌아와 패자가 되기에 이른 것은 조사가 계책이 많았기 때문이다. 그 이야기가 〈진세가〉에 기록되어 있다.

趙衰卜事晉獻公及諸公子 莫吉 卜事公子重耳 吉 即事重耳 重耳以驪
姬之亂亡奔翟 趙衰從 翟伐廧咎如^① 得二女 翟以其少女妻重耳 長女妻
趙衰而生盾 初 重耳在晉時 趙衰妻亦生趙同趙括趙嬰齊^② 趙衰從重耳
出亡 凡十九年 得反國 重耳爲晉文公 趙衰爲原大夫^③ 居原 任國政 文
公所以反國及霸 多趙衰計策 語在晉事中

① 廧咎如장고여

신주 〈진세가〉에서는 '장廧' 자가 빠져 있으나, 〈조세가〉에서는 맞게 기
록했다. 장고여는 춘추 때 이국夷國의 나라 이름이다. 종성은 외성隗姓으
로 적적赤狄의 한 계통인데, 서기전 770년부터 서기전 588년까지 존속했
다.《좌전》희공僖公 23년에 "적인狄人이 고여咎如를 정벌하고 두 딸 숙외
叔隗와 괴외季隗를 얻어 제공자諸公子에게 바쳤다."라고 되어 있다. 왕백
상王伯祥이 주석에서 "지금의 산서성 옛 태원부太原府 경내이다."라고 했
다. 지금의 태원시 일대이다.

② 初~趙同趙括趙嬰齊초~조동조괄조영제

신주 적 땅에서 맞이한 아내가 숙외叔隗이다.《좌전》에는 세 아들을
낳은 아내가 문공의 딸이자 적처嫡妻로 나온다. 문공의 딸은 조사가 문
공과 함께 진나라로 돌아온 다음에 맞이했고, 세 아들을 낳았다. 그리하
여 적처의 세 아들은 모두 조돈의 아우가 된다.

③ 原大夫원대부

색은 《세본》에서 말한다. "성계成季는 원原으로 옮겼다." 송충이 말했

다. "지금의 안문군 원평현이다."

系本云 成季徙原 宋忠云 今鴈門原平縣也

정의 《괄지지》에서 말한다. "원평原平 고성은 한나라 원평현이다. 대주 곽현 남쪽 35리에 있다." 崞의 발음은 '곽郭'이다. 살펴보니 송충의 설명이 잘못되었다. 《괄지지》에서 말한다. "옛 원성은 회주 제원현 서북쪽 2리에 있다. 《좌전》에서 양왕襄王이 원原 땅을 진문공에게 주었는데, 원 땅 사람들이 굴복하지 않자 문공이 원을 정벌하고 신임을 보이자 원이 투항했다. 그러므로 조사를 원대부原大夫로 삼았다고 했는데, 곧 이를 말한다. 원은 본래 주나라 기내의 읍이다."

括地志云 原平故城 漢原平縣也 在代州崞縣南三十五里 崞音郭 按 宋忠說非也 括地志云 故原城在懷州濟原縣西北二里 左傳云襄王以原賜晉文公 原不服 文公伐原以示信 原降 以趙衰爲原大夫 即此也 原本周畿內邑也

신주 정의 의 설명이 옳다. 당시 안문군은 진晉의 영역이 아니라 북방 민족 융戎이나 적狄의 영역이었다. 진문공이 양왕을 다시 들이고 그 보답으로 받은 땅이다. 《좌전》과 《국어》에도 같은 내용이 나온다.

조사가 진晉나라로 돌아오자 진晉의 아내는 군이 적翟의 아내를 맞이하기를 요구하고 그녀의 아들 돈盾을 적통 계승자로 삼았다. 그리고 진晉나라 아내의 세 아들에게 모두 몸을 낮추고 섬기도록 했다.

진양공晉襄公 6년, 조사가 죽자 시호를 성계成季라고 했다.

조돈이 성계를 대신해 나라의 정사를 맡은 지 2년 만에 진晉나라 양공이 죽었는데 태자 이고夷皐는 나이가 어렸다. 조돈이 나라를 다스리는 데 어려움이 많자 양공의 아우 옹雍을 군주로 세우려고 했다. 옹은 당시 진秦나라에 있어서 사신을 보내서 맞이하게 했다. 태자의 어머니① 목영穆嬴은 어느 날 밤 울면서 머리를 조아리고 조돈에게 일러 말했다.

"선군께서 무슨 죄를 지었기에, 그의 적자適子를 놔두고 다시 군주를 구하십니까?"

조돈은 걱정하고 혹시 종족들과 대부들이 습격해 죽일까 두려워 마침내 태자를 군주로 세우니, 이이가 영공靈公이다. 군사를 일으켜 양공의 아우를 진나라에서 맞이하는 것을 막았다. 영공이 즉위하자 조돈은 국정에 더욱 전념했다.

趙衰旣反晉 晉之妻固要迎翟妻 而以其子盾爲適嗣 晉妻三子皆下事之 晉襄公之六年 而趙衰卒 諡爲成季 趙盾代成季任國政二年而晉襄公卒 太子夷皐年少 盾爲國多難 欲立襄公弟雍 雍時在秦 使使迎之 太子母① 日夜啼泣 頓首謂趙盾曰 先君何罪 釋其適子而更求君 趙盾患之 恐其宗與大夫襲誅之 迺遂立太子 是爲靈公 發兵距所迎襄公弟於秦者 靈公旣立 趙盾益專國政

① 太子母태자모

색은 목영이다.

穆嬴也

영공이 즉위한 지 14년, 더욱 교만해졌다. 조돈이 자주 간언했지만 영공은 듣지 않았다. 곰발바닥 요리를 먹는데 삶은 것이 익지 않았다고 요리사를 죽였다. 그 시신이 나가는 것을 조돈이 보았다. 영공은 이 때문에 두려워 조돈을 죽이려고 했다.

조돈은 평소 인자하고 사람을 아꼈다. 일찍이 뽕나무 아래에서 굶주려 있던 사람을 먹여준 일이 있었는데, 그 사람이 거꾸로 조돈을 숨겨주고 구해주어 조돈이 도망할 수 있었다. 국경을 벗어나지 않았는데 조천趙穿이 영공을 시해하고 양공의 동생인 흑둔黑臀을 군주로 세웠다. 이이가 성공成公이다. 조돈은 다시 돌아와 국정을 맡았다.

군자君子가 조돈을 나무라며 "정경正卿이 되어서 도망쳤다가 국경을 나가지 않고 돌아와서는 역적을 토벌하지도 않았다."라고 했다. 이 때문에 태사太史는 "조돈이 그 군주를 시해했다."라고 썼다.

진나라 경공景公[1] 때 조돈이 죽었다. 시호를 '선맹宣孟'이라고 했으며, 아들 삭朔이 계승했다.

조삭은 진나라 경공 3년에 진나라 하군의 장군이 되어 정나라를 구원하고 초나라 장왕과 함께 하수에서 싸웠다. 조삭은 진나라 성공成公의 손윗누이를 취해 부인으로 삼았다.[2]

진나라 경공 3년, 대부 도안고屠岸賈가 조씨들을 처단하고자 했다.[3]

靈公立十四年 益驕 趙盾驟諫 靈公弗聽 及食熊蹯 胹不熟 殺宰人 持其尸出 趙盾見之 靈公由此懼 欲殺盾 盾素仁愛人 嘗所食桑下餓人反扞救盾 盾以得亡 未出境 而趙穿弑靈公而立襄公弟黑臀 是爲成公 趙盾復反 任國政 君子譏盾爲正卿 亡不出境 反不討賊 故太史書曰趙盾弑

> 其君 晉景公^①時而趙盾卒 諡爲宣孟 子朔嗣 趙朔 晉景公之三年 朔爲
> 晉將下軍救鄭 與楚莊王戰河上 朔娶晉成公姊爲夫人^② 晉景公之三年
> 大夫屠岸賈欲誅趙氏^③

① 晉景公진경공

색은 성공의 아들이다. 이름은 거據이다.

成公之子 名據

신주 《좌전》의 기록을 살펴보면 조선자 조돈은 앞서 성공 시대에 죽었다고 했다. 《사기지의》에서도 《고사고》를 인용하여 그렇다고 주장했다.

② 朔娶晉成公姊爲夫人삭취진성공자위부인

신주 《사기지의》에서 말한다. "가규와 복건과 두예는 모두 조장희趙莊姬(조삭의 부인)를 성공의 딸이라고 했다. 그런데 《좌전》 성공 8년 주해에서 《사기》를 반박하며 말하기를 '조사의 적처嫡妻가 문공의 딸인데, 만약 조삭의 처가 성공의 누이라면 또한 문공의 딸이다. 아버지의 종모從母를 처로 삼는 것은 불가하며, 또 진문공이 세상을 떠난 것은 이때로부터 46년이나 떨어져 있는데, 장희는 이때 아직 젊었으니 성공의 누이가되지 못한다.'라고 했다. 나는 곧 '姊자'(손윗누이)는 '女여'(딸)의 잘못이거나 '성공成公'은 '경공景公'의 잘못이라고 말할 수 있다. [원주: 위소는 《국어》〈진어〉에 주석하여 경공의 누이라고 했다. 또 누군가는 《좌전》 희공 24년 조에서 숙외叔隗가 아내라는 것에 근거하여 문공의 딸은 첩이니 아버지의 종모가 되지 못한다고 하지만, 이 설명은 잘못이다. 도리어 숙외가적처가 된 것은 곧 희씨의 현명함 때문이고, 일찍이 희씨가 첩이 된 것은 아니었다. 그러므로 《좌전》 선공 3년에서 조돈은 모거족旄車族으로 스스로 서자의 자리에 거처하고 조괄을 적자라고 했다.] 또 대부의 처는 춘추시대에 아직 부인이라 일컫지 않았다고 할 수 있다. [원주: 조삭의 처는 곧 양공의 딸이라고 일컬은 것이 있으나, 또한 잘못이다.]" 또 설명을 덧붙이면 조삭의 시호가 '장莊'이므로 아내를 조장희趙莊姬라고 한다.

③ 大夫屠岸賈欲誅趙氏대부도안고욕주조씨

집해 서광이 말했다. "〈육국연표〉를 살펴보니 정나라를 구원하고 주멸誅滅되는 데 이른 것은 모두 경공 3년이다."

徐廣曰 按年表 救鄭及誅滅 皆景公三年

당초 조돈이 살아 있을 때 꿈에 숙대叔帶가 손으로 허리를 잡고 곡을 하더니 매우 슬퍼했다. 잠시 후에는 웃으며 손뼉을 치면서 노래를 불렀다.[①] 조돈이 점을 쳤는데 점의 징조가 (귀갑龜甲에 나타난) 균열이 끊어졌다가 뒤에 좋아졌다. 조趙의 사관史官 원援이 점을 치며 말했다.

"이 꿈은 매우 나쁩니다. 군주의 몸이 아니라면 군주의 아들에 미칠 것인데 이 또한 군주의 허물로 인해 오는 것입니다. 손자에 이르면 조씨는 장차 대대로 더욱 쇠약해질 것입니다.[②]"

도안고屠岸賈[③]는 처음에 영공에게 총애를 받았다. 경공에 이르러서 도안고는 사구司寇가 되어 장차 난을 일으키려고 했다. 이에 영공 때의 역적들을 다스린다는 구실로 조돈에게 죄가 이르게 해놓고, 장군들에게 두루 알려 말했다.

"조돈은 비록 알지 못했지만 오히려 역적의 수괴가 되었소. 신하로서 군주를 시해했는데 자손들이 조정에 있으니 어떻게 죄를 징계하겠소? 죽일 것을 청합니다."

初 趙盾在時 夢見叔帶持要而哭 甚悲 已而笑 拊手且歌^① 盾卜之 兆絶而後好 趙史援占之 曰 此夢甚惡 非君之身 乃君之子 然亦君之咎 至孫趙將世益衰^② 屠岸賈^③者 始有寵於靈公 及至於景公而賈爲司寇 將作難 乃治靈公之賊以致趙盾 遍告諸將曰 盾雖不知 猶爲賊首 以臣弑君子孫在朝 何以懲罪 請誅之

① 夢見叔帶~拊手且歌몽견숙대~부수차가

신주 《사기지의》에서 말한다. "《사기》는 진秦과 조趙에 조리 없는 꿈 이야기를 많이 기록하고 있는데, 진목공秦穆公이 하늘에 오르는 꿈은 〈진본기〉에 싣지 않았다. 그러나 그 내용이 곁 기록인 〈봉선서〉와 〈편작전〉에 보이니 그것은 정말 잘못되었다. 〈조세가〉에서는 선자, 간자, 주부主父, 효성왕의 꿈을 싣고 있는데, 무슨 꿈이 그리 많은가? 그런데도 《좌전》 소공 31년에 말한 '간자가 꿈꾼 어린아이가 발가벗고 노래 부른 것'은 또 어찌 언급하지 않았는가? 《법언法言》 〈중려重黎〉에서 '조나라에는 대대로 신神이 많아 성인聖人은 어지럽다고 할 만하다.'라고 했다. 《경사문답經史問答》에서 '세가에는 조나라처럼 삿되고 그릇되고 어지럽고 괴이한 것이 없다. 징후를 엮어 앞세운 것이 아니라면 그렇지 않았을 것이다.'라고 했다. 누군가 말하기를 〈조세가〉에서는 어지럽게 기만하는 것이 남다르니, 도안고가 조씨를 주멸한 것이 첫째요, 선맹자가 숙대의 꿈을 꾼 것이 둘째요, 간자가 균천鈞天에서 노닌 것이 셋째요, 길에서 사람을 마주친 것이 넷째요, 천신이 무휼無恤에게 죽서를 남겨준 것이 다섯째요, 무령왕이 처녀의 꿈을 꾼 것이 여섯째요, 효성왕이 용을 탄 꿈이 일곱째이다. 이는 자장子長(사마천)이 그 황당하게 떠도는 문장으로 기이하게 여겨 낚은 문장이니 실록이라고 할 게 아니며 대개《남화경南華經》에서 배운 것이다.'라고 했다."

《법언》은 한漢나라 양웅揚雄의 유학 저술이고,《경사문답》은 청淸나라 전조망全祖望의 저술이며《남화경》은《장자莊子》를 가리킨다.

② 至孫 趙將世益衰지손 조장세익쇠

신주　중화서국본의《사기》는 이 구절을 조나라 사관 원이 본 점의 징조 중 하나로 삽입시켰다. 그러나《설원說苑》에서는 "그 아들 조삭에 이르러 가세가 더욱 쇠약해졌다.[至子趙朔世益衰]"라고 설명하고 있다. 즉 사관 원이 점괘로 말한 것이 아니라 나중에 결과가 그렇게 되었다는 것이다.

③ 屠岸賈도안고

신주　도안고는 성이 도안屠岸이고 이름이 고賈이다. 춘추시대 진나라의 대부로서 조씨 일가의 주륙을 주장하고 실천했다. 〈조세가〉에는 나오지만《좌전左傳》에는 나오지 않는다. 후대에 큰 간신의 전형으로 그려졌는데 원元나라 기군상紀君祥이 만든 잡극《조씨고아趙氏孤兒》이후 이런 인식이 널리 퍼졌다.

한궐韓厥이 말했다.

"영공이 적賊을 만났을 때 조돈은 밖에 있었으니 우리 선군先君께서 죄가 없다고 하셨소. 그래서 그를 죽이지 않았소. 지금 군장君將들이 그의 후손을 죽이려고하오. 이는 선군의 뜻이 아니라 지금 멋대로 죽이는 것이오. 멋대로 죽이는 것을 변란이라고 하오. 신하에게 큰일이 있는데 군주가 보고받지 못한다면 이는 군주를 없는 것으로 치는 것이오."

도안고는 듣지 않았다. 한궐이 조삭에게 빨리 도망치라고 권했다. 조삭은 받아들이지 않고 말했다.

"그대가 반드시 조씨의 제사를 끊지 않겠다면 삭은 죽어도 원망하지 않을 것이오."

한궐은 허락하고 병을 일컫고 나오지 않았다. 도안고는 (군주에게) 청하지 않고 멋대로 장수들과 더불어 조씨를 하궁下宮에서 공격해서 조삭, 조동, 조괄, 조영제를 살해하고 그 일족을 모두 멸족했다. 조삭의 아내는 성공成公의 누이인데 유복자가 있어서 공궁公宮으로 달아나 숨었다.

조삭의 객客 중에 공손저구公孫杵臼라는 사람이 있었다. 공손저구는 조삭의 벗 정영程嬰에게 일러 말했다.

"어찌 죽지 않았는가?"

정영이 대답했다.

"조삭의 부인에게 유복자가 있는데 만약 다행히도 사내아이라면 나는 받들 것이오. 딸이라면 나는 천천히 죽을 뿐이다."

얼마 후 조삭의 부인이 몸을 풀고 사내아이를 낳았다. 도안고가 들고 궁 안을 수색했다. 부인이 아이를 바지 안에 넣고 숨겨 빌며 말했다.

"조씨 일족이 없어져도 좋다면 소리내어 울어라. 만일 그렇지 않으면 소리를 내지 말아라."

수색이 이루어졌을 때 아이는 끝내 아무 소리를 내지 않았다.

韓厥曰 靈公遇賊 趙盾在外 吾先君以爲無罪 故不誅 今諸君將誅其後 是非先君之意而今妄誅 妄誅謂之亂 臣有大事而君不聞 是無君也 屠岸賈不聽 韓厥告趙朔趣亡 朔不肯 曰 子必不絶趙祀 朔死不恨 韓厥許諾 稱疾不出 賈不請而擅與諸將攻趙氏於下宮 殺趙朔趙同趙括趙嬰齊 皆滅其族 趙朔妻成公姊 有遺腹 走公宮匿 趙朔客曰公孫杵臼 杵臼謂朔友人程 嬰曰 胡不死 程嬰曰 朔之婦有遺腹 若幸而男 吾奉之 即女也 吾徐死耳 居無何 而朔婦免身 生男 屠岸賈聞之 索於宮中 夫人置兒絝中 祝曰 趙宗滅乎 若號 即不滅 若無聲 及索 兒竟無聲

이윽고 (위기에서) 탈출하자 정영이 공손저구에게 일러 말했다.

"지금 한 번 수색해서 찾을 수 없었지만 뒤에 반드시 또 수색할 것이니, 어떻게 해야 하겠소?"

공손저구가 말했다.

"고아를 세우는 것과 죽이는 것 중 어느 것이 어렵겠소?"

정영이 말했다.

"죽이는 것은 쉬우나 고아를 세우는 것이 어려울 따름이오."

공손저구가 말했다.

"조씨의 선군先君들은 그대를 극진히 대우했소. 그대는 무리를 해서라도 그 어려운 쪽을 하시오. 내가 쉬운 쪽을 떠맡아 먼저 죽게 해주시오."

이에 두 사람은 계책을 세우고 다른 사람의 어린아이를 취해서 업고 무늬가 있는 포대기①로 덮어서 산중에 숨겼다. 정영은 산을 나와 거짓으로 장군들에게 일러 말했다.

"나는 불초不肖해서 조씨 고아를 세울 수 없으니, 누가 1,000금을 준다면 나는 조씨 고아가 있는 곳을 알려주겠소."

장수들이 모두 기뻐하고 이를 허락해 군사를 일으켜 정영을 따라 공손저구를 공격했다.

已脫 程嬰謂公孫杵臼曰 今一索不得 後必且復索之 奈何 公孫杵臼曰 立孤與死孰難 程嬰曰 死易 立孤難耳 公孫杵臼曰 趙氏先君遇子厚 子彊爲其難者 吾爲其易者 請先死 乃二人謀取他人嬰兒負之 衣以文葆① 匿山中 程嬰出 謬謂諸將軍曰 嬰不肖 不能立趙孤 誰能與我千金 吾告趙氏孤處 諸將皆喜 許之 發師隨程嬰攻公孫杵臼

① 衣以文葆의이문보

집해 서광이 말했다. "어린아이가 덮는 것을 보葆(포대기)라고 한다."
徐廣曰 小兒被曰葆

저구가 거짓을 꾸며서 말했다.

"소인이구나, 정영이여! 옛날 하궁下宮의 난리에서 죽지 않았고, 나와 모의해 조씨의 고아를 숨겨놓고는 지금 또 나를 팔았구나. 비록 세우지는 못하더라도 차마 팔 수 있느냐."

아이를 안고 부르짖으면서 말했다.

"하늘이시여! 하늘이시여! 조씨의 고아가 무슨 죄가 있습니까? 살려주기를 청하니 저만 죽이는 것이 옳을 것입니다."

장수들은 허락하지 않고 마침내 저구와 고아를 함께 살해했다. 여러 장수는 조씨의 고아가 진실로 이미 죽었다고 여기고 모두 기뻐했다. 그러나 조씨의 진짜 고아는 오히려 살아 있었으며, 정영이 마침내 고아와 함께 산속에 숨어 살았다.

杵臼謬曰 小人哉程嬰 昔下宮之難不能死 與我謀匿趙氏孤兒 今又賣我 縱不能立 而忍賣之乎 抱兒呼曰 天乎天乎 趙氏孤兒何罪 請活之 獨殺杵臼可也 諸將不許 遂殺杵臼與孤兒 諸將以爲趙氏孤兒良已死 皆喜 然趙氏眞孤乃反在 程嬰卒與俱匿山中

산속에 거처한 지 15년, 진晉나라 경공이 병이 들었다. 점을 쳤는데 대업大業의 후예로 뜻을 이루지 못한 사람이 빌미가 된다고 했다. 경공이 한궐에게 묻자, 한궐은 조씨의 고아가 살아 있음을 알고 이에 말했다.

"대업의 후예로 진晉나라에서 제사가 끊긴 자는 조씨일 것입니다. 무릇 중연仲衍부터 모두가 영성嬴姓입니다. 중연은 사람의 얼굴에 새의 부리처럼 생겼습니다. 땅에 내려와 은나라 제帝 태무를 보좌했고, 주나라 천자에 이르기까지 모두 밝은 덕을 지녔습니다.

아래로 유왕과 여왕이 무도하자 숙대叔帶는 주나라를 떠나 진晉나라로 가서 선군 문후文侯를 섬겼습니다. 성공成公에 이르기까지 대대로 공이 있었기에 일찍이 제사가 끊기지 않았습니다. 지금 우리 군주께서 홀로 조씨 종가를 멸했으니 나라 사람들이 애처롭게 여깁니다. 그래서 거북의 점괘에 나타난 것입니다. 오직 군주께서는 헤아려주십시오."

경공이 물었다.

"조씨에게 아직 후대 자손이 있는가?"

한궐은 구체적으로 갖추어 사실을 고했다. 이에 경공은 한궐과 함께 조씨의 고아를 세울 것을 도모하고 불러서 궁중에 숨겼다. 장수들이 들어가 병문안을 했다. 경공은 한궐의 무리들에게 의지하고 장수들을 위협해서 조씨의 고아를 만나보게 했다. 조씨의 고아 이름이 무武였다. 장수들은 부득이 이렇게 말했다.

"옛날 하궁下宮의 난리는 도안고가 만들었는데, 군주의 명이라고 속이고 신하들에게 명령했습니다. 그렇지 않았다면 누가 감히 난을 일으켰겠습니까? 군주의 병환이 아니더라도 신하들은 진실로 조씨의 후예를 세우기를 청했을 것입니다. 지금 군주의 명령이 있으신데 신하들이 원하던 것입니다."

이에 조무와 정영을 불러서 장수들에게 모두 절하게 하고, 마침내 거꾸로 정영과 조무가 함께 도안고를 공격해서 그의 일족을 멸족시켰다. 조무에게는 전답과 읍을 되돌려주어 옛날과 같게 했다.①

居十五年 晉景公疾 卜之 大業之後不遂者爲祟 景公問韓厥 厥知趙孤
在 乃曰 大業之後在晉絶祀者 其趙氏乎 夫自中衍者皆嬴姓也 中衍人
面鳥噣 降佐殷帝大戊 及周天子 皆有明德 下及幽厲無道 而叔帶去周
適晉 事先君文侯 至于成公 世有立功 未嘗絶祀 今吾君獨滅趙宗 國人
哀之 故見龜策 唯君圖之 景公問 趙尚有後子孫乎 韓厥具以實告 於是
景公乃與韓厥謀立趙孤兒 召而匿之宮中 諸將入問疾 景公因韓厥之衆
以脅諸將而見趙孤 趙孤名曰武 諸將不得已 乃曰 昔下宮之難 屠岸賈
爲之 矯以君命 幷命群臣 非然 孰敢作難 微君之疾 群臣固且請立趙後
今君有命 群臣之願也 於是召趙武程嬰遍拜諸將 遂反與程嬰趙武攻屠
岸賈 滅其族 復與趙武田邑如故①

① 復與趙武田邑如故부여조무전읍여고

집해 서광이 말했다. "순서를 미루어 보면 진나라에서 다시 조무趙武
에게 전읍田邑을 준 것은 경공 17년이다. 이것을《춘추》성공 8년 경서에
서는 '진晉나라에서 그의 대부 조동趙同과 조괄趙括을 살해했다.'라고 했
다.《좌전》에서는 여기에 조무趙武를 기른 것을 설명했는데, 주석에서는
'끝마친 것을 설명한 것뿐이며, 이해가 아니다.'라고 했다."

徐廣曰 推次 晉復與趙武田邑 是景公之十七年也 而乃是春秋成公八年經書 晉
殺其大夫趙同趙括 左傳於此說立趙武事者 注云 終說之耳 非此年也

신주 조삭이 세상을 떠나고 아직 창창한 조장희는 막내 숙부인 조영제와
사통하고 있었다. 그것을 빌미로 형 조동과 조괄이 조영제를 제나라로 내쫓
았다. 그러자 이에 원망을 품은 조장희가 경공 17년에 조동과 조괄을 모함
하여 죽게 만든다. 이것이 조씨들이 멸족 직전에 내몰린 사건의 진실이다.

〈진세가〉에서는 조무를 서자庶子라고 했는데, 《좌전》에는 나오지 않은 사실이다. 사마천이 달리 채록한 기록이 있었을 것이다. 그런데 조삭의 처는 적처이므로 조삭의 아들이라면 서자라고 말할 이유가 없다. 또한 고대에는 적처가 낳은 다른 사람의 자식도 '서자'라고 하는 경우가 있었다. 조삭이 죽은 다음에 조장희가 조영제와 사통하여 낳은 아들이라도 서자가 될 수 있다. 조무가 조삭의 아들이 아니라 조영제의 아들일 가능성도 배제할 수는 없다.

조무가 관례冠禮를 올리고 성인이 되자, 정영은 대부들에게 사죄하고 조무에게 말했다.

"옛날 하궁의 난亂에서 모두 죽었습니다. 나는 죽지 않으려고 한 것이 아니라 조씨의 후사를 세우는 것을 생각했습니다. 지금 조무가 이미 자랐고 성인이 되어 다시 옛 지위를 회복했으니, 장차 조선맹趙宣孟과 공손저구公孫杵臼에게 보고해야 할 것입니다."

조무가 소리 높여 울면서 머리를 조아리고 강하게 청하며 말했다.

"저는 근육과 뼈를 수고롭게 해서 그대에게 보답하고 난 후 죽기 바라는데, 그대는 어찌 나를 떠나 죽으려 하십니까?"

정영이 말했다.

"옳지 않습니다. 저들은 나에게 일을 이루게 하려고 나보다 먼저 죽었습니다. 지금 나는 보답하지 못했으니 이로써 나의 일을 성취하지 못한 것으로 여길 것입니다."

마침내 자살했다. 조무는 정영을 위해 재최齊衰 3년 복을 입고

제사 지내는 읍을 만들어서 봄과 가을에 제사하고 대대로 끊어
지지 않도록 했다.①

及趙武冠 爲成人 程嬰乃辭諸大夫 謂趙武曰 昔下宮之難 皆能死 我非
不能死 我思立趙氏之後 今趙武旣立 爲成人 復故位 我將下報趙宣孟
與公孫杵臼 趙武啼泣頓首固請 曰 武願苦筋骨以報子至死 而子忍去
我死乎 程嬰曰 不可 彼以我爲能成事 故先我死 今我不報 是以我事爲
不成 遂自殺 趙武服齊衰三年 爲之祭邑 春秋祠之 世世勿絶①

① 趙武服齊~世世勿絶조무복재~세세물절

[집해] 《신서》에서 말한다. "정영과 공손저구는 가히 믿음직한 벗이며
두터운 사이라고 할 수 있다. 정영이 자살해서 낮추어 보답한 것도 지
나친 것이다."

新序曰 程嬰公孫杵臼可謂信友厚士矣 嬰之自殺下報 亦過矣

[정의] 지금 하동군의 조씨가 선인先人을 제사하면서 따로 하나의 자리
를 펴고 두 사람(정영과 공손저구)에게 제사하는 것과 같은 것이다.

今河東趙氏祠先人 猶別舒一座祭二士矣

[신주] 조씨가 부활한 이야기는 〈진세가〉의 기록과는 다르다. 그래서
《사기지의》에서는 다음과 같이 말한다.

"살펴보니 하궁下宮 사건에 대해서 《좌전》 성공 8년의 주해와 《사통》
〈신좌편〉에서는 《사기》가 잘못되었다고 여겼다. 후대의 유학들도 대대로
그 잘못을 따졌다. 오직 유향이 《설원》 〈복은復恩〉과 《신서》 〈절사節士〉
에서 채록하여 받아들였고, 《황극경세》는 《사기》 〈조세가〉 기록에 의거
했다. 전편前編에서는 도안고가 조삭을 살해한 것을 주나라 정왕定王 10

년에 실었고, 조장희가 조동과 조괄을 참소하여 살해한 것을 간왕簡王 3년(진경공 17)에 나누어 실었다. 모두 근거가 부족하다.

고찰하면 진晉나라 영공은 재위 14년이고, 성공은 7년이며, 경공은 19년이다. 《좌전》선공宣公 12년은 진경공 3년인데, 조삭은 하군下軍을 거느렸고, 선공 15년에는 조동이 적狄의 포로를 주나라에 바쳤다. 노나라 성공成公 2년은 진경공 11년에 이르는데, 난서欒書가 비로소 조삭을 이어 하군을 거느리니, 아마 조삭은 이전에 죽었을 것이다. 성공 3년에는 조괄이 경卿이 되었다. 성공 5년에 조동과 조괄은 조영제趙嬰齊가 조삭의 처 조장희와 사통한 것을 계기로 그를 제나라로 추방했다. 성공 8년은 진경공 17년인데, 조장희가 조동과 조괄을 참소하여 살해했다. 그러니 어찌 진경공 3년에 조삭, 조동, 조괄, 조영제를 죽였다고 말하는가? 또 조씨 집안의 난리이지, 국가와는 무관하다.

만약 역적을 치죄하려 했다면, 마땅히 그때 치죄하지 못하고 10년이나 지나서 자식 같은 동생들을 죽였다는 것인데, 인정으로 보아 이런 일이 있을 수 있는가? 한궐은 이미 도안고에게 간하여 들어주지 않았다. 그런데 어떻게 경공에게 알리지 않고 조삭에게만 알려 도망가라 하고 그 후사를 세울 것을 허락했겠는가? 조장희는 성공의 딸이다. 그러니 조무趙武는 어미를 따라 공궁公宮에서 양육되었을 것이다. 조동과 조괄이 살해 당한 때는 조삭이 세상을 떠난 지 7년 후이며, 조무가 어리더라도 10살이 넘었다. 그런데 어떻게 유복자라 하고, 혹 궁중에서 찾았다 하고, 혹 산중에 숨었다고 말할 수 있는가? 또 고아가 공궁에서 거처하는데, 빈객들이 어떻게 그를 탈출시켰겠는가?

《좌전》에서는 한궐이 조씨의 후사를 세울 것을 청한 것이 경공 17년이고, 2년 만에 경공이 죽었는데, 어떻게 조무가 산에 거처한 지 15년에 한궐이 경공의 병을 빌미로 조씨의 고아를 세울 것을 꾀했다고 말할 수 있는가?《국어》〈진어〉에는 헌공獻公 때 도안이屠岸夷가 있으나 그 후세는 고찰할 수 없다. 전적에 도안가가 있었다면 진나라의 방정方鼎에 성대했을 것이다. 자잘한 자가 병력을 멋대로 써서 죽이고 마구 궁궐을 수색하는데, 대부들이 끝내 팔짱을 끼고 혀를 묶어놓은 채 그가 오로지 거리낌 없이 마구 하는 대로 맡겼겠는가?

고아를 숨기고 덕에 보답하며 죽어서 되갚는 것을 보인 것은 전국시대 협사俠士나 자객들의 짓이다. 춘추시대에는 이런 풍습이 없었다. 즉, 이 사건은 거짓으로 만들어진 일로 믿을 수 없다. 그리고 이른바 도안고니 정영이니 공손저구니 하는 사람들은 아마도 없었을 것이다. 대개 주나라 말기에 호사가들이 조씨의 묘廟에서 동안우董安宇를 제사하는 구절[원주:《좌전》소공 31년에 보임]과 노나라 장문중臧文仲이 어미에게 보호받은 사건[원주:《공양전》소공 31년과 《열녀전》에 보임]을 합해서 찬술했을 것이다. 또한 사마천도 기이한 것을 아껴 서술했을 것이다. 아울러 〈육국연표〉, 〈한세가〉, 〈태사공자서전〉에서 기록했지만, 〈진세가〉에서는 그렇게 기록하지 않고 《좌전》과 합치되니, 어찌 모순된 것으로 양쪽을 다치게 하는 것이 아니겠는가?

위서인 《자화자子華子》에는 조나라 종실에서 크게 지어진 것이 있다고 말하고 정본程本 자신이 정영의 후손인 까닭이라 하고 있다. [원주:《한시외전》에서는 둘을 일컬어 제나라 정본자程本子라 하니 즉 조나라 사람이 아니다.《주자어록》에는 《자화자》를 근년에 교묘하게 본떠 꾸며서 지어진 것이라고 한다.] 그러나 이야기가 경전에 속한 것도 아니고 헛되게 이루어져 매우 어긋나는데, 장수절은 '지금 하동군의 조씨가 선인先人을 제사하면서 별도로 하나의 자리를 펴고 정영과 공손저구에게 제사하는 것과 같은 것이다.'라고 했다. 송나라 신종神宗과 고종高宗에 이르러서는 정영과 공손저구와 한궐을 봉하여 후侯와 공公으로 삼으며 묘廟를 세워 제사하기에 이르렀으니, 더욱 비웃지 않을 수 있겠는가!"

양옥승은 도안고, 정영, 공손저구를 모두 후대에 만들어진 인물이라고 주장하고 있는 것이다. 그러나 한나라 시대의 사마천과 유향劉向도 각각 《사기》와 《설원說苑》에서 이 이야기를 실었는데, 이 시기의 여러 문적에 나오는 기사를 무조건 후세의 위작이라고 볼 수는 없다. 검증이 필요한 사안이다.

조씨들이 복위한 지 11년, 진晉나라 여공厲公은 그의 대부 세 극씨郤氏를 살해했다. 난서欒書는 자신에게도 닥칠까 두려워서 마침내 군주 여공을 시해하고 다시 양공襄公의 증손 주周[①]를 군주로 세웠는데, 이이가 도공悼公이다. 진晉나라가 이로 말미암아 대부들이 점점 강성해졌다.

조무가 조씨 종가를 계승한 지 27년, 진나라 평공平公이 즉위했다. 평공 12년, 조무는 정경正卿이 되었다.

13년, 오나라 연릉계자가 진나라에 사신으로 와서 말했다.

"진나라 정사는 마침내 조무자趙武子[②]와 한선자韓宣子와 위헌자魏獻子의 후손들에게 돌아갈 것입니다."

조무가 죽자[③] 시호를 문자文子라고 했다.

趙氏復位十一年 而晉厲公殺其大夫三郤 欒書畏及 乃遂弑其君厲公 更立襄公曾孫周[①] 是爲悼公 晉由此大夫稍彊 趙武續趙宗二十七年 晉

平公立 平公十二年 而趙武爲正卿 十三年 吳延陵季子使於晉 曰 晉國
之政卒歸於趙武子② 韓宣子魏獻子之後矣 趙武死③ 謚爲文子

① 襄公曾孫周양공증손주

집해 서광이 말했다. "〈육국연표〉에서는 양공의 손자로 되어 있다."
徐廣曰 年表云襄公孫也

색은 〈진세가〉에서는 양공의 막내아들이고 이름을 주周라고 했다.
晉系家襄公少子 名周

신주 〈진세가〉에서 "첩첩捷은 진나라 양공의 막내아들이다. 제후에 오르
지 못하고 호를 환숙桓叔이라고 했는데 환숙은 가장 총애를 받았다. 환
숙은 혜백惠伯 담談을 낳았고, 담은 도공 주周를 낳았다."고 했으니, 〈조세
가〉 기록처럼 양공의 증손이다.

② 趙武子조무자

신주 조무趙武의 시호인 '조문자趙文子'라고 해야 한다. 〈진세가〉에서는
맞게 기록했다. 아울러 이 이야기는 후대의 시호에 맞추어 편집된 것임
을 알 수 있다.

③ 趙武死조무사

신주 《국어》 〈진어〉에 따르면 평공이 죽기 10년 전에 죽었다고 한다.
평공 재위는 26년이니 평공 16년에 죽은 것이 되며, 노양공 말년인 31년
에 해당한다.

조문자는 경숙景叔①을 낳았다. 경숙 때에 제나라 경공景公이 안영晏嬰을 진晉나라에 사신으로 보냈는데② 안영은 진나라 숙향과 더불어 말을 나누었다. 안영이 말했다.

"제나라 정치는 끝내 전씨田氏에게 돌아갈 것입니다."

숙향도 말했다.

"진나라 정권은 장차 육경에게 돌아가려고 합니다. 육경은 비대해졌는데 우리 군주는 근심하지 않습니다."

文子生景叔① 景叔之時 齊景公使晏嬰於晉② 晏嬰與晉叔向語 嬰曰 齊之政後卒歸田氏 叔向亦曰 晉國之政將歸六卿 六卿侈矣 而吾君不能恤也

① 景叔경숙

색은 《세본》에서 말한다. "경숙의 이름은 성成이다."

系本云 景叔名成

신주 《사기지의》에 따르면 《좌전》에서는 조성자趙成子라 한다고 했다.

② 使晏嬰於晉사안영어진

집해 서광이 말했다. "평공 19년이다."

徐廣曰 平公之十九年

간자와 양자

조경숙이 죽고 조앙趙鞅이 태어났는데, 이이가 간자簡子이다.

조간자가 즉위했던 진晉나라 경공頃公 9년, 간자는 장차 제후들을 규합해서 주나라를 지키고자 했다. 그다음 해 주나라 경왕敬王을 주나라로 돌려보냈는데, 경왕은 아우 자조子朝 때문에 피한 것이었다.

진나라 경공 12년, 육경六卿은 법으로 공족 기씨祁氏와 양설씨羊舌氏를 죽이고 그들의 읍을 10개 현縣으로 나누어서 육경이 각각 그의 일족에게 대부가 되게 했다.[1] 진나라 공실公室은 이 때문에 더욱 허약해졌다.

13년 뒤,[2] 노나라의 반역한 신하 양호陽虎가 도망쳐 왔다. 조간자는 뇌물을 받고 그를 후하게 대우했다.

趙景叔卒 生趙鞅 是爲簡子 趙簡子在位 晉頃公之九年 簡子將合諸侯 戍于周 其明年 入周敬王于周 辟弟子朝之故也 晉頃公之十二年 六卿 以法誅公族祁氏羊舌氏 分其邑爲十縣 六卿各令其族爲之大夫[1] 晉公室由此益弱 後十三年[2] 魯賊臣陽虎來奔 趙簡子受賂 厚遇之

① 六卿各令其族爲之大夫육경각령기족위지대부

신주 기씨祁氏와 양설씨羊舌氏는 공족인데, 경공의 미움을 받아 죽임을 당했다. 그들의 멸망 후 10읍을 나누어 대부들을 임명했는데, 육경 소속은 4명이다. 이로 보면 공실이 더욱 약해졌음을 짐작할 수 있다. 《좌전》에 그 내용이 나오며 《사기지의》에서도 논했다.

② 後十三年후십삼년

신주 《좌전》과 〈십이제후연표〉에서는 진정공晉定公 11년이고 노정공魯定公 9년에 해당한다.

> 조간자가 병이 들어 5일간 사람을 알아보지 못하자 대부들이 모두 걱정했다. 의사 편작扁鵲이 살펴보고 나오자 동안우董安于①가 물었다. 편작이 대답했다.
> "혈맥은 정상인데, 어찌 괴이하게 여기십니까? 옛날 진秦나라 목공이 일찍이 이와 같다가 7일 만에 깨어났습니다.② 깨어난 날 공손지公孫支와 자여子輿③에게 고백했습니다. '내가 상제 계신 곳을 가보니 매우 즐거워했다. 내가 오래 머문 것은 마침 배울 것이 있어서였다. 상제께서 나에게 알려주시기를 진晉나라가 장차 크게 어지러워질 것이고 5세 동안 불안할 것이다. 그 뒤에는 장차 패자가 되겠지만 오래지 않아 죽을 것이다. 패자의 아들은 장차 나라의 남녀를 분별이 없게 할 것이라고 했다.' 공손지가 글로 기록하고 보관했는데 진秦나라의 예언서가 여기에서 나왔습니다.

헌공獻公의 혼란과 문공의 패권霸權이나 양공襄公이 진秦나라 군사를 효산殽山에서 무찌르고 돌아와 방종하게 음란했다는 것을 그대도 들었을 것입니다. 지금 주군의 질병은 이와 같은 것으로 3일을 넘지 않아서 병에 반드시 차도가 있고, 차도가 있으면 반드시 말하는 바가 있을 것입니다."

趙簡子疾 五日不知人 大夫皆懼 醫扁鵲視之 出 董安于①問 扁鵲曰 血脈治也 而何怪 在昔秦繆公嘗如此 七日而寤② 寤之日 告公孫支與子輿③曰 我之帝所甚樂 吾所以久者 適有學也 帝告我 晉國將大亂 五世不安 其後將霸 未老而死 霸者之子且令而國男女無別 公孫支書而藏之 秦讖於是出矣 獻公之亂 文公之霸 而襄公敗秦師於殽而歸縱淫 此子之所聞 今主君之疾與之同 不出三日疾必間 間必有言也

① 董安于동안우

[집해] 위소가 말했다. "동안우는 간자의 가신이다."

韋昭曰 安于 簡子家臣

② 七日而寤칠일이오

[신주] 〈봉선서〉에서는 5일 만에 깨어났다고 한다.

③ 公孫支與子輿공손지여자여

[색은] 두 사람은 진秦나라 대부 공손지와 자상子桑이다.

二子 秦大夫公孫支子桑也

2일 하고 반나절이 지나자 조간자가 깨어나 대부에게 일러 말했다.

"내가 상제가 계신 곳에 가보니 매우 즐거웠다. 온갖 신들과 함께 균천鈞天에서 노닐면서 광악廣樂 9곡을 연주하고 만인이 춤을 췄는데, 삼대三代의 음악은 아니었지만 그 소리가 사람의 마음을 감동시켰다. 곰이 한 마리 있어서 나를 잡아채려고 하자 상제께서 나에게 활로 쏘라고 하셨다. 곰을 명중시키자 곰은 죽었다. 또 한 마리의 말곰이 오고 있었는데, 내가 또 쏘아 말곰을 명중시키자 말곰이 죽었다. 상제께서 매우 기뻐하시고 나에게 상자 2개를 하사하셨는데 다 딸린 것이 있었다. 나는 상제 곁에 아이가 있는 것을 보았는데 상제께서 나에게 적적翟의 개 한 마리를 권하시면서 말씀하기를 '너의 아들이 장성하면 주어라.'라고 하셨다.

상제께서 나에게 알려주시기를 '진晉나라는 또 대대로 쇠약해지다가 7대에 이르러 망할 것이고[①] 영성嬴姓은 장차 주나라 사람을 범괴范魁 서쪽[②]에서 크게 무찌를 것이지만 갖지는 못할 것이다. 지금 내가 우虞나라 순임금의 공을 생각해 그 후손의 딸 맹요孟姚를 7세손의 배필로 보낼 것이다.[③]'라고 하셨다."

동안우는 말씀을 듣고 기록해 보관했다. 이에 편작의 말을 간자에게 알리자 간자는 편작에게 밭 4만 무畝를 하사했다.

居二日半 簡子寤 語大夫曰 我之帝所甚樂 與百神游於鈞天 廣樂九奏 萬舞 不類三代之樂 其聲動人心 有一熊欲來援我 帝命我射之 中熊 熊死 又有一羆來 我又射之 中羆 羆死 帝甚喜 賜我二笥 皆有副 吾見兒在帝側 帝屬我一翟犬 曰 及而子之壯也 以賜之 帝告我 晉國且世衰 七世

而亡^① 嬴姓將大敗周人於范魁之西^② 而亦不能有也 今余思虞舜之勳
適余將以其冑女孟姚配而七世之孫^③ 董安于受言而書藏之 以扁鵲言
告簡子 簡子賜扁鵲田四萬畝

① 晉國且世衰 七世而亡진국차세쇠 칠세이망

정의 진晉나라 정공, 출공, 애공, 유공, 열공, 효공, 정공의 7세를 말한 것
이다. 정공靜公 2년에 삼진三晉에게 멸망했다. 〈조세가〉와 〈육국연표〉에
근거하면 간자의 질병은 정공 11년에 있었다.

謂晉定公出公哀公幽公烈公孝公静公爲七世 静公二年 爲三晉所滅 據此及年
表 簡子疾在定公十一年

② 范魁之西범괴지서

색은 범괴范魁는 지명이지만 어디인지는 알지 못한다. 아마 조나라 땅
일 것이다.

范魁 地名 不知所在 蓋趙地

정의 영嬴은 조성趙姓이다. 주나라 사람은 위衛라고 말한다. 진晉나라
가 망한 뒤인 조성후趙成侯 3년에 위衛나라를 침벌해 도시와 지방 73곳
을 빼앗았다는 것이 이것이다. 가규가 말했다. "작은 언덕을 괴魁라고
한다."

嬴 趙姓也 周人謂衛也 晉亡之後 趙成侯三年伐衛 取都鄙七十三是也 賈逵云
小阜曰魁也

③ 其冑女孟姚配而七世之孫기주여맹요배이칠세지손

곧 규영娃嬴이고 오광吳廣의 딸이다. 요姚는 성씨이고 맹孟은 자다. 7세손은 무령왕이다.

即娃嬴 吳廣之女 姚 姓 孟 字也 七代孫 武靈王也

무령왕은 간자의 8세손이다. 편작이 한 이야기와 조간자가 한 이야기에서 맹요를 7세손에게 보낸다는 구절만 제외하고 모두 〈편작전扁鵲傳〉에서 다시 나온다.

어느 날 조간자가 외출하여 길에서 어떤 사람을 마주쳤는데 피해 가지 않자 종자從者가 화가 나서 장차 칼로 베려고 했다. 길에서 마주친 자가 말했다.

"나는 주군을 배알하고자 하오."

종자가 알렸다. 조간자가 불러서 말했다.

"아아! 내가 만났던 자석이구려.①"

길에서 마주친 자가 말했다.

"좌우를 물리치고 뵙기를 원합니다."

조간자가 사람들을 물리쳤다.

길에서 마주친 자가 말했다.

"주군의 질병은 신臣이 상제 곁에 있을 때부터 있었습니다."

조간자가 말했다.

"그런가. 거기 있었군. 그대가 나를 보았는데 나는 무엇을 하고 있었소?"

길에서 마주친 자가 말했다.

"상제께서 주군에게 곰과 말곰을 쏘라고 명하셔서 모두 죽였습니다."

조간자가 말했다.

"맞소. 또 무엇을 했소?"

길에서 마주친 자가 말했다.

"진晉나라에 장차 큰 난리가 있을 것인데 주군부터 시작될 것입니다. 그래서 상제께서 주군에게 2명의 경卿을 없애게 한 것인데 곰과 말곰은 모두 그들의 조상입니다.②"

조간자가 말했다.

"상제께서 나에게 상자 2개를 하사했고 모두 딸린 것이 있었는데,③ 무슨 뜻이오?"

他日 簡子出 有人當道 辟之不去 從者怒 將刃之 當道者曰 吾欲有謁於 主君 從者以聞 簡子召之 曰 譆 吾有所見子晰也① 當道者曰 屏左右 願 有謁 簡子屏人 當道者曰 主君之疾 臣在帝側 簡子曰 然 有之 子之見我 我何爲 當道者曰 帝令主君射熊與羆 皆死 簡子曰 是 且何也 當道者曰 晉國且有大難 主君首之 帝令主君滅二卿 夫熊與羆皆其祖也② 簡子曰 帝賜我二笥皆有副③ 何也

① 吾有所見子晰也오유소견자석야

색은 간자가 길에서 마주친 자를 보고 이에 깨닫고 "아! 이는 내가 지난날의 꿈에서 만난 자이고 그의 이름이 자석子晰이라는 것을 알았다." 라는 것이다.

簡子見當道者 乃寤曰 譆 是吾前夢所見 知其名曰子晰者

신주 《사기지의》는 색은 에서 '자석子晰'을 이름이라 한 것은 잘못이라고 했다. 자석이 이름이 아니라고 보면 "내가 만났던 그대가 분명하구나."라고 해석된다.

② 熊與羆皆其祖也웅여비개기조야

[정의] 범씨와 중항씨의 조상이다.

范氏中行氏之祖也

③ 二筍皆有副이사개유부

[정의] 부副는 모두 자성子姓을 이른 것이다.

副謂皆子姓也

[신주] 자성은 상나라의 국성國姓이다. 동이족 상나라의 후예를 뜻하는 것이다.

길에서 마주친 자가 말했다.

"주군의 아들이 장차 두 나라를 적翟에서 이길 것인데 모두가 자성子姓입니다.①"

조간자가 말했다.

"나는 어린아이가 상제의 곁에 있는 것을 보았는데 상제께서는 나에게 한 마리의 적견翟犬을 보내면서 말씀하시기를 '너의 아들이 장성하면 주어라.'라고 했는데, 무릇 왜 아이에게 적견을 주라고 이르신 것이오?"

길에서 마주친 자가 말했다.

"아이는 주군의 아들입니다. 적견은 대代나라의 선조입니다. 주군의 아들이 또 반드시 대를 가지게 될 것입니다. 주군의 후사에 이르러서는 또 정사를 개혁하고 호복을 입고[2] 두 나라를 적에서 합칠 것입니다.[3]"

조간자가 그의 성을 묻고 맞이해 관리로 삼으려 했다. 길에서 마주친 자가 말했다.

"신은 야인野人으로 상제의 명령을 전할 뿐입니다."

말을 마치자 마침내 보이지 않았다. 조간자는 글로 써서 창고에 보관했다.

當道者曰 主君之子將克二國於翟 皆子姓也[1] 簡子曰 吾見兒在帝側 帝屬我一翟犬曰 及而子之長以賜之 夫兒何謂以賜翟犬 當道者曰 兒 主君之子也 翟犬者 代之先也 主君之子且必有代 及主君之後嗣 且有革政而胡服[2] 并二國於翟[3] 簡子問其姓而延之以官 當道者曰 臣野人 致帝命耳 遂不見 簡子書藏之府

① 皆子姓也개자성야

정의 대代씨와 지智씨를 이른다.

謂代及智氏也

② 且有革政而胡服차유혁정이호복

정의 지금 시대의 복장은 갖옷과 치마를 폐지하고 없앤 것이다.

今時服也 廢除裘裳也

신주 훗날 조나라 무령왕武靈王은 북방민족의 복식을 채용하고 백성들에게 말 타고 활 쏘는 기사騎射를 익히게 했는데, 이를 '호복기사胡服騎射'라고 한다. 또 토지제도 개혁을 비롯해서 여러 개혁정책을 시행했다.

③ 幷二國於翟병이국어적

[정의] 무령왕이 중산中山 땅을 침략하여 영하寧葭에 이르고, 서쪽으로 호胡 땅을 침략하여 누번樓煩과 유중楡中에 이른 것이 이것이다.

武靈王略中山地至寧葭 西略胡地至樓煩楡中是也

다른 날 고포자경姑布子卿①이 조간자를 뵙자 조간자가 여러 아들을 두루 불러서 살피게 했다. 자경이 말했다.

"장군으로 삼을 자가 없습니다."

조간자가 말했다.

"조씨가 없어진단 말이오?"

고포자경이 말했다.

"제가 일찍이 한 아들을 길에서 만났는데 아마 군주의 아들일 것입니다."

조간자가 아들 무휼毋卹을 불렀다. 무휼이 이르자 자경이 일어나서 말했다.

"이이가 진짜 장군입니다!"

조간자가 말했다.

"이 아이는 어머니가 천한 적翟의 여종인데 무슨 이치로 귀하다는 말인가?"

자경이 말했다.

"하늘이 준 바이니, 비록 천하더라도 반드시 귀해질 것입니다."

이 뒤부터는 조간자는 모든 아들을 다 불러서 함께 말을 해보았는데 무휼이 가장 현명했다. 조간자는 여러 아들에게 알려 말했다.

"내가 보배로운 부符를 상산常山 위에 감추어 두었는데 먼저 얻어 온 자에게 상을 내릴 것이다."

여러 아들이 상산 위로 달려가 찾았으나 손에 넣을 수 없었다. 무휼이 돌아와 말했다.

"이미 부符를 찾았습니다."

조간자가 말했다.

"아뢰어라."

무휼이 말했다.

"상산을 따라서 오르면 대代에 다다르는데, 대를 빼앗는 것입니다.②"

조간자가 이에 무휼이 과연 현명한 것을 알고 태자 백로伯魯를 폐하고 무휼을 태자로 삼았다.

異日 姑布子卿①見簡子 簡子遍召諸子相之 子卿曰 無爲將軍者 簡子曰 趙氏其滅乎 子卿曰 吾嘗見一子於路 殆君之子也 簡子召子毋卹 毋卹 至 則子卿起曰 此眞將軍矣 簡子曰 此其母賤 翟婢也 奚道貴哉 子卿曰 天所授 雖賤必貴 自是之後 簡子盡召諸子與語 毋卹最賢 簡子乃告諸 子曰 吾藏寶符於常山上 先得者賞 諸子馳之常山上 求 無所得 毋卹還 曰 已得符矣 簡子曰 奏之 毋卹曰 從常山上臨代 代可取也② 簡子於是 知毋卹果賢 乃廢太子伯魯 而以毋卹爲太子

① 姑布子卿고포자경

[집해] 사마표가 말했다. "고포는 성姓이고 자경은 자字이다."

司馬彪曰 姑布 姓 子卿 字

② 常山上臨代 代可取也상산상임대 대가취지

[정의] 《지도기》에서 말한다. "항산恒山은 상곡양현 서북쪽 140리에 있다. 북쪽으로 450리를 가면 항산의 능선에 닿는데, 비호구飛狐口라고 부르고 북쪽으로는 대군이다."

地道記云 恒山在上曲陽縣西北百四十里 北行四百五十里得恒山岌 號飛狐口北則代郡也

[신주] 상산은 원래 항산인데 한나라 문제文帝 유항劉恒의 휘를 피해서 고쳤다. 그 바람에 항산군도 상산군으로 바꾸어 불렀다. 오늘날에는 다시 항산이라고 부른다.

2년 뒤 진 정공定公 14년, 범씨范氏와 중항씨中行氏가 난을 일으켰다.①
이듬해 봄, 조간자가 한단의 대부 오午에게 일러 말했다.
"우리의 호위무사 500가家를 돌려보내면 나는 장차 진양晉陽에 둘 것이다.②"
오가 허락하고 돌아갔으나 그들의 부형이 말을 어기고 듣지 않았다.③ 조앙(조간자)이 오를 체포해 진양에 가두었다. 이에 한단 사람들에게 알려서 말했다.
"내가 사적으로 오를 베면 군君들 중 누구를 세우려 합니까?④"

마침내 오를 살해했다. 그러자 조직趙稷[5]과 섭빈涉賓이 한단을 근거로 반란을 일으켰다.

後二年 晉定公之十四年 范中行作亂[1] 明年春 簡子謂邯鄲大夫午曰 歸我衛士五百家 吾將置之晉陽[2] 午許諾 歸而其父兄不聽[3] 倍言 趙鞅捕午 囚之晉陽 乃告邯鄲人曰 我私有誅午也 諸君欲誰立[4] 遂殺午 趙稷[5] 涉賓以邯鄲反

① 十四年 范中行作亂십사년 범중항작란

신주 이후로 서술할 범씨와 중항씨의 축출 과정에 대한 도입부이므로 3년 뒤 정공 15년이라고 해야 맞다. 《사기지의》에서도 그렇게 설명하고 있다.

② 歸我衛士五百家 吾將置之晉陽귀아위사오백가 오장치지진양

집해 복건이 말했다. "지난해 조앙이 위衛나라를 포위하자 위나라 사람이 두려워하고 500가를 바쳐 조앙이 한단에 두었는데 또다시 진양으로 옮기고자 한 것이다."

服虔曰 往年趙鞅圍衛 衛人恐懼 故貢五百家 鞅置之邯鄲 又欲更徙於晉陽

③ 其父兄不聽기부형불청

집해 복건이 말했다. "오午의 부형들과 한단의 장로들이다."

服虔曰 午之諸父兄及邯鄲中長老

④ 我私有誅午也 諸君欲誰立아사유주오야 제군욕수입

집해 두예가 말했다. "오는 조앙의 동족이며 따로 한단에 봉했다. 그러므로 한단 사람을 시켜 다시 오의 종친을 세우게 한 것이다."

杜預曰 午 趙鞅同族 別封邯鄲 故使邯鄲人更立午宗親也

⑤ 趙稷조직

집해 복건이 말했다. "조직은 오의 아들이다."

服虔曰 稷 午子

> 진晉나라 군주는 적진籍秦①을 시켜서 한단을 포위했다. 순인荀寅과 범길역范吉射②은 오③와 잘 지냈다. 그래서 적진을 도우려 하지 않고 도모하여 난亂을 일으키려고 했는데, 동안우가 그것을 알았다.
>
> 晉君使籍秦①圍邯鄲 荀寅范吉射②與午③善 不肯助秦而謀作亂 董安于
> 知之

① 籍秦적진

집해 《좌전》에서 적진은 이때 상군사마上軍司馬가 되었다고 한다.

左傳曰籍秦此時爲上軍司馬

색은 《세본》에 의거하면 (적진은) 진晉나라 대부 적유籍游의 손자이고 적담籍談의 아들이다.

據系本 晉大夫籍游之孫 籍談之子

② 范吉射범길역

색은 범씨는 진나라 대부 습숙隰叔의 아들이고 사위士蔿의 후예이다. 사위는 성백成伯 결缺을 낳았다. 결은 무자武子 회會를 낳았다. 회는 문숙 文叔 섭燮을 낳았다. 섭은 선숙宣叔 개匄를 낳았다. 개는 헌자獻子 앙鞅을 낳았다. 앙은 길역을 낳았다.

范氏 晉大夫隰叔之子 士蔿之後 蔿生成伯缺 缺生武子會 會生文叔燮 燮生宣 叔匄 匄生獻子鞅 鞅生吉射

③ 午오

집해 《좌전》에서 말한다. "오는 순인荀寅의 생질이다. 순인은 범길역의 인척이다."

左傳曰 午 荀寅之甥 荀寅 范吉射之姻

10월, 범씨와 중항씨[1]가 조앙趙鞅을 공격하자 조앙은 진양[2]으로 달아났는데 진晉나라 사람들이 포위했다. 범길역과 순인의 원수 인 위양魏襄 등은 순인을 쫓아내고 양영보[3]로 대신하고, 범길역 을 쫓아내고 범고역范皐繹[4]으로 대신하도록 모의했다.

十月 范中行氏[1]伐趙鞅 鞅奔晉陽[2] 晉人圍之 范吉射荀寅仇人魏襄等 謀逐荀寅 以梁嬰父[3]代之 逐吉射 以范皐繹[4]代之

---

① 范中行氏범중항씨

색은 《세본》에서 말한다. "진나라 대부 서오逝遨는 환백桓伯 순림보 를 낳았다. 순림보는 선백宣伯 경숙庚宿을 낳았다. 경숙은 헌백獻伯 언偃

을 낳았다. 언은 목백穆伯 오吳를 낳았다. 오는 순인荀寅을 낳았다. 본성
은 순荀인데 순언荀偃부터 중군中軍을 이끌었고 진나라에서 중군을 고쳐
'중항中行'이라고 한 까닭에 씨로 삼았다. 원래 지백智伯과 더불어 서오를
같은 시조로 했다. 그러므로 지씨도 순荀이라고 일컬었다."

系本云 晉大夫逝遨生桓伯林父 林父生宣伯庚宿 庚宿生獻伯偃 偃生穆伯吳 吳
生寅 本姓荀 自荀偃將中軍 晉改中軍曰中行 因氏焉 元與智伯同祖逝遨 故智
氏亦稱荀

정의 살펴보니 회會는 범范에 치소를 두어서 이를 따라 범씨로 했다.
또 중항인의 본래 성은 순荀이다. 순언이 중군을 거느린 때부터 중항中行
이 된 까닭에 중항씨로 불렸다. 원래 지씨와 더불어 같이 계승하여 서오
의 직위를 세습했으며, 순씨荀氏의 성이다.

按 會食邑於范 因爲范氏 又中行寅本姓荀 自荀偃將中軍爲中行 因號中行氏
元與智氏同承襲逝遨 姓荀氏

신주 《사기지의》에 따르면 《좌전》에서 조씨를 공격한 것은 10월이 아
니라 7월이라고 한다. '七'과 '十'은 글자를 잘못 쓰기 쉬운데, 아마 전해
지는 과정에서 잘못되었을 것이다.

② 晉陽진양

신주 진양은 오늘날의 산서성 성도인 태원시太原市 일대이다. 산서성
중앙을 남쪽으로 흐르는 분수汾水 상류의 산서분지山西盆地가 시작되는
초입에 위치한 교통의 요지이다. 당시에는 조나라 도읍지였는데, 이후 동
남쪽의 하북성 한단邯鄲으로 옮기게 된다. 그곳에서 한단을 가려면 태항
산맥太行山脈을 넘어야 하므로 진양은 여전히 조나라의 서쪽 요충지로 남
게 된다. 《죽서기년》에 따르면 이 일대 서쪽에 원래 소공召公 석奭이 봉

해진 연燕나라가 있었다는 견해도 있다.

③ 梁嬰父양영보

집해 가규가 말했다. "양영보는 진나라 대부이다."

賈逵曰 梁嬰父 晉大夫也

④ 范皐繹범고역

집해 복건이 말했다. "범씨 측실의 아들이다."

服虔曰 范氏之側室子

순역荀櫟[1]이 진후晉侯에게 건의하여 말했다.

"군주께서 대신에게 명해 처음으로 난을 일으킨 자는 죽여야 합니다. 지금 세 사람의 신하[2]가 처음으로 난을 일으켰는데, 유독 조앙만을 쫓아냈으며 형벌을 쓰는 것이 같지 않으니, 청컨대 모두 쫓아내십시오."

荀櫟[1]言於晉侯曰 君命大臣 始亂者死 今三臣[2]始亂而獨逐鞅 用刑不均 請皆逐之

① 荀櫟순역

집해 복건이 말했다. "순역은 지문자智文子이다."

服虔曰 荀櫟 智文子

색은 《세본》에서 말한다. "서오逝遨는 장자莊子 수首를 낳았다. 수는

무자武子 앵罃을 낳았다. 앵은 장자莊子 삭朔을 낳았다. 삭은 도자悼子 영
盈을 낳았다. 영은 문자文子 역櫟을 낳았다. 역은 선자宣子 신申을 낳았
다. 신은 지백智伯 요瑤를 낳았다.

系本云 逝遨生莊子首 首生武子罃 罃生莊子朔 朔生悼子盈 盈生文子櫟 櫟生
宣子申 申生智伯瑤

② 三臣삼신
[집해] 가규가 말했다. "범씨, 중항씨, 조씨이다."

賈逵曰 范中行趙也

11월, 순역荀櫟, 한불녕韓不佞,① 위치魏哆②가 정공定公의 명령을
받들어 범씨와 중항씨를 정벌했지만 이기지 못했다. 범씨와 중항
씨가 도리어 정공을 공격했다. 정공이 반격하자 범씨와 중항씨는
무너져 달아났다.
정미일, 두 사람③은 조가朝歌로 달아났다. 한韓씨와 위魏씨는 조
씨를 위해 정공에게 (용서를) 청했다.④

十一月 荀櫟韓不佞①魏哆②奉公命以伐范中行氏 不克 范中行氏反伐
公 公擊之 范中行敗走 丁未 二子③奔朝歌 韓魏以趙氏爲請④

① 韓不佞한불녕
[색은] 한간자이다.

韓簡子

② 魏哆위치

[색은] 위간자이다. 《세본》에서는 이름을 취取라고 했다.

魏簡子 系本名取

③ 二子이자

[색은] 범길역과 순인이다.

范吉射荀寅也

④ 韓魏以趙氏爲請한위이조씨위청

[집해] 복건이 말했다. "그의 죄가 순인과 범길역보다 가볍다고 한 것이다."

服虔曰 以其罪輕於荀范也

[정의] 살펴보니 조앙趙鞅이 범씨와 중항씨에게 공격을 받아 진양으로 달아난 것은 그 죄가 가벼웠다. 그러므로 한씨와 위씨가 진晉나라 군주에게 청해서 강絳 땅으로 들어가게 되었다.

按 趙鞅被范中行伐 乃奔晉陽 以其罪輕 故韓魏爲請晉君而得入絳

12월 신미일, 조앙은 강絳 땅으로 들어가 공궁公宮에서 맹약했다. 이듬해 지백문자智伯文子(순역)가 조앙에게 일러 말했다. "범씨와 중항씨가 비록 난을 일으켰지만 동안우가 뿌리입니다. 이는 동안우가 모의에 참여한 것입니다. 진晉나라에는 법이 있는데 처음 난을 일으킨 자는 죽는다고 했습니다. 무릇 두 사람은 이미 죄에 굴복했지만 동안우만 홀로 남아 있습니다."

조앙이 걱정하자 동안우가 말했다.

"신이 죽어서 조씨가 안정되고 진晉나라가 편안해진다면 나의 죽음이 늦은 것입니다."

마침내 자살했다. 조씨가 지백에게 알린 연후에야 조씨가 편안해졌다.

공자孔子는 조간자가 진晉나라 군주에게 청하지 않고 한단의 오를 체포해 진양을 보호했다는 소식을 들었다. 그래서 《춘추》에서 말했다.

"조앙趙鞅이 진양을 근거지로 배반했다."

조간자에게는 주사라는 가신이 있었는데 직접 간언하기를 좋아했다. 주사周舍가 죽자 조간자는 조회를 할 때마다 늘 기뻐하지 않자 대부들이 죄를 청했다. 조간자가 말했다.

"대부들에게는 죄가 없소. 내가 듣자니 1,000마리의 양가죽도 한마리 여우의 겨드랑이털① 만 못하다고 했소. 대부들이 조회에서 무턱대고 '예, 예' 하는 대답만 들을 뿐이고 주사같이 바른말을 간하는 '악악거림'② 은 듣지 못하고 있소. 그래서 근심하는 것이오."

조간자는 이로 말미암아 능히 조읍趙邑 사람들이 따르고 진晉나라 사람들을 편안하게 했다.

十二月辛未 趙鞅入絳 盟于公宮 其明年 知伯文子謂趙鞅曰 范中行雖信爲亂 安于發之 是安于與謀也 晉國有法 始亂者死 夫二子已伏罪而安于獨在 趙鞅患之 安于曰 臣死 趙氏定 晉國寧 吾死晚矣 遂自殺 趙氏 以告知伯 然後趙氏寧 孔子聞趙簡子不請晉君而執邯鄲午 保晉陽故書春秋曰 趙鞅以晉陽畔 趙簡子有臣曰周舍 好直諫 周舍死 簡子每

聽朝 常不悦 大夫請罪 簡子曰 大夫無罪 吾聞千羊之皮不如一狐之腋[1]
諸大夫朝 徒聞唯唯 不聞周舍之鄂鄂[2] 是以憂也 簡子由此能附趙邑而
懷晉人

① 一狐之腋일호지액

신주 여기서 나온 고사성어가 '일호지액一狐之腋'이다. 여우의 겨드랑
이에 난 털이라는 뜻으로, 이 털은 매우 귀하고 좋은 물건이다. 따라서
매우 비싸다. 평범한 수많은 사람보다 뛰어난 사람 하나가 낫다는 표현
이다.

② 周舍之鄂鄂주사지악악

집해 《한시외전》에서 말한다. "주사가 문 아래에 3일 낮 3일 밤을 서
있었다. 조간자가 사신을 시켜서 묻기를 '그대가 과인을 보려고 하는 것
은 무슨 일인가?' 하니 대답하기를 '거리낌 없이 바른말 하는 신하가 되
어 먹과 붓을 쥐고 군주의 과실을 따라 기록하길 원합니다. 그래서 날마
다 기록하는 바가 있으면 달마다 성취하는 바가 있고, 1년이 되면 효과
를 보는 바가 있을 것입니다.'라고 했다."

韓詩外傳曰 周舍立於門下三日三夜 簡子使問之曰 子欲見寡人何事 對曰 願爲
鄂鄂之臣 墨筆操牘 從君之過 而日有所記 月有所成 歲有所效也

신주 《삼국지》〈오지 우번전〉에서 오나라 군주 손권孫權은 우번虞翻처
럼 강직하게 바른말 하는 신하가 없음을 토로하면서 주사의 일화를 인
용하여 말했다.

진晉나라 정공 18년, 조간자가 범씨와 중항씨를 조가에서 포위하
자 중항문자中行文子[1]는 한단으로 달아났다.[2]
이듬해, 위衛나라 영공이 죽었다. 조간자와 양호는 위나라 태자
괴외蒯聵를 위나라에 보냈는데 위나라에서 받아들이지 않아서 (괴
외는) 척戚 땅[2]에서 거처했다.
晉定公十八年 趙簡子圍范中行于朝歌 中行文子[1]奔邯鄲[2] 明年 衛靈
公卒 簡子與陽虎送衛太子蒯聵于衛 衛不內 居戚[3]

① 中行文子중항문자

색은 순인荀寅이다.

荀寅也

신주 《좌전》에 따르면 조가朝歌를 포위한 것은 노정공 14년이니, 진정
공 16년에 해당한다. 18년 조가의 싸움에서 제나라와 위衛나라가 순인과
범길역을 도와 참여한다. 또 정공 19년에 순인과 범길역은 제나라와 정
나라에게 구원을 청했는데 제나라는 곡식을 수송해주고 정나라는 군대
를 지원해주었으나 진晉에게 패했다.

② 奔邯鄲분한단

신주 《사기지의》에 따르면 《좌전》 애공 3년에 순인은 한단으로 달아
났고, 이는 진나라 정공 20년에 해당한다. 한단은 조가朝歌 북쪽에 있다.

③ 戚척

정의 《괄지지》에서 말한다. "옛 척성은 상주 단수현 동쪽 30리에 있

다. 두예가 '척은 위나라 읍이고 돈구와 위현 서쪽에 척성이 있다.'라고
한 것이 이것이다."

括地志云 故戚城在相州澶水縣東三十里 杜預云 戚 衛邑 在頓丘[衛]縣西有戚
城是也

신주 〈위강숙세가〉에서는 척戚 대신에 일관되게 숙宿이라고 했다. 어찌
면 척과 숙은 같은 곳을 가리킬 수도 있다. 괴외는 여기서 13년을 보냈는
데, 틈을 보아 위나라로 들어가서 즉위한다. 그가 장공莊公이다. 그 과정
에서 공자가 아끼는 제자 자로子路가 죽고, 이듬해에는 공자가 상심하여
세상을 떠난다.

진晉나라 정공 21년, 조간자가 한단을 빼앗자 중항문자는 백인柏
人으로 달아났다. 조간자가 또 백인을 포위하자 중항문자와 범소
자范昭子[1]는 제나라로 달아났다.[2]

조씨들은 마침내 한단과 백인 땅을 차지했다. 범소자와 중항문자
의 나머지 읍들은 진나라로 들어갔다. 조씨의 칭호는 진나라의
경대부卿大夫이지만 실제로 진나라 권세를 마음대로 하고 봉읍奉
邑을 받아 제후와 같았다.

晉定公二十一年 簡子拔邯鄲 中行文子奔柏人 簡子又圍柏人 中行文
子范昭子[1]遂奔齊[2] 趙竟有邯鄲柏人 范中行餘邑入于晉 趙名晉卿 實
專晉權 奉邑侔於諸侯

---

① 范昭子범소자

범길역이다.

范吉射也

② 遂奔齊수분제

범길역과 순인이 한단에서 한단 북쪽의 백인柏人으로 달아났다 가 다시 완패하여 제나라로 달아난 것은 정공 22년이다. 백인에서 다시 1 년을 버티다가 도망한 것이다. 즉 여기서 정공 21년은 조간자가 다시 백 인을 포위한 것을 말한다. 이미 20년에 한단을 빼앗기고 백인으로 도망 친 것이다. 이로써 진나라 공실에서 범씨와 중항씨가 몰락하여 공실 일 족은 지씨智氏만 남는 상황이 된다.

> 진晉나라 정공 30년, 정공은 오왕 부차와 황지黃池에서 패권을 다 투었다. 그때 조간자가 진나라 정공을 수행했는데 마침내 오왕이 맹주가 되었다.
> 정공이 37년에 죽자 조간자가 3년 상을 폐하고[1] 1년으로 끝냈다. 이해에 월나라 왕 구천이 오나라를 멸망시켰다.[2]
> 晉定公三十年 定公與吳王夫差爭長於黃池 趙簡子從晉定公 卒長吳 定公三十七年卒 而簡子除三年之喪[1] 期而已 是歲 越王句踐滅吳[2]

① 簡子除三年之喪간자제삼년지상

이미 진晉나라와 맹약을 맺은 오나라가 월나라에 포위되자, 《좌 전》 노애공 20년(서기전 475)에서는 조간자의 뒤를 이은 조양자가 상례에 차리는 음식을 간소하게 했다고 나온다. 이 기록으로 미루어 보면 조간자는 이미 죽었다. 조간자가 죽은 해는 정공이 사망한 36년보다 1년 전이다. 정공 37년이 조양자의 원년으로 비정된다.

② 越王句踐滅吳월왕구천멸오

신주 구천이 오나라를 멸한 것은 출공 2년(서기전 473)이다. 〈육국연표〉에도 그렇게 나온다. 정공 37년(서기전 475)은 조양자 원년에 해당한다.

진晉나라 출공出公 11년, 지백知伯이 정나라를 공격했다.[1] 조간자가 병이 들어 태자 무휼毋卹에게 정나라를 포위하게 했다. 지백이 취해서 술을 마시면서 무휼을 공격했다. 무휼의 신하들은 죽을 각오로 공격하자고 청했다. 무휼이 말했다.

"군주께서 나를 배치한 까닭은 모욕을 참아내라고 한 것이오."

그러나 또한 지백을 화나게 했다. 지백이 돌아가서 조간자에게 이를 일러 무휼을 태자에서 폐하라고 했으나 조간자는 듣지 않았다. 무휼이 이 때문에 지백을 원망했다.

진출공 17년 조간자가 죽자[2] 태자 무휼이 대신 즉위했는데, 이이가 양자襄子이다.

晉出公十一年 知伯伐鄭[1] 趙簡子疾 使太子毋卹將而圍鄭 知伯醉 以酒灌擊毋卹 毋卹群臣請死之 毋卹曰 君所以置毋卹 爲能忍詬 然亦慍知伯 知伯歸 因謂簡子 使廢毋卹 簡子不聽 毋卹由此怨知伯 晉出公十七年 簡子卒[2] 太子毋卹代立 是爲襄子

① 出公十一年 知伯伐鄭출공십일년 지백벌정

신주 〈정세가〉에서는 성공聲公 36년이라고 했다. 출공 11년은 정나라 성공 37년에 해당한다. 《좌전》을 참고하면 〈정세가〉의 기록이 잘못되었다. 이때 조간자는 죽은 것으로 나온다. 정말로 지백과 조간자와 조양자 사이에 이런 일이 있었다면, 아마 진나라 정공 19년에 정나라가 한단에 있던 순인과 범길역을 지원했던 전투 때의 일일 가능성이 높다.

② 簡子卒간자졸

집해 장화가 말했다. "조간자의 무덤은 임수臨水 수계에 있다. 2개의 무덤이 나란히 있는데, 기氣가 올라와서 누각樓閣을 이룬다."

張華曰 趙簡子冢在臨水界 二冢併 上氣成樓閣

신주 현재 《좌전》 등의 기록을 바탕으로 연표를 수정하면, 조간자는 42년을 재위하고 죽는다. 따라서 진晉나라 정공 37년(서기전 475)이 조양자 원년이 된다.

> 조양자 원년, 월나라가 오나라를 포위했다.① 조양자는 상례에 차리는 음식을 줄이고 초융楚隆을 시켜서 오왕을 위문하게 했다.②
>
> 趙襄子元年 越圍吳① 襄子降喪食 使楚隆問吳王②

① 越圍吳월위오

정의 〈육국연표〉, 〈월세가〉, 《좌전》에서 월나라가 오나라를 멸망시킨 것은 조간자 35년에 있다고 했으니 이미 조양자 원년보다 15년 전에 있었는데, 어찌 다시 월나라가 오나라를 포위한 일이 있겠는가? 이로부터 아래로 '문오왕問吳王'에 이르기까지 이는 조간자 30년의 사건이다. 문장이 탈락해 잘못되어 기록된 것일 뿐이다.

年表及(趙)[越]世家 (云)左傳越滅吳在簡子三十五年 已在襄子元年前十五年矣 何得更有越圍吳之事 從此以下至問吳王是三十年事 文(說)[脫]誤在此耳

신주 ▌월나라가 오나라를 포위한 것은 〈육국연표〉 기록으로 조간자 43년이고 오나라가 망한 것은 조간자 45년이다. 정의 에서 장수절은 43년을 30년으로, 45년을 35년으로 잘못 썼다.

또 사마천의 〈월왕구천세가〉나 〈오태백세가〉 기록으로 따지면, 오나라가 망한 것이 〈육국연표〉에서는 조양자 원년(서기전 457)보다 16년 전(서기전 473)의 일이라고 했다. 그런데 위 〈조세가〉 기록에서 "월나라가 오나라를 포위하자 상례에 차리는 음식을 줄이고 오왕을 위문하게 했다."라는 기록으로 따지면, 오나라 멸망 이전에 조간자가 이미 죽고 조양자가 계승했음을 알 수 있다. 조간자의 죽음과 조양자의 원년을 잘못 기록한 것 같다.

② 使楚隆問吳王사초융문오왕

정의 《좌전》에서는 노애공 20년에 조간자가 죽고 후사는 양자가 계승했는데, 월나라가 오나라를 포위한 일 때문에 아버지의 상례에 차리는 제찬祭饌을 간소하게 하고 초융楚隆을 시켜서 오왕을 위문하게 했다. 애공 13년에는 조간자가 황지黃池의 역役에 있어 오왕과 함께 꾸밈이 없는 말로 이르기를 "좋고 나쁜 것을 함께한다."라고 했다. 그러므로 상중의 제찬을 줄이고 오왕을 위문한 것이다. 〈조세가〉와 〈육국연표〉에서는 이 해에 진나라 정공이 죽자 조간자가 3년 상을 없애고 기년을 1년으로 하게 했다고 한다. 살펴보니 조간자가 죽은 것과 오나라에 사신을 보낸 연월이 모두 잘못되었고 《좌전》의 문장과도 동일하지 않다.

左傳云哀公二十年 簡子死 襄子嗣立 以越圍吳故 降父之祭饌 而使楚隆慰問王 爲哀公十三年 簡子在黃池之役 與吳王質言曰好惡同之 故減祭饌及問吳王也 而趙世家及六國年表云此年晉定公卒 簡子除三年之喪 服期而已 按 簡子死及 使吳年月皆誤 與左傳文不同

신주 **정의**에 따르면 조양자 원년은 노애공 20년(서기전 475)이고 조간자 는 재위 42년에 죽었다. 그때는 진나라 정공 36년으로 조간자는 정공보 다 1년 앞서 죽은 것이 된다. 〈육국연표〉와 〈조세가〉의 기록이 모두 잘못 된 것 같다. 《사기지의》에서도 《사기》의 기록이 모두 잘못되었다고 했다.

조양자는 손윗 누이가 그 전에 대왕代王의 부인이 되었다. (조양자 는) 조간자의 장례를 이미 치렀지만 상복을 벗지 않은 채 북쪽 하 옥夏屋①에 올라 대왕을 불렀다. 요리사를 시켜 구리로 만든 국 자②를 가지고 대왕과 그의 종자從者들에게 식사와 술을 대접하 게 했다. 몰래 재인宰人 각各③을 시켜 구리 국자를 가지고 대왕과 종자들을 쳐 죽이게 하고 마침내 군사를 일으켜 대代 땅을 평정 했다.

그의 누이가 듣고 울면서 하늘에 울부짖으며 비녀로 찔러 자살했 다. 대 땅 사람들이 애처롭게 여겨 죽은 곳의 땅 이름을 마계산摩 笄山④이라고 했다.

마침내 대를 백로伯魯의 아들 주周에게 봉하고 대성군代成君으로 삼았다. 백로는 조양자의 형이다. (조양자의 형은) 본래 태자였는데 일찍 죽었기 때문에 그의 아들을 봉한 것이다.

襄子姊前爲代王夫人 簡子旣葬 未除服 北登夏屋^① 請代王 使厨人操銅

枓^②以食代王及從者 行斟 陰令宰人各^③以枓擊殺代王及從官 遂興兵

平代地 其姊聞之 泣而呼天 摩笄自殺 代人憐之 所死地名之爲摩笄之

山^④ 遂以代封伯魯子周爲代成君 伯魯者 襄子兄 故太子 太子蚤死 故

封其子

① 夏屋하옥

집해 서광이 말했다. "산은 광무에 있다."

徐廣曰 山在廣武

정의 《괄지지》에서 말한다. "하옥산은 일명 가옥산賈屋山이라고도 한

다. 지금은 가모산賈母山이라고 부른다. 대주 안문현 동북쪽 35리에 있

다. 하옥산은 구주산句注山과 서로 붙어 있다. 대개 북방이 험준하고 천

하에서도 험한 길로 (태항산맥) 안팎을 구별하는 곳이 된다.

括地志云 夏屋山一名賈屋山 今名賈母山 在代州鴈門縣東北三十五里 夏屋與

句注山相接 蓋北方之險 亦天下之阻路 所以分別內外也

② 銅枓동두

정의 枓의 발음은 '두斗'이다. 동두는 형태가 네모나고 자루가 있는데,

물을 떠서 따르는 물그릇이다. 《설문》에서는 국자라고 했다.

音斗 其形方 有柄 取斟水器 說文云勺也

③ 各각

서광이 말했다. "다른 판본에는 '낙難'으로 되어 있다."

徐廣曰 一作難

④ 摩笄之山마계지산

정의 계笄는 지금의 비녀이다. 《괄지지》에서 말한다. "마계산은 일명 마계산磨笄山이고, 명계산鳴雞山이라고도 부른다. 울주 비호현 동북쪽 150리에 있다. 《위토지기》에서는 '대군 동남쪽 25리에 마두산馬頭山이 있다. 조양자가 이미 대왕을 죽이고 사람을 시켜 그의 부인을 맞이했다. 대왕 부인이 이르기를 「아우 때문에 지아비를 업신여기는 것은 인仁이 아니고, 지아비 때문에 아우를 원망하는 것은 의가 아니다.」라고 하면서 비녀로 스스로를 찔러 죽었다. 사신도 마침내 자살했다.'라고 했다."

笄 今簪也 括地志云 摩笄山一名磨笄山 亦名爲[鳴雞]山 在蔚州飛狐縣東北 百五十里 魏土地記云 代郡東南二十五里有馬頭山 趙襄子既殺代王 使人迎其 婦 代王夫人曰 以弟慢夫 非仁也 以夫怨弟 非義也 磨笄自刺而死 使者遂亦自殺

조양자가 즉위한 지 4년,[①] 지백知伯은 조趙, 한韓, 위魏 세 성씨와 범씨와 중항씨의 옛 땅들을 모두 나누어 가졌다. 진나라 출공出 公은 화가 나서 제나라와 노나라에 알려서 사경四卿(지백, 조, 한, 위) 을 정벌하고자 했다. 사경은 두려워 마침내 함께 출공을 공격했 다. 출공은 제나라로 달아나다가 도중에 죽었다.[②]

지백은 이에 소공昭公의 증손 교驕를 군주로 세웠는데, 이이가 진 晉나라 의공懿公[③]이다.

지백은 더욱 교만해졌다. 한씨와 위씨에게 땅을 요청하자 한과 위에서는 땅을 주었다. 조씨에게 요청하자 조씨는 주지 않았는데, 정나라를 포위했던 때의 치욕 때문이었다. 지백이 노여워 마침내 한씨와 위씨를 인솔하고 조씨를 공격했다. 조양자는 두려워서 달아나 진양晉陽을 지켰다.

襄子立四年^① 知伯與趙韓魏盡分其范中行故地 晉出公怒 告齊魯 欲以伐四卿 四卿恐 遂共攻出公 出公奔齊 道死^② 知伯乃立昭公曾孫驕 是爲晉懿公^③ 知伯益驕 請地韓魏 韓魏與之 請地趙 趙不與 以其圍鄭之辱 知伯怒 遂率韓魏攻趙 趙襄子懼 乃奔保晉陽

① 襄子立四年양자립사년

신주 〈진세가〉에 따르면 지백이 세 가문과 함께 범씨와 중항씨의 땅을 나누어 가진 것은 출공 17년(서기전 458)의 일이다. 출공은 그때 쫓겨나서 죽는다. 하지만 〈조세가〉에서는 출공 21년이라고 했다.

② 出公奔齊 道死출공분제 도사

신주 《죽서기년》에 따르면 출공은 23년에 죽는다. 이 경우로 보면 사경四卿이 땅을 차지한 사건의 연도는 〈진세가〉보다 〈조세가〉 기록이 맞을 개연성이 있다. 하지만 그렇더라도 지백은 출공 22년에 망하여 이른바 의공이나 애공을 세우지 못하게 되는 문제가 발생했다.

③ 懿公의공

색은 어떤 판본에는 '애공哀公'으로 되어 있다. 그 할아버지 이름은 옹

雍이고, 곧 소공昭公의 막내아들이며 대자戴子라고 호칭 불렀다.

或作哀公 其大父名雍 即昭公少子 號戴子也

신주 〈육국연표〉의 '위魏표'(서기전 456) 《정의》 주석을 참고하면, 〈육국연표〉에서는 〈조세가〉처럼 의공을 교驕라고 했으나, 〈진세가〉에서는 애공 교驕라고 하여 또 다르다. 진나라 말기 군주들의 기록은 매우 혼란스러우나 〈진세가〉에 상세히 기록하고 있다.

원과原過가 따르다가 뒤처졌는데, 왕택王澤[1]에 이르러 세 사람을 만났다. 그들은 허리띠 위로는 보였지만 허리띠 아래는 보이지 않았다. 원과에게 대나무 두 마디를 주면서 통과하지 말라고 하며 말했다.

"나를 위해 이것을 조무휼에게 남겨준다."

원과가 도착하고 나서 양자에게 알렸다. 양자는 3일 동안 재계하고 친히 스스로 대나무를 쪼갰는데, 붉은 글씨로 이렇게 말했다.

"조무휼아! 나는 곽태산霍太山[2] 산양후山陽侯의 천사天使이다. 3월 병술일에 나는 너를 시켜 거꾸로 지씨知氏를 멸망시킬 것이다. 네가 또한 100곳의 읍에 내 사당을 세우면 나는 너에게 임호林胡 땅을 줄 것이다. 후세에 이르러 또 굳센 왕이 있을 것이다. 검붉은 피부에 용의 얼굴과 새의 부리를 하고 귀밑머리와 눈썹, 팔자수염과 구레나룻이 나고 넓은 가슴에 긴 다리로 의지할 것이다. 옷깃을 왼쪽으로 여민[3] 채 갑옷을 입고 말을 타며,[4] 하종河宗을 덮어서 차지하고[5] 휴혼休溷과 여러 맥貉 땅에 이르며,[6] 남쪽으로

진晉나라 별읍을 정벌하고[7] 북쪽으로 흑고黑姑[8]를 멸망시킬 것
이다."

양자는 두 번 절을 올리고 삼신三神의 명령을 받았다.

原過從 後 至於王澤[1] 見三人 自帶以上可見 自帶以下不可見 與原過
竹二節 莫通曰 爲我以是遺趙毋卹 原過既至 以告襄子 襄子齊三日 親
自剖竹 有朱書曰 趙毋卹 余霍泰山[2] 山陽侯天使也 三月丙戌 余將使
女反滅知氏 女亦立我百邑 余將賜女林胡之地 至于後世 且有仉王 赤
黑 龍面而鳥噣 鬢麋髭䰄 大膺大胸 脩下而馮 左衽[3]界乘[4] 奄有河宗[5]
至于休溷諸貉[6] 南伐晉別[7] 北滅黑姑[8] 襄子再拜 受三神之令

① 王澤왕택

정의 《괄지지》에서 말한다. "왕택은 강주 정평현 남쪽 7리에 있다."

括地志云 王澤在絳州正平縣南七里也

② 霍泰山곽태산

집해 서광이 말했다. "하동군 영안현에 있다."

徐廣曰 在河東永安縣

③ 左衽좌임

신주 북방과 동방 민족들은 옷깃을 왼쪽으로 여민다. 공자가 "제환공이
아니었다면 중원은 '좌임'을 할 뻔했다."라고 한 것이 이를 말한다.

④ 脩下而馮 左衽界乘수하이풍 좌임계승

서광이 말했다. "수脩는 어떤 판본에는 '수隨'로 되어 있다. 계界
는 다른 판본에는 '개介'로 되어 있다."

徐廣曰 脩 或作隨 界 一作介

⑤ 奄有河宗엄유하종

《목천자전》에서 말한다. "하종河宗의 자손은 배백서郳栢絮 라고
한다." 살펴보니 아마 용문 하수의 상류에 있는데 남嵐과 승勝 두 주의
땅이다.

穆天子傳云 河宗之子孫(則)[郳]柏絮 按 蓋在龍門河之上流 嵐勝二州之地也

⑥ 休溷諸貉휴혼제맥

貉의 발음은 '맥陌'이다. 하종, 휴혼, 맥들부터는 융적 땅이다.

音陌 自河宗休溷諸貉 乃戎狄之地也

신주 예穢와 맥貉은 고대에 한韓과 함께 우리의 뿌리인 동북방민족이
다. 《일본서기》에서 '맥'은 고구려를 부르는 말이기도 하지만, 다른 문헌
들을 종합하면 범부여凡夫餘를 뜻하며, 따라서 부여의 후신인 백제도 포
함된다고 했다. 《삼국사기》의 고구려 모본왕 2년 조에 지금의 산서 지방
까지 공격했다는 기록이 과장은 아닐 것이다.

남부 흥안령 산맥을 중심으로 내몽골과 서요하 지방은 고대부터 부여
족의 터전이었다. 중국 사서들이 때에 따라 동호東胡라 부르는 민족은 이
예맥濊貊 외에는 존재할 가능성이 거의 없다. '맥'이라 불리던 종족은 이
미 은나라 말기나 주나라 초부터 북방에서 남하하여 '예'를 대체하여 고
조선의 중심을 이루었을 것으로 추정된다.

⑦ 南伐晉別남벌진별

정의 조나라가 남쪽 진晉나라 별읍을 정벌한다는 것은 한韓과 위魏의 읍을 이른 것이다.

趙南伐晉之別邑 謂韓魏之邑也

⑧ 黑姑흑고

정의 또한 융족의 나라이다.

亦戎國

세 나라가 진양을 공격한 것이 한 해 남짓 되었다.① 분수汾水의 물을 끌어다 성城에 넣었는데, 침수되지 않는 곳은 3판三版② 정도 였다. 성안에서는 솥을 매달아 불을 때고 자식을 서로 바꾸어 잡 아먹었다. 여러 신하가 마음이 밖에 있어서 예의를 더욱 소홀히 했는데, 오직 고공高共③만은 결코 예의를 잃지 않았다.
조양자가 걱정하고 이에 밤에 재상宰相 장맹동張孟同④을 보내서 한씨, 위씨와 몰래 통하게 했다. 한씨와 위씨가 더불어 모의해서 3월 병술丙戌에 세 나라가 도리어 지씨를 멸망시키고 지씨의 땅을 나누었다.

三國攻晉陽 歲餘① 引汾水灌其城 城不浸者三版② 城中懸釜而炊 易子 而食 群臣皆有外心 禮益慢 唯高共③不敢失禮 襄子懼 乃夜使相張孟 同④私於韓魏 韓魏與合謀 以三月丙戌 三國反滅知氏 共分其地

① 歲餘세여

신주 《사기지의》에 따르면 《전국책》에서는 '3년'이라고 했다. 그러나 3년씩 전쟁이 계속되었을까 하는 의문이 드니 〈조세가〉 기록이 더 타당성이 있다고 보았다. 《전국책》은 〈진세가〉 기록에 맞추어 편집된 느낌이 강하다고 했다.

② 三版삼판

정의 하휴가 말했다. "8자[尺]를 판版이라고 한다."

何休云 八尺曰版

신주 삼판三版은 고대에 성벽과 무덤을 쌓을 때 사용하던 판자이다. 매 괴판塊板은 높이가 2자[尺]니 3판은 6자이다. 하휴는 1판을 8자라고 했는데, 이 경우는 해당하지 않는다. 이 경우 남은 곳이 3판이면 24자나 되어서 높기 때문이다. 《전국책》〈조책趙策 3〉에서도 "지금 성에서 침수되지 않은 곳은 삼판뿐이다.[今城不沒者三板]"라고 말하고 있다.

삼판에는 노를 젓는 작은 배라는 뜻도 있다. 또한 '삼판三版'이라는 고사성어가 있는데, '매우 두려움을 느끼는 상태'를 뜻한다. 이는 〈조세가〉에서 유래했다. 《삼국지》〈오서 능통전〉에 보면 지방 관리들이 능통이 들어오는 것을 '삼판'을 품었다고 한다. 이를 이른바 '판版 셋을 품었다.'라고 번역하는데 잘못이다. 능통은 겁 없는 용맹무쌍한 장수였으므로 평소 그에 대해 전해 들은 지방 관리들은 혹시 자기들에게 해를 끼칠까 하여 두려움을 느꼈다는 뜻이다.

③ 高共고공

집해 서광이 말했다. "다른 판본에는 '혁赫'으로 되어 있다."

徐廣曰 一作赫

④ 張孟同장맹동

색은 살펴보니 《전국책》에서는 '장맹담張孟談'으로 되어 있다. '담談'은
사마천의 아버지 이름이므로 사마천이 관례를 따라 고쳐서 '동同'이라고
했을 것이다.

按 戰國策作張孟談 談者 史遷之父名 遷例改爲同

이에 조양자가 상을 주었는데 고공을 최상으로 삼았다. 장맹동이
말했다.

"진양이 어려울 때 오직 고공만이 공이 없었습니다."

조양자가 말했다.

"진양이 막 위급했을 때 신하들은 모두 해이했는데, 오직 고공만
신하된 예를 잃지 않았으니, 이로써 제일로 삼은 것이오."

이에 조씨는 북쪽으로는 대代를 소유했고 남쪽으로는 지씨를 합
쳐 한씨와 위씨보다 강해졌다. 마침내 100읍에 삼신 사당을 세우
고 원과原過를 보내서 곽태산 사당①의 제사를 주관하게 했다.

於是襄子行賞 高共爲上 張孟同曰 晉陽之難 唯共無功 襄子曰 方晉陽
急 群臣皆懈 惟共不敢失人臣禮 是以先之 於是趙北有代 南幷知氏 彊
於韓魏 遂祠三神於百邑 使原過主霍泰山祠祀①

① 霍泰山祠곽태산사

정의 《괄지지》에서 말한다. "삼신사는 지금 원과사原過祠라고 부르며 지금 곽산霍山의 곁에 있다."

括地志云 三神祠今名原過祠 今在霍山側也

그 뒤 공동씨空同氏[①]에게 장가들어 다섯 아들을 낳았다. 조양자는 (폐위된 태자) 백로伯魯가 즉위하지 못한 것을 생각해서 자기 아들을 군주로 세우려 하지 않고, 반드시 백로의 아들 대代의 성군成君[②]에게 지위를 전하고자 했다. 성군이 먼저 죽자 이에 대성군의 아들 완浣을 데려와 태자로 삼았다.

조양자가 자리에 오른 지 33년에 죽고[③] 완浣이 계승했는데, 이이가 헌후獻侯이다.

其後娶空同氏[①] 生五子 襄子爲伯魯之不立也 不肯立子 且必欲傳位與伯魯子代成君[②] 成君先死 乃取代成君子浣立爲太子 襄子立三十三年卒[③] 浣立 是爲獻侯

---

① 空同氏공동씨

정의 《괄지지》에서 말한다. "공동산은 숙주 복록현 동남쪽 60리에 있다. 옛날 서융 땅이다. 또 원주 평고현 서쪽 100리에도 공동산이 있는데, 곧 황제가 광성자에게 도道를 물은 곳이다." 이곳은 모두 서융 땅인데 어떤 게 옳은지 알 수 없다.

括地志云 崆峒山在肅州福祿縣東南六十里 古西戎地 又原州平高縣西百里亦有崆峒山 即黃帝問廣成子道處 俱是西戎地 未知孰是

② 代成君대성군

[색은] 대성군의 이름은 주周이고, 백로伯魯의 아들이다. 《세본》에서는 대성군의 아들 기起를 양자의 아들이라 하고 백로의 아들이라 하지 않았는데, 잘못이다.

代成君名周 伯魯之子 系本云代成君子起即襄子之子 不云伯魯 非也

③ 襄子立三十三年卒양자립삼십삼년졸

[신주] 양자 33년은 〈조세가〉와 〈육국연표〉에 따른 것이다. 《죽서기년》의 기록에 따라 수정하면 재위는 51년이다. 서기전 475년에서 서기전 425년의 일이다.

삼진의 맹주 다툼

헌후獻侯는 어려서 즉위해 중모中牟[1]에서 통치했다.
양자의 아우 환자桓子[2]가 헌후를 축출하고 스스로 대代에서 즉
위했는데 1년 만에 죽었다. 나라 사람들은 조환자가 군주가 된 것
은 조양자의 뜻이 아니라고 여겨서 함께 그의 아들을 죽이고 다
시 헌후를 맞이해 군주로 세웠다.

獻侯少即位 治中牟[1] 襄子弟桓子[2]逐獻侯 自立於代 一年卒 國人曰桓
子立非襄子意 乃共殺其子而復迎立獻侯

① 中牟중모

집해 〈지리지〉에서 하남군 중모현은 조헌후가 경耿에서 옮긴 곳이라고
한다. 신찬이 말했다. "중모는 춘추시대에는 정鄭나라 강토 안이었다. 3
경卿이 진晉나라를 나눌 때 위魏나라 땅에 있다. 조나라 강역은 장수漳水
이북으로 이곳에 이르지 않는다. 《좌전》에서 '위衛나라 후작이 진晉나라
로 가는데 중모를 지나갔다.'라고 했다. 살펴보니 이 중모는 위衛에서 진
晉나라로 가는 길목이 아니다. 《급군고문》에서 '제나라 군사가 조나라
동쪽 변두리를 침략하고 중모를 포위했다.'라고 했다. 여기 하남군 중모

는 조나라 동쪽에 있지 않다. 살펴보니 (조나라) 중모는 탑수漯水 북쪽에
해당한다.”

地理志曰河南中牟縣 趙獻侯自耿徙此 瓚曰 中牟在春秋之時是鄭之疆内也 及
三卿分晉 則在魏之邦土也 趙界自漳水以北 不及此 春秋傳曰 衛侯如晉過中牟
按中牟非衛適晉之次也 汲郡古文曰 齊師伐趙東鄙 圍中牟 此中牟不在趙之東
也 按中牟當漯水之北

　색은　이 조나라 중모는 하수의 북쪽에 있는 것으로 정나라 중모는 아
니다.

此趙中牟在河北 非鄭之中牟

　정의　살펴보니 오록五鹿은 위주 원성현 동쪽 12리에 있다. 업鄴은 곧
상주 탕음현 서쪽 58리에 있고, 모산牟山이 있는데 아마 중모읍은 이 산
의 곁에 있었을 것이다.

按 五鹿在魏州元城縣東十二里 鄴即相州蕩陰縣西五十八里 有牟山 蓋中牟邑
在此山側也

　신주　〈지리지〉에 경에서 중모로 옮겼다는 기록은 잘못일 것이다. 경
땅은 하동군 피지현에 있다고 했다. 헌후 원년은 위나라 문후文侯 23년이
고, 위나라는 이미 하동군을 거의 관할하고 있었다. 도읍지 역시 하동군
안읍安邑이다. 경 땅은 조나라 중심지와 너무 떨어진 변경이다. 조간자와
조양자가 위기에 닥치자 진양晉陽에 웅거했듯이, 조나라는 이미 진양으
로 옮겼을 것이다.

② 襄子弟桓子양자제환자

　색은　《세본》에서는 양자의 아들 환자라고 하여, 이곳과 동일하지 않다.

系本云襄子子桓子 與此不同

> 10년, 중산中山의 무공武公[1]이 처음으로 즉위했다.
>
> 13년, 평읍平邑에 성을 쌓았다.[2]
>
> 15년, 헌후가 죽고 아들 열후烈侯 적籍이 계승했다.
>
> 열후 원년, 위나라 문후文侯가 중산을 공격하자 태자 격擊에게 수비하게 했다.
>
> 6년, 위나라, 한나라, 조나라가 모두 군주를 세워 제후가 되었고, 조나라는 헌자獻子를 추존해 헌후獻侯로 삼았다.
>
> 十年 中山武公[1]初立 十三年 城平邑[2] 十五年 獻侯卒 子烈侯籍立 烈侯
> 元年 魏文侯伐中山 使太子擊守之 六年 魏韓趙皆相立爲諸侯 追尊獻
> 子爲獻侯

① 中山武公중산무공

[집해] 서광이 말했다. "서주 환공桓公의 아들이다. 환공은 효왕孝王의 아우이고 정왕定王의 아들이다."

徐廣曰 西周桓公之子 桓公者 孝王弟而定王子

[색은] 살펴보니 중산은 옛 선우국鮮虞國으로 희성姬姓이다. 《세본》에서 중산무공은 고顧에 거처했고 환공桓公은 영수靈壽로 옮겼으며 조나라 무령왕에게 멸망했는데, 누구의 자손인지 말하지 않았다. 서광은 서주 환공의 아들이라고 했지만, 또한 근거한 바가 없으니 아마 그 실상을 알지 못했을 따름이다.

按 中山 古鮮虞國 姬姓也 系本云中山武公居顧 桓公徙靈壽 爲趙武靈王所滅 不言誰之子孫 徐廣云西周桓公之子 亦無所據 蓋未能得其實耳

[신주] 《사기지의》에 따르면 서주의 후손이라는 것은 터무니없고 백적白

狄의 무리라고 하며, 후대 인식도 적狄이나 융戎의 무리라고 한다. 담기양의 《중국역사지도집》에 따르면 태항산맥 중심인 하북성 석가장시石家莊市와 보정시保定市 서남쪽으로 비정된다.

② 城平邑성평읍

집해 〈지리지〉에서 말한다. "대군에 평읍현이 있다."

地理志曰代郡有平邑縣

신주 《사기지의》에 따르면 《죽서기년》에는 6년에 있다고 했다.

열후는 음악을 좋아했는데 상국相國 공중련公仲連에게 일러 말했다.

"과인이 아끼는 자들이 있는데 귀하게 할 수 있겠는가?"

공중련이 말했다.

"부유하게 할 수는 있어도 귀하게 하지는 못할 것입니다."

열후가 말했다.

"그럴 것이오. 무릇 정나라의 가수 창槍과 석石 두 사람①에게 내가 전지를 하사하려고 하오. 한 사람당 1만 무畝로 하시오."

공중련이 대답했다.

"그렇게 하겠습니다."

(공중련이) 대답하고는 전지를 주지 않았다.

烈侯好音 謂相國公仲連曰 寡人有愛 可以貴之乎 公仲曰 富之可 貴之
則否 烈侯曰 然 夫鄭歌者槍石二人① 吾賜之田 人萬畝 公仲曰 諾 不與

① 夫鄭歌者槍石二人부정가자창석이인

[색은] 槍의 발음은 '챵[七羊反]'이다. 창槍과 석石은 두 사람의 이름이다.
槍 七羊反 槍與石二人名

1개월 후 열후가 대代에서 돌아와서 가수에게 전지를 주었는지 물었다. 공중련이 답했다.

"구했지만 마땅한 땅이 없었습니다."

조금 지나서 열후가 다시 물었다. 공중련은 끝내 주지 않고 질병을 핑계대며 조회에 들지 않았다. 반오군番吾君①이 대로부터 와서 공중련에게 말했다.

"군주께서 실제 선을 좋아하시지만 시행할 방법을 알지 못하고 있습니다. 지금 그대가 조나라 재상이 된 지 4년인데 또한 인사를 진출시킨 일이 있습니까?"

공중련이 말했다.

"없소."

반오군이 말했다.

"우축牛畜, 순흔荀欣, 서월徐越은 모두 좋은 사람입니다."

공중련이 이에 세 사람을 진출시켰다. 조회에 이르자 열후가 다시 물었다.

"가수에게 전지를 주라는 것은 어찌 되었소?"

공중련이 말했다.

"바야흐로 사람을 보내 좋은 곳을 고르라고 하겠습니다."

우축이 열후를 모시고 인의仁義를 권하고 왕도王道를 따라야 한
다고 하자 열후는 너그러워졌다.[2]

居一月 烈侯從代來 問歌者田 公仲曰 求 未有可者 有頃 烈侯復問 公
仲終不與 乃稱疾不朝 番吾君[1]自代來 謂公仲曰 君實好善 而未知所持
今公仲相趙 於今四年 亦有進士乎 公仲曰 未也 番吾君曰 牛畜苟欣徐
越皆可 公仲乃進三人 及朝 烈侯復問 歌者田何如 公仲曰 方使擇其善
者 牛畜侍烈侯以仁義 約以王道 烈侯逌然[2]

① 番吾君반오군

[집해] 서광이 말했다. "番은 '반盤'으로 발음한다. 상산군에 반오현이
있다."

徐廣曰 番音盤 常山有番吾縣

[정의] 《괄지지》에서 말한다. "반오 옛 성은 항주 방산현 동쪽 20리에
있다." 반番과 포蒲는 옛날과 지금의 음이 다를 뿐이다.

括地志云 番吾故城在恆州房山縣東二十里 番蒲古今音異耳

② 烈侯逌然열후유연

[정의] 逌의 발음은 '유由'이다. 옛날 '유攸' 자와 발음이 같다. 우축牛畜
이 인의仁義로써 왕도를 제약해서 가수에게 전지를 주는 것을 중지시킨
것을 말한다. 유유攸攸는 기운 쓰는 모습이 너그럽고 느긋한 것이다.

逌音由 古字與攸同 言牛畜以仁義約以王道 故止歌者田 攸攸 氣行貌 寬緩也

다음날 순흔이 (군주를) 모시면서, 현자를 뽑아 훈련시켜 관리로 임명하는데 능력을 갖추게 했다.

다음날 서월이 모시면서, 재물을 절약하고 씀씀이를 줄이며 공덕을 헤아려 살피게 했다. 함께 하는데 충족되지 않는 것이 없자 군주는 흡족해했다. 열후는 사신을 시켜 상국에게 일러 말했다.

"가수에게 전지를 주는 것을 그만두시오."

우축에게 관직을 주어서 스승으로 삼고, 순흔을 중위中尉로 삼고, 서월을 내사內史①로 삼았다. 상국에게는 옷 두 벌을 내려주었다.②

明日 苟欣侍 以選練擧賢 任官使能 明日 徐越侍 以節財儉用 察度功德 所與無不充 君說 烈侯使使謂相國曰 歌者之田且止 官牛畜爲師 苟欣 爲中尉 徐越爲內史① 賜相國衣二襲②

① 徐越爲內史서월위내사

[정의] 《한서》〈백관공경표〉에서 말한다. "내사內史는 주나라 관직인데 진秦나라에서 그에 따랐고, 경사京師(수도)를 관장해 다스렸다."

漢書百官公卿表云 (少府)內史 周官 秦因之 掌治京師

② 賜相國衣二襲사상국의이습

[집해] 단의單衣와 복의復衣가 갖추어진 것을 '한 벌'이라고 한다.

單複具爲一襲

> 9년, 열후가 죽고 아우 무공이 즉위했다.[1]
>
> 무공이 13년에 죽자 조나라에서 다시 열후의 태자 장章을 군주로
> 세웠는데, 이이가 경후敬侯이다. 이해에 위나라 문후가 죽었다.[2]
>
> 九年 烈侯卒 弟武公立[1] 武公十三年卒 趙復立烈侯太子章 是爲敬侯
> 是歲 魏文侯卒[2]

① 烈侯卒 弟武公立열후졸 제무공립

색은 초주가 말했다. "《세본》이나 《국어》〈조어〉에는 모두 그 기록이
없는데, 아마 별도로 근거한 바가 있었을 것이다."

譙周云 系本及說趙語者並無其事 蓋別有所據

신주 무공에 대한 기록은 문제가 많다. 〈조세가〉에서 열후는 9년으로
끝나며, 그 뒤를 무공武公이 이어 13년을 재위한다. 앞뒤로 후작인데 무
공만 홀로 '공'이라 칭한 것은 이상하다. 〈위세가〉에서 인용한 《죽서기년》
의 '열후 14년'이라는 기록도 의문이다. 사마정은 조나라 열후 재위가 9년
인 것을 알았을 것인데 자기만의 계산으로 열후 14년이라고 주석했을 리
가 없으니, 전해오는 기록을 인용하여 달았을 것이다. 현대의 《중국역사
기년표》에서는 무공을 생략하고 열후 재위를 22년으로 설정하고 있다.

참고로 《자치통감》에서는 무공을 '무후武侯'로 고쳐 기록했다. 그리
고 《사기지의》는 《사기》의 기록을 인정하고 말했다. "무공의 이름은 빠
졌으며 역사에서 먼저 이름을 잃었다. 그러나 무공의 앞이 열후이고 무
공의 뒤가 경후인데, 무공 홀로 '공'이라고 부르는 것은 온당하지 못하며
〈육국연표〉와 〈조세가〉도 그릇되었다. 《한서》〈고금인표〉는 《사기》를
거듭 잘못되었다고 했고, 《대기》에서 '무후'라고 한 것이 옳다." 또 말한

다. "초주가 일컬은 말은 거의 잘못되었다."

② 魏文侯卒위문후졸

신주 위나라 문후는 조나라 열후 13년에 죽었다. 위 주석에서 말한 《죽서기년》의 '열후 14년'이 곧 뒤를 이은 무후武侯 원년이 된다.

경후 원년, 무공의 아들 조朝가 난을 일으켰다가 이기지 못하고 위魏나라로 달아났다. 조나라가 처음으로 한단邯鄲에 도읍했다.

2년, 제나라 군사를 영구靈丘①에서 무찔렀다.

3년, 위魏나라를 늠구廩丘②에서 구원하고 제나라 사람들을 크게 무찔렀다.

4년, 위魏나라가 조나라를 토대兎臺에서 무찔렀다. 강평剛平에 성을 쌓고③ 위衛나라를 침략할 교두보로 삼았다.

5년, 제나라와 위魏나라가 위衛나라를 위해 조나라를 공격하고 조나라 강평을 빼앗았다.

6년, 군사를 초나라에서 빌려 위魏나라를 공격하고 극포棘蒲④를 빼앗았다.

8년, 위魏나라 황성黃城⑤을 빼앗았다.

敬侯元年 武公子朝作亂 不克 出奔魏 趙始都邯鄲 二年 敗齊于靈丘① 三年 救魏于廩丘② 大敗齊人 四年 魏敗我兎臺 築剛平③以侵衛 五年 齊 魏爲衛攻趙 取我剛平 六年 借兵於楚伐魏 取棘蒲④ 八年 拔魏黃城⑤

① 靈丘영구

〈지리지〉에서 말한다. "대군에 영구현이 있다."

地理志曰代郡有靈丘縣

〈지리지〉에서도 대군에 영구현이 있지만, 영구라고 한 것은 착오로 보인다. 당시 제나라 땅이 만리장성 바로 남쪽까지였을 수는 없기 때문이다. 영구는 당시 두 나라의 접경인 한나라 때의 청하군淸河郡 일대였을 것이다. 《중국역사지도집》에도 산동성 요성시聊城市 북쪽으로 표시되어 있다.

② 廩丘늠구

위衛나라 도읍지 복양濮陽 동쪽이자 중원의 큰 늪지인 대야택大野澤 서북쪽에 있다. 이 일대는 당시 위魏와 제나라 접경지대였다.

아울러 이 사건은 전임 열후烈侯 3년에서 4년(서기전 405)에 걸쳐 일어났던 큰 사건이다. 〈전경중완세가〉에 보면 전씨 후계자 도자悼子가 죽고 후임 전화田和가 계승한다. 그때 공손회公孫會는 늠구를 들어 반란하고 조나라의 지원을 받아 전화의 군대를 물리친다. 〈전경중완세가〉에서 자세히 기록하고 있다.

또 상식적으로 이때 조나라와 위나라는 삼진의 맹주를 치열하게 다투고 있었는데, 조나라가 위나라를 돕는다는 것은 이치에 맞지 않는다.

③ 兔臺 築剛平토대 축강평

토대와 강평은 나란히 하수의 북쪽에 있다.

兔臺剛平並在河北

④ 棘蒲극포

정의 지금의 조주 평극현은 옛 극포읍이다.

今趙州平棘縣 古棘蒲邑

⑤ 黃城황성

집해 두예가 말했다. "진류군 외황현 동쪽에 황성이 있다."

杜預曰 陳留外黃縣東有黃城

정의 《괄지지》에서 말한다. "옛 황성은 위주 관지현 남쪽 10리에 있는데, 황구黃溝를 따라 이름으로 삼았다." 살펴보니 진류군 외황성이 아니라 별도의 곳이다.

括地志云 故黃城在魏州冠氏縣南十里 因黃溝爲名 按 陳留外黃城非隨所別也

9년, 제나라를 공격했다. 제齊나라가 연燕나라를 침략하자 조趙나라가 연나라를 구원했다.①

10년, 중산국과 방자房子②에서 싸웠다.

11년, 위, 한, 조가 함께 진晉나라를 멸하고 그 땅을 나누었다. 중산을 정벌하고 또 중인中人③에서 싸웠다.

12년, 경후가 죽고 아들 성후成侯 종種이 계승했다.

九年 伐齊 齊伐燕 趙救燕① 十年 與中山戰于房子② 十一年 魏韓趙共滅晉 分其地 伐中山 又戰於中人③ 十二年 敬侯卒 子成侯種立

① 齊伐燕 趙救燕제벌연 조구연

신주 《사기지의》에서 말한다. "여기 기록은 잘못이며 아울러 탈락한 기록이 있다. 조경후 7년에 제나라가 연나라를 공격하여 상구桑丘를 빼앗았다. 이에 삼진三晉은 제나라를 공격하여 상구에 이르렀다. 이는 〈육국연표〉, 〈전경중완세가〉, 〈위세가〉, 〈한세가〉로 입증할 수 있다. 경후 9년에 비록 제나라를 침략한 일이 있었지만 제나라의 초상으로 인한 것인데, 삼진이 함께 정벌하여 영구靈丘에 이른 것이지 연나라와 더불어 간섭한 일이 없었다. 〈전경중완세가〉, 《사기정의》 두 군데에서 〈조세가〉를 인용했는데 하나는 제나라를 정벌하여 '상구'에 이르렀다는 것이었고, 하나는 제나라를 정벌하여 '영구'에 이르렀다는 것이었다. 그러니 지금 판본에는 모두 그 내용이 없으니 베껴 전하는 과정에서 탈락된 것임을 알 수 있다. 이는 마땅히 경후 8년의 앞쪽으로 옮겨 '7년 제나라에서 연나라를 공격했다. 조나라에서 연나라를 구원해서 제나라를 공격해서 상구에 이르렀다.[七年 齊伐燕 趙救燕 伐齊至桑丘]'라고 해야 하고, 9년에는 기록을 보충하여 '제나라를 공격해서 영구에 이르렀다.[伐齊至靈丘]'라고 해야 거의 뜻이 맞을 것이다."

참고로 "제나라의 초상으로 인한 것"이라고 한 것은 〈전경중완세가〉의 기록을 따른 것으로, 이때 제나라 환공이 죽고 위왕威王이 계승했다고 했기 때문이다. 그러나 실제로는 제후齊侯 섬剡 6년인데 사마천이 〈전경중완세가〉 기년을 잘못 기록한 것으로 보인다.

② 房子방자
정의 조주 방자현이 이곳이다.
趙州房子縣是

③ 中人중인

집해 서광이 말했다. "중산군 당현에 중인정中人亭이 있다."

徐廣曰 中山唐縣有中人亭

정의 《괄지지》에서 말한다. "중산 옛 성은 일명 중인정인데 정주 당현 동북쪽 41리에 있다. 춘추시대에 선우국鮮虞國의 중인읍中人邑이었다."

括地志云 中山故城一名中人亭 在定州唐縣東北四十一里 春秋時鮮虞國之中人邑也

성후 원년, 공자 승勝이 성후와 함께 지위를 다투다가 난을 일으켰다.

2년 6월, 눈비가 내렸다.

3년, 대무오大戊午①가 재상이 되었다. 위衛나라를 공격하고 73개 향읍鄕邑을 빼앗았다. 위魏나라에서 조나라의 인藺②을 무찔렀다.

4년, 진秦나라와 고안高安③에서 싸워 무찔렀다.

成侯元年 公子勝與成侯爭立 爲亂 二年六月 雨雪 三年 太戊午①爲相 伐衛 取鄕邑七十三 魏敗我藺② 四年 與秦戰高安③ 敗之

---

① 大戊午대무오

집해 서광이 말했다. "무戊는 다른 판본에는 '성成'으로 되어 있다."

徐廣曰 戊 一作成

② 藺인

정의 〈지리지〉에서는 서하군 소속이라고 한다.

地理志云屬西河郡也

③ 高安고안

정의 아마 하수 동쪽에 있을 것이다.

蓋在河東

신주 이때 위魏나라는 전성기를 지났지만 여전히 하서를 장악하고 있었다. 진秦은 비록 헌공獻公 이후로 강력해졌다고 하지만 아직 하동으로 넘어오지 못했다. 하서 지방의 북부일 것이며, 당시 조나라와 진秦의 접경일 것이다.

5년, 제나라를 견鄄①에서 공격했다. 위魏나라에서 조나라 회懷를 무찔렀다. 정나라를 공격해 무찌르고 한나라에 점령한 땅을 주자 한나라는 장자현長子縣②을 조나라에 주었다.

6년, 중산국이 장성을 쌓았다. 위魏나라를 침략하여 탁택濁澤③에서 무찌르고 위나라 혜왕惠王을 포위했다.

7년, 제나라를 침공하고 장성長城④에 이르렀다. 한나라와 더불어 주나라를 공격했다.

五年 伐齊于鄄① 魏敗我懷 攻鄭 敗之 以與韓 韓與我長子② 六年 中山 築長城 伐魏 敗濁澤③ 圍魏惠王 七年 侵齊 至長城④ 與韓攻周

---

① 鄄견

정의 복주 견성현이 이곳이다.

濮州鄄城縣是也

② 長子장자

집해 〈지리지〉에서 말한다. "상당군에 장자현이 있다."

地理志曰上黨有長子縣

신주 "정나라를 공격해서 무찌르고[攻鄭 敗之]"라는 구절은 이상하다. 정나라는 이미 5년 전에 한나라에게 망해 없어졌는데, 어떻게 정나라를 공격했는지 의문이다. 앞서 열후 3년에 들어가야 할 기사를 경후 3년에 기록한 것처럼, 이것도 아마 경후에 들어가야 할 기사가 잘못 기록된 것으로 보인다. 참고로 장자현長子縣은 상당군上黨郡 중남부로 당시는 거의 한나라 땅이었을 것이다.

③ 濁澤탁택

정의 濁은 '탁濁'으로 발음한다. 서광은 장두長杜에 탁택濁澤이 있다고 했는데, 잘못이다. 《괄지지》에서 "탁수의 근원은 포주 해현 동북쪽 평지에서 나온다."고 했다. 이때 위나라는 안읍安邑에 도읍했는데, 한과 조가 위나라를 침략했다면 어찌 하수 남쪽 (영천군) 장두에 이르렀겠는가? 해현의 탁수는 위나라 도읍에 가까우니 마땅히 이곳이다.

濁音濁 徐廣云長杜有濁澤 非也 括地志云 濁水源出蒲州解縣東北平地 爾時魏都安邑 韓趙伐魏 豈河南至長杜也 解縣濁水近於魏都 當是也

④ 齊 至長城제 지장성

정의 제나라 장성 서쪽의 머리는 제주 평음현에 있다. 《태산기》에서 말한다. "태산 서북쪽에 장성이 있는데 하수를 두르며 태산 1,000여 리를 지나 낭야군에서 바다로 들어간다."《괄지지》에서 말한다. "침략한 곳은 밀주 남쪽 30리에 있다."

齊長城西頭在濟州平陰縣 太山記云 太山西北有長城 緣河經太山千餘里 瑯邪入海 括地志云 所侵處在密州南三十里

8년, 한나라와 함께 주나라를 나누어 둘로 만들었다.[①]

9년, 제나라와 싸워서 아阿를 함락했다.[②]

10년, 위衛나라를 공격해 진甄을 빼앗았다.

11년, 진秦나라가 위魏나라를 공격하자 조나라가 석아石阿[③]에서 구원했다.

八年 與韓分周以爲兩[①] 九年 與齊戰阿下[②] 十年 攻衛 取甄 十一年 秦攻魏 趙救之石阿[③]

---

① 與韓分周以爲兩여한분주이위양

집해 서광이 말했다. "현왕 2년인데, 〈주본기〉에는 이러한 사실이 없다."

徐廣曰 顯王二年 周紀無此

정의 《괄지지》에서 말한다. "《사기》 주현왕 2년에 서주 혜공惠公이 막내아들 자반子班을 공鞏에 봉해 동주를 만들었다. 그의 아들 무공武公이 진秦나라에 멸망했다. 곽연생의 《술정기》에서 공현은 본래 주나라 공백鞏伯의 읍이라고 했다."

括地志云 史記周顯二年 西周惠公封少子子班於鞏 爲東周 其子武公爲秦所滅

郭緣生述征記云鄄縣本周鄄伯邑

② 與齊戰阿下여제전아하

[집해] 서광이 말했다. "전戰은 다른 판본에는 '회會'로 되어 있다."

徐廣曰 戰 一作會也

[정의] 아阿는 동아東阿인데 지금의 제주 동아현이다.

阿 東阿也 今濟州東阿縣也

③ 石阿석아

[정의] 아마 석石과 습隰 등이 주州의 경계에 있을 것이다.

蓋在石隰等州界也

[신주] 이때는 진秦나라 헌공 21년이다. 〈진본기〉에서 서하 석문石門에서
진晉나라 군사 6만 명의 목을 베었다고 한다. 따라서 석문은 곧 '석아'이
며, 위나라는 서하 땅을 상당히 상실하고 진나라는 마침내 황하까지 영
토를 넓히며, 강국 도약의 발판으로 삼는다.

12년, 진秦나라가 위魏나라 소량少梁[①]을 공격하자 조나라에서 구
원했다.

13년, 진秦나라 헌공이 서장庶長 국國을 시켜서 위魏나라의 소량
을 공격하게 하고 태자와 좌痤를 포로로 잡았다.[②] 위魏나라에서
조나라 회澮를 무찌르고 피뢰皮牢[③]를 빼앗았다. 성후는 한나라
소후昭侯와 상당上黨에서 만났다.[④]

> 14년, 한나라와 함께 진秦나라를 공격했다.
>
> 15년, 위魏나라를 도와 제나라를 공격했다.
>
> 十二年 秦攻魏少梁① 趙救之 十三年 秦獻公使庶長國伐魏少梁 虜其
>
> 太子痤② 魏敗我澮 取皮牢③ 成侯與韓昭侯遇上黨④ 十四年 與韓攻秦
>
> 十五年 助魏攻齊

① 少梁소량

[정의] 소량 고성은 동주 한성현 남쪽 22리에 있다. 옛날의 소량국少梁國
이다.

少梁故城在同州韓城縣南二十二里 古少梁國也

[신주] 한성은 사마천의 무덤이 있는 곳이다.

② 虜其太子痤노기태자좌

[신주] 〈육국연표〉에서는 태자를 사로잡았다고 하고 〈진본기〉에서는 공
손좌公孫痤를 사로잡았다고 했는데, 〈조세가〉에서 보면 두 명이 모두 잡
혔음을 알 수 있다. 〈위세가〉에서는 '痤좌'를 '座좌'라 했는데, 같은 음이
니 같은 사람이다.

③ 皮牢피뢰

[집해] 서광이 말했다. "〈육국연표〉 '위표'에서는 조나라 피뢰를 빼앗았
다고 했다."

徐廣曰 魏年表曰取趙皮牢

[정의] 《괄지지》에서 말한다. "회수현은 강주 익성현 동남쪽 25리에 있

다." 살펴보니 피뢰는 당연히 회澮 옆에 있어야 한다.

括地志云 澮水縣在絳州翼城縣東南二十五里 按 皮牢當在澮之側

신주 〈육국연표〉에 따르면 회에서 위나라가 조나라와 한나라를 무찌른 것은 성후 13년이고, 조나라 피뢰를 빼앗은 것은 성후 14년이다. 참고로 회는 한나라 상당에 가까우므로 한나라 영토일 것이다.

④ 成侯與韓昭侯遇上黨 성후여한소후우상당

신주 《사기지의》에서는 《대사기》를 인용하여 한나라 의후懿侯로 인식하고 있다. 그러나 이는 사마천의 잘못된 한나라 기년에 대응한 것이다. 실제 《죽서기년》에서는 이때를 한나라 소후 원년이라고 기록하고 있으니 〈조세가〉가 정확하게 기록한 것이고 조성후는 한소후 즉위를 축하하기 위하여 만났을 것이다. 《죽서기년》의 신빙성을 하나 더 추가하는 셈이다. 현대의 《중국역사기년표》에서도 한소후 원년이라고 했다.

16년, 한나라, 위魏나라와 더불어 진晉나라를 나누고 진晉나라 군주를 단지端氏 땅①에 봉했다.

17년, 성후는 위魏나라 혜왕과 갈얼葛蘖에서 만났다.②

19년, 제나라, 송나라와 함께 평륙平陸③에서 회합하고 연나라와 아阿④에서 회합했다.

十六年 與韓魏分晉 封晉君以端氏① 十七年 成侯與魏惠王遇葛蘖②

十九年 與齊宋會平陸③ 與燕會阿④

① 端氏단지

[집해] 서광이 말했다. "평양군에 있다."

徐廣曰 在平陽

[정의] 단지는 택주현이다.

端氏 澤州縣也

[신주] 평양군은 후한 이후로 하동군 북쪽을 나누어 설치한 군이다. 아울러 〈진세가〉에서 보면 진晉나라는 이미 망했지만 명목상 마지막 군주는 정공靜公인데, 이때 전임 환공(혹은 효공)은 이미 죽고 정공을 단지에 안치했을 것으로 보인다. 참고로 단지는 한나라 땅이므로 조나라와 한나라가 협조했을 것이다.

② 成侯與魏惠王遇葛孼성후여위혜왕우갈얼

[집해] 서광이 말했다. "마구馬丘에 있다. 〈육국연표〉에서는 18년에 조맹趙孟이 제나라에 갔다고 한다."

徐廣曰 在馬丘 年表曰十八年趙孟如齊

[신주] 〈육국연표〉와 〈위세가〉에서는 위혜왕 14년의 사건으로 기록되어 있고 호鄗에서 만났다고 한다. 〈육국연표〉에서 혜왕 14년은 성후 18년에 해당한다.

③ 平陸평륙

[정의] 연주현이다. 평륙성은 곧 옛날 궐국厥國이다.

兗州縣也 平陸城(與)即古厥國

[신주] 〈전경중완세가〉에 따르면 위왕威王 23년이다. 하지만 《죽서기년》에 따르면 위왕 원년이 된다. 통상 몇 개국이 회합하는 경우는 이렇듯 새

군주의 즉위나 호칭의 변경 등 중요한 사항 때문일 경우가 많다. 사마천은 춘추 말과 전국 초에 걸쳐 각국의 기년을 기록하면서 착오가 있었는데, 특히 제나라가 제일 심하다. 아마 위왕은 즉위를 승인받으려고 두 나라의 군주를 초대하여 회합을 가졌을 가능성이 높다.

④ 阿아

정의 《괄지지》에서 말한다. "옛 갈성葛城이며 일명 의성依城이다. 또 이름이 서아성西阿城인데 영주 고양현 서북쪽 50리에 있다. 서수徐水와 구수滱水의 두 물이 나란히 그 서쪽을 지나고 또 흘러서 그 북쪽도 지난다. 굽이진 곳을 아阿라고 하는데 제나라에 동아東阿가 있으므로 '서아성'이라고 했다. 《수서》〈지리지〉에서 '영주는 하간군에 속한다.'라고 하니, 조나라가 나눈 것이다." 살펴보니 연나라가 조나라와 회합한 곳이 곧 이 땅이다.

括地志云 故葛城一名依城 又名西阿城 在瀛州高陽縣西北五十里 以徐(兗)[滱]二水竝過其西 又徂經其北 曲曰阿 以齊有東阿 故曰西阿城 地理志云瀛州屬河間 趙分也 按 燕會趙即此地

신주 "조나라가 나눈 것이다.[趙分也]"라는 의미는 연나라와 조나라가 나누어 차지했다는 말인지 불명확하다.

20년, 위魏나라에서 처마에 쓰는 서까래를 바쳤는데, 이를 써서 단대檀臺를 지었다.[1]

21년, 위나라에서 조나라 한단을 포위했다.

22년, 위나라 혜왕이 조나라 한단을 빼앗았지만, 제나라는 또한 위魏나라를 계릉桂陵[2]에서 무찔렀다.

24년, 위나라에서 조나라에 한단을 돌려주자, 위나라와 장수漳水에서 회맹했다. 진秦나라가 조나라 인藺을 공격했다.

25년, 성후가 죽었다. 공자 설緤과 태자 숙후肅侯[3]가 군주의 자리를 다투었는데, 설이 패하자 한나라로 도망쳤다.

二十年 魏獻榮椽 因以爲檀臺[1] 二十一年 魏圍我邯鄲 二十二年 魏惠王拔我邯鄲 齊亦敗魏於桂陵[2] 二十四年 魏歸我邯鄲 與魏盟漳水上 秦攻我藺 二十五年 成侯卒 公子緤與太子肅侯[3]爭立 緤敗 亡奔韓

[1] 榮椽 因以爲檀臺영언 인이위단대

집해 서광이 말했다. "양국현에 단대檀臺가 있다."

徐廣曰 襄國縣有檀臺

색은 유씨는 "영연榮椽은 아마 지명일 것이다. 그 안의 한곳에 높은 데가 있어 대를 만들었을 것이다."라고 했는데, 잘못이다. 살펴보니 영연榮椽은 좋은 재목인데 서까래를 만들어서 깎고 장식하면 처마를 빛낼 수 있다. 위魏나라에서 헌납한 까닭에 조나라에서 이를 사용해서 단대를 만들었다.

劉氏云榮椽蓋地名 其中有一高處 可以爲臺 非也 按 榮椽是良材 可爲椽 斲飾有光榮 所以魏獻之 故趙因用之以爲檀臺

정의 정현이 말했다. "영榮은 지붕의 날개이다."《설문》에서 말한다. "연椽은 서까래이다. 지붕의 처마 양쪽의 머리가 솟아난 것을 영榮(비첨)이라고 한다."《괄지지》에서 말한다. "단대는 명주 임명현 북쪽 2리에 있다."

鄭玄云 榮 屋翼也 說文云 椽 榱也 屋栭之兩頭起者爲榮也 括地志云 檀臺在洺州臨洺縣北二里

② 桂陵계릉

정의 《괄지지》에서 말한다. "옛 계성은 조주 승지현 동북쪽 21리에 있다. 옛 노인이 이르기를 '이곳이 곧 계릉이다.'라고 했다."

括地志云 故桂城在曹州乘氏縣東北二十一里 故老云此即桂陵也

신주 조나라의 요청을 받고 제나라에서 구원하여 위나라를 대파한 이른바 '계릉전투'이다.《전국책》〈제책 1〉에 자세히 기록하고 있으며 〈손빈열전〉과 〈위세가〉에서는 그 주인공을 손빈孫臏과 전기田忌라고 했다. 위나라는 서쪽으로 진秦에게 하서 땅을 잃고 동쪽으로 다시 제나라에게 대패하여 서서히 쇠퇴하게 된다.

③ 太子肅侯태자숙후

색은 《세본》에서는 태자 이름을 어語라고 했다.

系本云名語

숙후肅侯 원년, 진군晉君의 단지端氏를 빼앗고 옮겨서 둔류屯留[1]
에 거처하게 했다.

2년, 위魏나라 혜왕과 음진陰晉[2]에서 만났다.

3년, 공자 범范이 한단을 습격했으나 이기지 못하고 죽었다.

4년, 천자에게 조회하러 갔다.

6년, 제나라를 공격하고 고당高唐[3]을 함락했다.

7년, 공자 각刻이 위魏나라 수원首垣[4]을 공격했다.

肅侯元年 奪晉君端氏 徙處屯留[1] 二年 與魏惠王遇於陰晉[2] 三年 公子
范襲邯鄲 不勝而死 四年 朝天子 六年 攻齊 拔高唐[3] 七年 公子刻攻魏
首垣[4]

① 屯留둔류

정의 《괄지지》에서 말한다. "둔류 고성은 노주 장자현 동북쪽 30리에
있는데 본래 한漢나라 둔류현성이다."

括地志云 屯留故城在潞州長子縣東北三十里 本漢屯留縣城也

신주 사마천의 기록으로 조숙후 원년은 한소후 10년에 해당한다. 〈육
국연표〉와 〈한세가〉에 보면 이때 한나라에서 군주 도공悼公을 시해했다
고 한다. 그러나 한나라에는 도공이 없다. 《사기지의》에서는 이를 진晉
나라 마지막 군주 정공靜公이라고 주장하는데, 〈조세가〉를 보면 타당성
이 있다. 즉 한나라와 조나라는 정공을 둔류로 옮겼다가 아예 살해하고,
한나라에서 도공이라고 시호한 것으로 보인다. 참고로 당시 둔류는 한나
라 땅인지 조나라 땅인지 확실하지 않다. 아마 〈한세가〉로 본다면 한나
라 땅일 것이다. 단지에서 동북쪽, 장자長子의 북쪽에 있다. 이때 조나라

와 한나라는 친밀한 관계여서 같이 결행했을 것이다. 이로써 진晉나라는 제사마저 끊기고 완전히 사라진다.

② 陰晉음진

정의 〈지리지〉에서 말한다. "화음현은 위魏나라 음진이다. 진나라 혜문왕秦惠文王이 영진寧秦으로 이름을 고쳤으며, 고제高帝(유방)가 화음으로 다시 고쳤다." 지금은 화주에 속한다.

地理志云華陰縣 魏之陰晉 秦惠文王更名寧秦 高帝更名華陰 今屬華州

③ 高唐고당

신주 고당은 조나라 한단에서 제나라 임치의 중간쯤에 있다. 한漢나라 때의 평원군平原郡 고당현이다. 요충지로 고대사에 많이 등장하는 지명이다.

④ 首垣수원

정의 아마 하수 북쪽에 있을 것이다.

蓋在河北也

11년,[1] 진秦나라 효공孝公이 상군商君에게 위魏나라를 공격하게 해서 장수 공자 앙卬을 사로잡았다. 조나라가 위나라를 침벌했다.

12년, 진秦나라 효공이 죽고 상군이 죽었다.

15년, 수릉壽陵[2]을 만들었다. 위魏나라 혜왕이 죽었다.

16년, 숙후가 대릉大陵[3]에서 유람하려고 녹문鹿門[4]을 나가는데

(재상) 대무오가 말을 이끌며⑤ 말했다.

"농사일이 마침 급해서 하루를 일하지 않으면 100일을 먹지 못합니다."

숙후가 수레에서 내려 사과했다.

十一年① 秦孝公使商君伐魏 虜其將公子卬 趙伐魏 十二年 秦孝公卒 商君死 十五年 起壽陵② 魏惠王卒 十六年 肅侯游大陵③ 出於鹿門④ 大戊午扣馬⑤曰 耕事方急 一日不作百日不食 肅侯下車謝

① 十一年십일년

신주 〈육국연표〉, 〈진본기〉, 〈위세가〉에서는 이때 사건이 모두 숙후 10년에 있었다고 했다. 이에 앞서 숙후 8년, 위나라는 마릉馬陵에서 제나라에 크게 패하고 태자 신申과 장군 방연龐涓을 잃었다. 이로부터 위나라는 쇠퇴하고 삼진의 주도권은 조나라로 넘어오게 된다.

② 壽陵수릉

정의 서광이 말했다. "상산군에 있다."

徐廣云 在常山

신주 수릉은 나중에 죽어서 묻힐 자리를 미리 잡아놓은 것이다.

③ 大陵대릉

집해 서광이 말했다. "태원에 대릉현이 있는데 또한 육陸이라고 한다."

徐廣曰 太原有大陵縣 亦曰陸

정의 《괄지지》에서 말한다. "대류성은 병주 문수현 북쪽 13리에 있는데 한漢나라 대릉현성이다."

括地志云 大陵城在幷州文水縣北十三里 漢大陵縣城

④ 鹿門녹문

[정의] 병주 우현 서쪽에 백록홍白鹿泓이 있다. 수원이 백록산白鹿山 남쪽 모래톱에서 나온다. 아마 녹문은 북쪽 산의 물 곁에 있을 것이다.

幷州盂縣西有白鹿泓 源出白鹿山南渚 蓋鹿門在北山水之側也

⑤ 大戊午扣馬대무오구마

[집해] 여침이 말했다. "구扣는 말을 당기는 것이다."

呂忱曰 扣 牽馬

17년, 위魏나라 황黃 땅을 포위했으나 이기지 못했다.① 장성長城을 쌓았다.②

18년, 제나라와 위魏나라가 조나라를 침벌했다. 조나라에서 하수河水를 터서 물을 흘려보내자 군사들이 물러갔다.

十七年 圍魏黃 不克① 築長城② 十八年 齊魏伐我 我決河水灌之 兵去

---

① 圍魏黃 不克위위황 불극

[집해] 〈지리지〉에서 말한다. "산양군에 황현이 있다."

地理志曰山陽有黃縣

[정의] 황성은 위주에 있다. 앞서 함락시켰으나 도리어 위魏나라가 되었

다. 지금 조나라에서 포위한 것이다.

黃城在魏州 前拔之 卻爲魏 今趙圍之矣

신주 산양군 황성은 두 나라 접경과 떨어진 곳이다. 그러므로 장수절이 정의 에서 말한 당나라 때의 위주魏州가 맞을 것이다.

② 築長城축장성

정의 유백장이 말했다. "대개 운중雲中으로부터 북쪽으로 대代에 이르렀다." 살펴보니 조나라 장성은 울주의 북서쪽으로부터 남주의 북쪽에 이르러 조나라 강역에서 끝난다. 아마 이 장성은 장수漳水의 북쪽에 있고 조나라 남쪽 강역이었을 것이다.

劉伯莊云蓋從雲中以北至代 按 趙長城從蔚州北西至嵐州北 盡趙界 又疑此長城在(潭)[漳]水之北 趙南界

22년, 장의張儀가 진秦나라 재상이 되었다. 조자趙疵가 진秦나라와 싸워 패하자, 진나라에서 조자를 서하에서 살해하고 조나라의 인과 이석을 빼앗았다.[①]

23년, 한거韓擧[②]가 제나라, 위魏나라와 함께 싸웠으나 상구桑丘[③]에서 전사했다.

24년, 숙후가 죽었다. 진, 초, 연, 제, 위魏나라는 정예 군사 각 1만 명씩 보내와서 모여 장례를 치렀다. 아들 무령왕武靈王[④]이 즉위했다.

二十二年 張儀相秦 趙疵與秦戰 敗 秦殺疵河西 取我藺離石[①] 二十三

年 韓擧②與齊魏戰 死于桑丘③ 二十四年 肅侯卒 秦楚燕齊魏出銳師各
萬人來會葬 子武靈王④立

① 取我藺離石취아린이석

신주 《사기지의》에 따르면 이 싸움은 무령왕 13년이라고 한다. 〈육국
연표〉에는 이 기록이 없다.

② 韓擧한거

집해 서광이 말했다. "한나라 장수이다."

徐廣曰 韓將

신주 혹자는 조나라 장수라고도 했다. 이 싸움은 무령왕 원년에 있었
다. 조나라와 한나라가 연합하고, 위나라와 제나라가 연합하여 싸웠다.

③ 桑丘상구

집해 〈지리지〉에서는 태산군에 상구현이 있다고 했다.

地理志云泰山有桑丘縣

정의 《괄지지》에서 말한다. "상구성은 역주 수성현 경내에 있다." 어떤
이가 태산군에 있다고 한 것은 잘못이다. 이때 제나라에서 연나라의 상
구를 침벌하자 삼진三晉이 모두 와서 구원했다. 태산에 상구현이 있다고
한 것은 맞지 않으며 이 설명은 매우 잘못된 것이다.

括地志云 桑丘城在易州遂城縣界 或云在泰山 非也 此時齊伐燕桑丘 三晉皆來
救之 不得在泰山(有)[之]桑丘縣 此說甚誤也

신주 《수경주》에서 "(위혜왕 후원) 10년, 제나라 전힐田肸이 한단에 들이

닥쳤고 한거韓擧는 평읍平邑에서 싸웠는데, 한단의 군사들이 패하여 달아났으며, 한거를 생포하고 평읍, 신성新城을 취했다."라고《죽서기년》을 인용하여 설명했다. 즉 이는 조나라 무령왕 원년에 있었던 일이다. 현대의 저작인《고본죽서기년집중》의 저자 방시명이 자세히 고증하고 있다. 태산군 상구현은 이곳이 아니다. 역주 수성현은 수隋나라에서 낙랑군 수성현을 옮겨 고친 지명인데 원래는 무수武遂이다.

④ 武靈王무령왕

색은 왕의 이름은 옹雍이다.

名雍

강대국을 만든 무령왕

무령왕 원년,[1] 양문군陽文君 조표趙豹가 재상이 되었다.

양梁(위魏)나라 양왕襄王은 태자 사嗣와 함께[2] 한韓나라 선왕宣王
은 태자 창倉과 함께 와서 신궁信宮[3]에서 조회했다.

무령왕은 어려서 정사를 들을 수 없자 견문이 넓은 세 스승을 두
었고, 좌우에는 세 사과司過[4]를 두었다. 정사를 들을 수 있게 되
자 먼저 선왕의 귀한 신하인 비의肥義에게 묻고 그의 녹봉을 올려
주었다. 나라에 나이가 여든인 세 노인이 있었는데, 매달 그들에
게 예물을 보내게 했다.

武靈王元年[1] 陽文君趙豹相 梁襄王與太子嗣[2] 韓宣王與太子倉來朝
信宮[3] 武靈王少 未能聽政 博聞師三人 左右司過[4]三人 及聽政 先問先
王貴臣肥義 加其秩 國三老年八十 月致其禮

① 武靈王元年무령왕원년

집해 서광이 말했다. "〈육국연표〉에서는 위魏나라가 조나라 조호趙護
를 무찔렀다고 한다."

徐廣曰 年表云魏敗我趙護

② 梁襄王與太子嗣양양왕여태자사

신주 사嗣는 양왕의 이름이다. 따라서 '양왕'은 곧 아버지 '혜왕惠王'임을 알 수 있다. 이는 사마천이 혜왕의 기년을 잘못 설정했다는 또 하나의 증거이다. 《사기지의》에서도 그렇게 논하고 있다.

③ 信宮신궁

정의 명주 임명현에 있다.

在洺州臨洺縣也

④ 司過사과

신주 군주의 잘못을 살피는 조선 시대의 사간원司諫院 같은 직책이다.

3년, 호鄗 땅에 성을 쌓았다.①

4년, 한나라와 구서區鼠 땅②에서 회합했다.

5년, 한나라 여인을 부인으로 삼았다.

8년, 한나라에서 진秦나라를 공격했지만 이기지 못하고 떠나갔다. 다섯 나라가 서로 왕이라고 했는데③ 조나라만 홀로 왕이라고 하지 않으면서 말했다.

"그 실상이 없는데 감히 그 명칭을 시작해야 하겠는가!"

나라 사람들에게 자신을 이를 때 '군君'이라 하라고 명했다.

三年 城鄗① 四年 與韓會于區鼠② 五年 娶韓女爲夫人 八年 韓擊秦 不勝而去 五國相王③ 趙獨否 曰 無其實 敢起其名乎 令國人謂已曰君

① 城鄗성호

신주 〈육국연표〉에서는 2년이라고 한다.

② 區鼠구서

정의 아마 하수 북쪽에 있을 것이다.

蓋在河北

③ 五國相王오국상왕

신주 초나라는 이미 왕이라고 칭했으니, 전국칠웅 중 나머지 5국이다.

9년, (조나라는) 한나라, 위나라와 함께 진秦나라를 공격했다.① 진秦나라에서 조나라 군사를 무찌르고 머리를 벤 것이 8만 급에 이르렀다. 제나라는 관택觀澤②에서 조나라를 무찔렀다.

10년, 진秦나라에서 조나라 중도中都와 서양西陽③을 빼앗아 갔다. 제나라에서 연나라를 무너뜨렸다.④ 연나라는 재상 자지子之⑤가 군주가 되고 군주가 도리어 신하가 되었다.

九年 與韓魏共擊秦① 秦敗我 斬首八萬級 齊敗我觀澤② 十年 秦取我中都及西陽③ 齊破燕④ 燕相子之⑤爲君 君反爲臣

① 與韓魏共擊秦여한위공격진

신주 앞서 무령왕 8년, 〈육국연표〉에서는 제나라를 빼고 산동 5국이 진나라를 공격했다고 하지만 〈진본기〉에서는 제나라 대신 초나라가 빠져 있다. 《사기지의》에서는 〈초세가〉에 의거하여 6국 모두가 공격했다고 했다. 즉 합종合從한 6국이 공격한 것이다. 무령왕 9년 진나라와의 전투는 아마 그 전투의 연장선이며, 따라서 이 전투는 무령왕 8년에 시작되어 9년에 끝났을 것으로 보인다. 조나라와 위나라가 연합하여 제나라와 싸워 관택에서 패한 것은 별도의 사건이다.

② 觀澤관택

정의 《괄지지》에서 말한다. "관택의 고성은 위주 돈구현 동쪽 18리에 있다."

括地志云 觀澤故城在魏州頓丘縣東十八里也

③ 中都及西陽중도급서양

집해 서광이 말했다. "〈육국연표〉에서는 '진나라가 중도, 서양, 안읍을 빼앗았고, 11년에는 진나라가 조나라 장군 영英을 무찔렀다.'라고 했다. 태원군에 중도현이 있고, 서하에 중양현이 있다."

徐廣曰 年表云 秦取中都西陽安邑 十一年 秦敗我將軍英 太原有中都縣 西河有中陽縣

④ 齊破燕제파연

신주 연나라는 이때 재상과 군주의 지위가 바뀌는 등 내부의 혼란한 틈을 타 제민왕이 공격하여 연나라를 대파했는데, 이때가 무령왕 12년이다.

⑤ 子之자지

신주 자지(?~서기전 314)는 전국시대 연나라 왕 쾌噲의 재상이었는데, 후에 선양의 형식으로 왕위를 빼앗았다. 재위 3년에 연나라 내부에 난이 발생하자 제나라가 그 틈을 타서 연나라를 공격해 자지를 죽였다. 그리고 그 시신을 잘게 잘라 육장肉醬을 담갔다.

11년, 왕이 공자 직職을 한나라에서 불러 연왕燕王으로 세우고[1] 악지樂池를 시켜 연나라로 보내게 했다.[2]

13년, 진秦나라에서 조나라 인藺 땅을 빼앗고 장군 조장趙莊[3]을 포로로 잡았다.

초나라와 위魏나라 왕이 와서 한단을 지나갔다.

14년, 조하趙何가 위魏나라를 공격했다.

十一年 王召公子職於韓 立以爲燕王[1] 使樂池送之[2] 十三年 秦拔我藺 虜將軍趙莊[3] 楚魏王來 過邯鄲 十四年 趙何攻魏

---

① 王召公子職於韓 立以爲燕王왕소공자직어한 입이위연왕

집해 서광이 말했다. "《죽서기년》에서도 그렇다고 한다."

徐廣曰 紀年亦云爾

② 使樂池送之사악지송지

집해 〈연세가〉를 살펴보니 자지子之가 죽은 뒤 연나라 사람들이 함께 태자 평平을 군주로 세웠는데, 이이가 연나라 소왕昭王이다. 조나라에서 공자 직職을 보내서 연왕으로 삼은 일이 없으니, 마땅히 이는 조나라에서 연나라가 어지러워졌다는 소문을 듣고 멀리서 직職을 세워 연나라 왕으로 삼은 것이다. 그리고 비록 악지樂池에게 (연나라로) 보내게 했지만 끝내 취임하지 못했다.

按燕世家 子之死後 燕人共立太子平 是爲燕昭王 無趙送公子職爲燕王之事 當是趙聞燕亂 遙立職爲燕王 雖使樂池送之 竟不能就

색은 〈연세가〉에서는 그 일이 없으니 아마 소략한 탓일 것이다. 지금 이곳에 "악지를 시켜 연나라로 보내게 했다.[使樂池送之]"라고 한 것은 반드시 옛 역사에 의거해서 설명한 것이다. 또 《죽서기년》의 기록이 설명과 같으니 곧 배인의 해석이 그 뜻을 얻었다고 하겠다.

燕系家無其事 蓋是疏也 今此云使樂池送之 必是憑舊史爲說 且紀年之書 其說又同 則裴駰之解得其旨矣

신주 《죽서기년》, 〈육국연표〉의 주석, 〈연소공세가〉로 따져도 모두 무령왕 12년에 있었던 사건이다. 또 사마정은 《죽서기년》과 〈조세가〉의 기록은 신뢰하면서도 〈연소공세가〉의 기록에 따라 소왕은 평平이라고 여기고, 배인의 설명이 맞다고 했다. 하지만 《고본죽서기년집증》에서는 소왕을 직職이라고 고증했고, 특히 현대에 발굴된 금문金文으로 증명된다고 했다. 따라서 소왕의 이름은 '직'으로 보는 것이 더 타당할 것이다.

③ 趙莊조장
정의 다른 판본에는 '비芘'로 되어 있다. 芘의 발음은 '피[疋婢反]'이다.
本一作芘 音疋婢反

16년, 진秦나라 혜왕惠王이 죽었다.①

왕이 대릉大陵을 유람했다. 다른 날, 왕이 꿈속에서 처녀가 비파를 타며 시詩를 노래하는 것을 보았다. 그 노래는 다음과 같다. "미인이 빛나고 빛남이여! 얼굴이 능소화 같구나.② 이름을 부르고, 이름을 불러도 일찍이 나의 영씨嬴氏는 무시하네.③"

다른 날 왕이 술을 마시며 즐거워하는데, 자주 꿈을 언급하면서 그 모습을 상상하며 그리워했다. 오광吳廣이 듣고 부인의 말에 따라서 딸 왜영娃嬴,④ 즉 맹요孟姚⑤를 들여보냈다. 맹요는 매우 왕에게 총애를 받았는데, 이이가 혜후惠后이다.

十六年 秦惠王卒① 王遊大陵 他日 王夢見處女鼓琴而歌詩曰 美人熒熒兮 顏若苕之榮② 命乎命乎 曾無我嬴③ 異日 王飲酒樂 數言所夢 想見其狀 吳廣聞之 因夫人而內其女娃嬴④ 孟姚也⑤ 孟姚甚有寵於王 是爲惠后

① 十六年 秦惠王卒십육년 진혜왕졸

신주 혜문왕惠文王은 진나라에서 처음 왕을 칭했다. 14년에 왕을 칭하고 후원년으로 삼았으며, 죽은 해는 무령왕 15년에 해당한다.

② 顏若苕之榮안약초지영

집해 기무수가 말했다. "능소의 풀은 꽃이 자주색이다."

綦毋邃曰 陵苕之草其華紫

정의 苕는 '조條'로 발음한다. 《모시소》에서 말한다. "초苕는 풍요로운 것인데, 유주幽州에서는 교요翹饒라고 한다. 덩굴이 새콩과 같고 가늘며 잎사귀는 질려蒺藜와 같고 푸르다. 그 꽃은 가느다란 녹색인데 먹을 수가 있고 맛은 팥잎과 같다." 또《본초경》에서 말한다. "능초가 자라는 곳은 습지의 물속 아래이며 7~8월에 나서 자주색 꽃이 핀다. 풀로는 비단을 염색할 수 있으며, 볶아서 머리를 감으면 머리털이 곧 검어진다."

苕音條 毛詩疏云 苕 饒也 幽州謂之翹饒 蔓似虉豆而細 葉似蒺藜而靑 其華細
綠色 可生食 味如小豆藿也 又本草經云 陵苕生下溼水中 七八月生 華紫 草可
以染帛 煮沐頭 髮即黑也

③ 命乎命乎 曾無我嬴 명호명호 증무아영

[집해] 기무수가 말했다. "타고난 녹봉이 있어 살면서 그 때를 만났는데, 다른 사람은 자신의 귀하고 성대함이 가득한 것을 알지 못한다는 말이다."

綦母邃曰 言有命祿 生遇其時 人莫知己貴盛盈滿也

[정의] 살펴보니 명命은 명名이다. 영嬴은 영성嬴姓이다. 세상 사람들이 그녀를 아름답다고 말했으나, 일찍이 나를 좋아하는 영성이 없다는 말이다. 거듭 '명호名乎'라고 한 것은 많은 사람을 설득하고자 하는 이야기이다.

按 命 名也 嬴 姓嬴也 言世衆名其美好 曾無我好嬴也 重言名乎者 以談說衆也

④ 因夫人而内其女娃嬴 인부인이내기녀왜영

[집해]《방언》에서 말한다. "왜娃는 아리따운 것이다. 오나라에 관왜지궁館娃之宮이 있다."

方言曰 娃 美也 吳有館娃之宮

⑤ 孟姚也 맹요야

[집해] 서광이 말했다. "《고사고》에서는 그의 딸을 아내로 삼았고 이름을 왜娃라고 했다."

徐廣曰 古史考云内其女曰娃

색은 맹요孟姚는 오광吳廣의 딸이다. 오광은 순임금의 후예이다. 그러
므로 위 문장(조간자의 꿈)에 "내가 우虞나라 순임금의 공훈을 생각해서 그
후손의 딸 맹요를 배필로 하여 7세손에 명할 것이다."라고 한 것이 이것
이다. 그래서 순임금의 후손이 우虞에 봉해졌으니 하동군 대양산大陽山
서쪽 상우성上虞城에 있는 것이며, 또한 오성吳城이라 한다. 우虞와 오吳
는 발음이 서로 비슷하다. 그러므로 순임금의 후손도 성이 오吳지만 유
독 태백太伯이나 우중虞仲의 후예는 아니다.

孟姚 吳廣女也 廣 舜之後 故上文云余思虞舜之勳 故命其胄女孟姚以配而七代
之孫 是已 然舜後封虞 在河東大陽山西上虞城是 亦曰吳城 虞吳音相近 故舜
後亦姓吳 非獨太伯虞仲之裔

17년, 왕은 구문九門①으로 나가 야대野臺②를 짓고 제나라와 중
산中山의 경계를 바라보았다.③
18년, 진秦나라 무왕武王이 맹열孟說과 함께 용무늬의 붉은 솥을
들어 올리다가 정강이가 부러져④ 죽었다. 조왕은 대代나라 재상
조고趙固를 시켜서 공자 직稷을 연나라에서 맞이하고 진나라로
돌려보내 군주로 세워 진왕秦王으로 삼게 했다. 이이가 소왕昭王
이다.
十七年 王出九門① 爲野臺② 以望齊中山之境③ 十八年 秦武王與孟說
擧龍文赤鼎 絶臏④而死 趙王使代相趙固迎公子稷於燕 送歸 立爲秦王
是爲昭王

① 九門구문

[집해] 서광이 말했다. "상산군에 있다."

徐廣曰 在常山

[정의] 본래 전국시대의 조나라 읍이다. 《전국책》에서 말한다. "본래 궁실이 있어서 거처했는데 조나라 무령왕이 개명하여 구문九門이라고 했다."

本戰國時趙邑 戰國策云 本有宮室而居 趙武靈王改爲九門

② 野臺야대

[집해] 서광이 말했다. "야野는 다른 판본에는 '망望'으로 되어 있다."

徐廣曰 野 一作望

[정의] 《괄지지》에서 말한다. "야대는 일명 의대義臺이고 정주 신락현 서남쪽 63리에 있다."

括地志云 野臺一名義臺 在定州新樂縣西南六十三里

③ 望齊中山之境망제중산지경

[신주] 구문은 상산군에 있고, 상산군의 동쪽에 중산국이 있어 제나라와는 멀리 떨어져 있다. 또 당시 중산국과 국경을 이루고 있었던 나라는 조趙나라이기 때문에 상산에서의 '망중산지경望中山之境'은 옳으나 '망제지경望齊之境'은 온당치 못하다. 사마천이 어떤 사료에 의거해서 '望齊中山之境망제중산지경'이라고 기록했는지 알 수 없다.

④ 絕臏절빈

[집해] 서광이 말했다. "다른 판본에는 '절명絕瞑'으로 되어 있다. 瞑의 발음은 '명[亡丁反]'이다."

徐廣曰 一作絶瞑 音亡丁反

신주 진나라 무왕이 죽은 것은 무령왕 18년이 아니라 19년 8월이다. 〈진본기〉에서 당시 소양왕은 연나라에 인질로 있었다. 이때 연나라에서 보내주어 돌아와 등극했다고 기록되어 있어, 여기서의 기록과는 차이가 있다. 이는 〈진본기〉의 기록을 소략疏略한 것으로 여겨진다. 왜냐하면 연나라에서 진나라로 가려면 조나라를 거쳐야 하는데, 조나라의 개입 없이는 진나라로 갈 수 없기 때문이다. 그런데 왜 공자 직稷을 진나라로 보내면서 조나라의 가운데 길로 가지 않고 멀리 북쪽 대代를 거쳐 귀국하게 하였을까는 의문이다. 권력에 공백이 생기면 암투가 치열해지기 마련이므로 조나라의 중앙을 거치게 되면 그 정보가 남쪽의 위나라와 한나라 등에 알려질 것을 우려해 무령왕이 선수를 친 것으로 사료된다. 그러나 소양왕이 즉위하고 50년 넘게 재위하며 사실상 진나라 통일을 이끈 왕이 되었으니, 무령왕이 개입하여 소양왕을 등극시킨 것이 결과적으로 조나라에는 독이 되었다.

19년 봄 정월, 신궁信宮에서 성대하게 조회를 했다. 비의肥義[1]를 불러 함께 천하에 대해 의논하고 5일 만에 끝마쳤다. 왕은 북쪽으로 중산 땅을 공략하고 방자房子[2]에 이르렀다가 마침내 대代로 갔다. 북쪽 무궁無窮을 거쳐 서쪽 하수에 이르러서 황화산黃華山 정상에 올랐다.[3]

十九年春正月 大朝信宮 召肥義[1]與議天下 五日而畢 王北略中山之地 至於房子[2] 遂之代 北至無窮 西至河 登黃華之上[3]

① 肥義비의

신주 비의(?~서기전 295)는 비씨肥氏이고, 이름이 의義이다. 전국 때 조나라 대신으로 한단邯鄲 출신이다. 원래 조나라 숙후肅侯의 대신이었으며, 조나라 무령왕이 즉위한 후에는 정사를 보좌했다. 무령왕이 '호복기사胡服騎射'를 단행해서 저항에 부딪쳤을 때 시종 무령왕을 지지했고, 무령왕에게 개혁을 결심하게 했다. 나중에 '사구궁변沙丘宮變'때 조나라 혜문왕惠文王을 보호하다가 죽임을 당했다.

② 房子방자

정의 조주의 현이다.

趙州縣也

③ 登黃華之上등황화지상

정의 황화는 아마 서하 근처의 산 이름일 것이다.

黃華蓋西河側之山名也

신주 무령왕 19년, 진秦은 마침내 함곡관 동쪽 한나라 의양宜陽을 빼앗고 낙양에 접근하여 주나라와 한나라를 압박하기에 이른다. 무령왕은 진나라의 끝없는 동진에 위협을 느꼈을 것이다.

누완樓緩^①을 불러 계책을 세워 말했다.

"나의 선왕께서는 세상의 변화로 말미암아 남쪽의 번국藩國을 확장하고 장수漳水와 부수滏水의 험한 곳을 따라 막고 장성을 쌓았소. 또 인藺과 곽랑郭狼을 빼앗고 임호林胡 사람들^②을 임荏 땅에서 무너뜨렸지만 아직 공을 완수하지 못했소. 지금 중산국이 우리 뱃속에 있고, 북쪽으로는 연나라가 있으며,^③ 동쪽으로는 호胡가 있고,^④ 서쪽으로는 임호林胡, 누번樓煩, 진秦, 한韓의 경계에 있어서^⑤ 강력한 군사가 구원해 주지 않는다면 사직이 망할 것이니 어찌해야 하겠소? 세상에 높은 명성을 지닌 자는 반드시 세속에 폐를 끼칠 수 있으니^⑥ 나는 호복을 입고자 하오."

누완이 말했다.

"좋은 말씀입니다."

그러나 여러 신하는 모두 그러려고 하지 않았다.

召樓緩^①謀曰 我先王因世之變 以長南藩之地 屬阻漳滏之險 立長城 又取藺郭狼 敗林人^②於荏 而功未遂 今中山在我腹心 北有燕^③ 東有胡^④ 西有林胡樓煩秦韓之邊^⑤ 而無彊兵之救 是亡社稷 奈何 夫有高世之名 必有遺俗之累^⑥ 吾欲胡服 樓緩曰 善 群臣皆不欲

① 樓緩누완

신주 누완은 조나라 무령왕의 대신인데 나중에는 진秦나라 소양왕昭襄王을 섬겼다. 40여 년에 걸쳐서 정사에 관여했는데, 당초 진秦, 초楚와 연합하고, 무령왕의 '호복기사'를 옹호했다. 서기전 306년경 진秦나라로 들어가 진나라 소양왕 10년 진秦, 조趙, 송宋이 연합해서 제齊, 위魏, 한韓

3국에 맞서야 한다고 주장해 진秦나라의 승상이 되었다. 이듬해 3국이 함곡관을 공격하자 진나라에서 화평을 구했고, 이듬해 승상에서 면직되었다. 장평대전 후 진秦나라를 위해 조趙나라에 들어가 화해시키려 했지만 실패하고 떠났다. 《전국책》에 누완에 관한 기사가 10편이 있다.

② 林人임인

정의 곧 임호이다.

即林胡也

③ 北有燕북유연

정의 〈지리지〉에서는 조나라에서 진晉나라를 나누어 북쪽에는 신도信都와 중산中山을 가졌고, 또 탁군의 고양高陽과 막주향鄚州鄉을 얻었다고 한다. 동쪽으로는 청하와 하간군을 가졌고, 또 발해군 동평서東平舒 등 7개 현을 얻었다고 한다. 하수의 북쪽이므로 '북유연北有燕'이라고 한 것이다.

地理志云趙分晉 北有信都中山 又得涿郡之高陽鄚州鄉 東有清河河間 又得渤海郡東平舒等七縣 在河以北 故言北有燕

신주 정의와는 달리 탁군의 땅은 중산국을 멸망시킨 다음에 얻은 것이다. 그리고 청하군은 제나라와 접경이었으며, 하간군과 발해군 북부는 거의 연나라 땅이었다. 만약 하간과 발해군 일대가 당시 조나라 땅이었다면 제나라와 연나라가 국경을 마주할 일이 없었을 것이다.

④ 東有胡동유호

정의 조나라는 동쪽으로 영주 동북쪽을 가졌다. 영주의 강역은 곧 동호東胡와 오환烏丸의 땅이다. 복건이 말했다. "동호와 오환의 선조는 뒤에 선비鮮卑가 되었다."

趙東有瀛州之東北 營州之境即東胡烏丸之地 服虔云 東胡 烏丸之先 後爲鮮卑也

신주 조나라 동쪽이 호胡라는 이 기사는 기존의 전국시대 지리지식에 대한 재검토를 필요하게 한다. 중국 학계는 영주瀛州를 북경에서 남쪽으로 100km 정도의 하간시河間市로 비정한다. 보정시 남동쪽이다. 영주營州는 당나라 때 하북도河北道에 속했던 곳으로 유성柳城에서 다스렸다. 이 유성에 대해 현재 중국 학계는 요녕성 조양朝陽이라고 비정한다. 그러나 북경 동북쪽에 대한 고대 지리지식은 크게 왜곡되어 있으므로 검증이 필요하다. 이 무렵 동호는 지금의 하북성 울현蔚縣인 당시의 대代와 상곡을 포함하는 지역에 있었다. 조나라 무령왕이 '호복기사胡服騎射'까지 단행해야 생존할 수 있을 정도로 이 지역은 이민족夷民族들의 활동이 왕성했던 곳이었다.

⑤ 西有林胡樓煩秦韓之邊서유임호누번진한지변

정의 임호와 누번은 곧 남주와 승주 북쪽이다. 남주와 승주 이남은 석주, 이석, 인 등이고 7국 시대에는 조나라 변방의 읍이었다. 진秦나라는 하수河水가 막고 있다. 진晉, 명洺, 노潞, 택澤 등의 주州는 모두 7국 시대에는 한韓나라 땅이고 아울러 조나라 서쪽 경계가 된다.

林胡樓煩即嵐勝之北也 嵐勝以南石州離石藺等 七國時趙邊邑也 秦隔河也 晉洺潞澤等州皆七國時韓地 爲竝趙西境也

신주 한나라는 조나라 수도 한단 서쪽이어서 서쪽 국경이라 할 수도 있지만, 조나라 전체로 보면 남쪽이다. 무령왕의 설명에서 남쪽이 빠졌다.

⑥ 必有遺俗之累필유유속지루

뒤에 문장과 비교하면 '負부'(지다) 자가 삽입되어야 의미가 더 잘 통한다.

이에 비의가 모시고 있을 때 왕이 말했다.

"간자簡子와 양자襄子 두 군주의 공렬은 호胡와 적翟의 이로움을 꾀하였소. 사람의 신하가 된 자는 총애를 받으면 부모에게 효도하고 형제와 우애하며 어른과 아이의 질서와 유순하고 밝은 절조가 있어야 하고, 이치를 통해서 백성을 돕고 군주를 이롭게 하는 업적이 있어야 하는데① 이 두 가지가 신하의 본분이오.

지금 나는 양자의 자취를 계승하여 호와 적의 고을을 개척하고자 하는데, 그러한 현신을 세상이 다하도록 만나지 못할 것 같소.② 적敵을 약하게 하면③ 힘을 적게 써도 공이 많고, 백성이 노고를 다하지 않고도 지난날의 공훈을 펼칠 수 있을 것이오.④ 세상에 높은 공적을 가지려는 자는 전해오는 풍속에 연루되어 있다 해도 저버려야 하고⑤ 유독 지혜로운 생각이 많은 자는 오만한 백성의 원망도 감내해야 하오.⑥ 지금 내가 장차 호복을 입은 채 말을 타고 활을 쏘는 것을 백성에게 가르친다면, 세상은 반드시 과인을 꾸짖을 것이니 어찌해야 하겠소?"

於是肥義侍 王曰 簡襄主之烈 計胡翟之利 爲人臣者 寵有孝弟長幼順明之節 通有補民益主之業① 此兩者臣之分也 今吾欲繼襄主之跡 開於胡翟之鄉 而卒世不見也② 爲敵弱③ 用力少而功多 可以毋盡百姓之勞

而序往古之勳④ 夫有高世之功者 負遺俗之累⑤ 有獨智之慮者 任鷔民

之怨⑥ 今吾將胡服騎射以敎百姓 而世必議寡人 奈何

① 寵有孝弟~通有補民益主之業총유효제~통유보민익주지업

[정의] 총寵은 귀하게 여겨 사랑하는 것이다. 통通은 이치에 통달한 것이
다. 무릇 남의 신하가 되어 효도하고 우애하고 어른과 아이의 질서와 유
순하고 밝은 절도가 있어야 귀하게 되고 총애를 얻는다. 백성을 돕고 군
주를 이롭게 하는 공업이 있는 자는 사리에 통달한 것이다.

寵 貴寵也 通 達理也 凡爲人臣 有孝弟長幼順明之節制者 得貴寵也 有補民益
主之功業者 爲達理也

[신주] 《전국책》에서는 '총寵'을 '궁窮'이라고 했다.

② 卒世不見也졸세불견야

[정의] 卒의 발음은 '쥴[子律反]'이다. 진盡의 뜻이다. 세상이 다하도록 백
성을 돕고 군주를 이롭게 하는 충신을 보지 못할 것이라는 말이다.

卒 子律反 盡也 言盡世間不見補民益主之忠臣也

③ 敵弱적약

[정의] 내가 호복을 입으면 적들은 반드시 곤궁하고 허약해질 것이다.

我爲胡服 敵人必困弱也

④ 序往古之勳서왕고지훈

[정의] 후厚는 중重이다. 왕고往古는 조간자와 조양자를 말한다.

厚 重也 往古謂趙簡子襄子也

신주 후厚가 중重이라는 정의 의 주석은 이 경우에는 해당하지 않
는다.

⑤ 負遺俗之累부유속지누

정의 부負는 유留의 뜻이다. 옛날 주공周公과 공자孔子는 의관과 예의
의 풍속을 남겼는데 지금 호복으로 바꾼다면 이는 전해오는 풍속을 저
버렸다는 비난이 쌓일 것이라는 말이다.

負 留也 言古周公孔子留衣冠禮義之俗 今變爲胡服 是負留風俗之譴累也

신주 장수절은 반대로 해석한 것 같다. 무령왕의 뜻은 대대로 전해온
풍속에 연루되어도 저버려야 한다는 뜻이다. 그래서 부負는 '저버린다'는
뜻이고, 루累는 '연루된다'는 뜻이다.

⑥ 有獨智之慮者 任驚民之怨유독지지려자 임칙민지원

정의 세상에 유독 지혜로운 생각을 헤아려 가진 자는 반드시 숨어 사
는 오만한 백성의 원망을 감내해야 한다는 말이다.

言世有獨計智之思慮者 必任隱逸敖慢之民怨望也

비의가 말했다.

"의심을 갖고 하는 일은 성공할 수 없고 의심을 갖고 행하는 일
은 명성을 얻을 수 없다."고 들었습니다. 왕께서는 이미 풍속에 연
루되는 생각을 개의치 않겠다고 정하셨으니, 아마 천하의 비방을

돌아보지 않아도 될 것입니다. 무릇 지극한 덕을 논하는 자는 세속의 이론과 맞지 않고, 대공大功을 이루는 자는 백성과 도모하지 않습니다. 옛날 순임금은 묘족 속에서 함께 춤을 췄고, 우임금은 나국裸國에 들어가서는 한쪽 어깨의 살갗을 드러냈습니다. 이는 욕망을 키워서 마음을 즐겁게 하기 위함은 아닙니다. 그것을 통해 덕을 세우는 것을 논하고, 공을 빨리 수습하려고 했기 때문입니다. 어리석은 자는 일을 이루는 것에 어둡고 지혜로운 자는 형체가 없는 것도 보는데, 왕께서는 무엇을 주저하십니까?"

왕이 말했다.

"내가 호복 입는 것을 주저하는 것이 아니라 천하에서 나를 비웃을까 걱정하기 때문이오. 미친 자가 즐기는 바는 지혜로운 자가 슬퍼하는 바이고, 어리석은 자가 비웃는 바는 현명한 자가 살피는 바이오. 세상에서 나를 따르는 자가 있으면 호복의 효율성은 알지 못할 만큼 클 것이오. 비록 세상이 나를 비웃더라도 호 땅과 중산국을 나는 반드시 갖게 될 것이오."

이에 (무령왕은) 마침내 호복을 입었다.

왕설王緤을 시켜서 공자 성成에게 알려 말했다.

"과인은 호복을 입고 장차 조회를 받으려고 하니 숙부께서도 입으셨으면 합니다. 집안에서는 어버이에게 듣고 나라에서는 군주에게 듣는 것이 옛날이나 지금이나 공적인 행동입니다. 자식이 어버이에게 반대하지 않고 신하가 군주에게 거역하지 않는 것은 아래위의 통념입니다.① 지금 과인이 옷을 바꾸라고 가르쳤는데 숙부께서 입지 않으신다면, 나는 천하에서 말이 많을까 걱정입니다.

나라를 다스리는 데는 상도常道가 있으니, 백성이 이로운 것이 근본입니다. 정치를 따름에 길이 있으니, 명령이 행해지는 것이 최상입니다. 밝은 덕은 먼저 낮은 곳부터 논하지만 정치를 행하는 것은 먼저 귀한 이들부터 믿는 것입니다.

지금 호복을 입는 뜻은 욕심을 기르고 즐기려는 뜻이 아닙니다. 일에는 마침이 있고 공은 나오는 바가 있는 것이니,[2] 일이 이루어지면 공이 세워지고 그런 다음에 좋아지는 것입니다. 지금 과인은 숙부께서 정치를 따르는 길을 거역할까 걱정하여 숙부의 의견을 도우려는 것입니다. 또 과인이 듣건대, 사업으로 나라를 이롭게 하는 자는 행동에 거짓이 없어야 하고, 귀한 친척은 명성에 폐를 끼침이 없어야 한다고 했습니다. 그러므로 공숙께서는 의義를 사모하여 호복을 하는 공업을 이루시기 바랍니다. 왕설을 시켜 숙부[3]를 뵙게 하니 입어주시기를 청합니다."

肥義曰 臣聞疑事無功 疑行無名 王旣定負遺俗之慮 殆無顧天下之議矣 夫論至德者不和於俗 成大功者不謀於衆 昔者舜舞有苗 禹袒裸國 非以養欲而樂志也 務以論德而約功也 愚者闇成事 智者睹未形 則王何疑焉 王曰 吾不疑胡服也 吾恐天下笑我也 狂夫之樂 智者哀焉 愚者所笑 賢者察焉 世有順我者 胡服之功未可知也 雖驅世以笑我 胡地中山吾必有之 於是遂胡服矣 使王繰告公子成曰 寡人胡服 將以朝也 亦欲叔服之 家聽於親而國聽於君 古今之公行也 子不反親 臣不逆君 兄弟之通義也[1] 今寡人作教易服而叔不服 吾恐天下議之也 制國有常 利民爲本 從政有經 令行爲上 明德先論於賤 而行政先信於貴 今胡服之意 非以養欲而樂志也 事有所止而功有所出[2] 事成功立 然后善也 今寡

人恐叔之逆從政之經 以輔叔之議 且寡人聞之 事利國者行無邪 因貴
戚者名不累 故願慕公叔之義 以成胡服之功 使緤謁之叔③ 請服焉

① 兄弟之通義형제지통의

[집해] 서광이 말했다. "형제는 다른 판본에는 '원이元夷'로 되어 있다.
원元은 시始이다. 이夷는 평平이다."

徐廣曰 兄弟 一作元夷 元 始也 夷 平也

[신주] 《전국책》에서는 '先王선왕'이라 했다.

② 事有所止而功有所出사유소지이공유소출

[정의] 정현이 말했다. "지止는 지至이다. 군주가 되어서는 인仁에 이르
고, 신하가 되어서는 경敬에 이르고, 자식이 되어서는 효孝에 이르고, 아
버지가 되어서는 자慈에 이르고, 나라의 사람들과 함께 사귀면 신信에
이른다." 살펴보니 출出은 성成과 같다.

鄭玄云 止 至也 爲人君止於仁 爲人臣止於敬 爲人子止於孝 爲人父止於慈 與
國人交止於信 按 出猶成也

③ 叔숙

[색은] 구句가 된다.

爲句

공자 성成이 재배하고 머리를 조아리며 말했다.

"신은 진실로 왕께서 호복을 입으신다고 들었습니다. 신은 재주가 없고 병으로 누워 있어 달려가서 더 진언하지 못합니다. 왕께서 명하시니 신은 감히 대답하여 그 어리석은 충성을 다하고자 합니다. 신이 듣자니 중원이란 곳은 대개 총명하고 지혜가 빠른[①] 자들이 사는 곳이고, 만물과 재화의 쓰임새가 모이는 곳이며, 현인과 성인이 가르친 곳입니다. 그리하여 인의가 베풀어진 곳이고, 시詩와 서書와 예와 음악이 쓰이는 곳이며, 남달리 영민한 기능이 시험된 곳이고, 먼 지방에서 보고 달려오는 곳이며, 만이蠻夷가 의로운 행동을 하는 곳이라고 들었습니다. 지금 왕께서 이것을 버리고 먼 지방의 의복을 입어 옛날의 가르침을 변화시키고 옛날의 도를 바꾼다면 사람의 마음을 거슬리게 하고, 학자들에게 어그러지게 하며 중원을 이반하는 것입니다. 그러므로 신은 왕께서 헤아리시기를 바랍니다."

사신이 와서 보고했다. 왕이 말했다.

"내가 진실로 숙부께서 병이 있다고 들었으니, 내 스스로 가서 청하겠소."

왕은 마침내 공자 성成의 집으로 가서 친히 말했다.

"무릇 의복이란 사용을 하는 데 편리하기 때문이고, 예란 일을 하는 데 편리하기 때문입니다. 성인은 향鄕(고을)을 관찰하여 거기에 합당하도록 복장을 제정하고, 일에 따라 거기에 어울리도록 예를 제정하는 것입니다. 그 백성을 이롭게 하고 나라를 두텁게 하기 때문입니다. 머리를 깎고 몸에 문신을 하며 팔에 무늬를 놓고 옷섶을 왼쪽으로 하는 것② 은 구월甌越의 백성입니다.③ 이를 검게 염색하고 이마에 무늬를 새기며④ 물고기 껍질로 만든 관을 바늘로 꿰어 쓰는 곳⑤ 은 대오大吳의 나라입니다.

公子成再拜稽首曰 臣固聞王之胡服也 臣不佞 寢疾 未能趨走以滋進也 王命之 臣敢對 因竭其愚忠 曰 臣聞中國者 蓋聰明徇智①之所居也 萬物財用之所聚也 賢聖之所教也 仁義之所施也 詩書禮樂之所用也 異敏技能之所試也 遠方之所觀赴也 蠻夷之所義行也 今王舍此而襲遠方之服 變古之教 易古人道 逆人之心 而怫學者 離中國 故臣願王圖之也 使者以報 王曰 吾固聞叔之疾也 我將自往請之 王遂往之公子成家 因自請之 曰 夫服者 所以便用也 禮者 所以便事也 聖人觀鄉而順宜 因事而制禮 所以利其民而厚其國也 夫翦髮文身 錯臂左袵② 甌越之民也③ 黑齒雕題④ 卻冠秫絀⑤ 大吳之國也

① 徇智순지

집해 서광이 말했다. "〈오제본기〉에서는 '유이순제幼而徇齊'(어렸지만 명민했다)라고 한다."

徐廣曰 五帝本紀云幼而徇齊

신주 순徇은 빠르다는 뜻이다.

② 翦髮文身 錯臂左袵전발문신 착비좌임

색은 착비錯臂는 또한 문신이며 단청丹青으로 그의 팔뚝에 그림을 새기는 것을 이른 것이다. 공연은 "우비좌임右臂左袵이라고 하는데, 오른쪽의 팔을 드러낸 것이다."라고 한다.

錯臂亦文身 謂以丹靑錯畫其臂 孔衍作右臂左衽 謂右袒其臂也

③ 甌越之民也구월지민야

색은 유씨가 말했다. "주애珠崖와 담이儋耳를 구인甌人이라고 하는데,
여기서 구월甌越이 생겼다."

劉氏云 今珠崖儋耳謂之甌人 是有甌越

정의 살펴보니 남월南越에 속하므로 구월甌越이라고 했다. 《여지지》에
서 말한다. "교지交趾는 주나라 때는 낙월駱越이었고, 진秦나라 때는 서구
西甌라고 했으며, 문신하고 단발해서 용을 피한다." 곧 서구락西甌駱은 반
오番吾의 서쪽에 있다. 남월과 구락은 모두 미성羋姓이다. 《세본》에서 "월
나라는 미성이고 초나라와 조상이 동일하다."라고 한 것이 이것이다.

按 屬南越 故言甌越也 輿地志云交阯 周時爲駱越 秦時曰西甌 文身斷髮避龍
則西甌駱又在番吾之西 南越及甌駱皆羋姓也 世本云 越羋姓也 與楚同祖 是也

신주 주애와 담이는 오늘날 해남도이고, 교지 및 남월과 더불어 통일
진나라 시대까지도 중국 영역의 밖이었다. 〈조세가〉의 월에 대한 기사는
왜인倭人의 풍습이다. 왜가 당초에는 장강 유역에 있었음을 시사한다.

④ 黑齒雕題흑치조제

집해 유규가 말했다. "풀로 치아를 물들여 흰 것을 검게 만든다." 정현
이 말했다. "조문雕文은 살가죽에 새겨 청단靑丹으로 물들이는 것을 이
른다."

劉逵曰 以草染齒 用白作黑 鄭玄曰 雕文謂刻其肌 以靑丹涅之

⑤ 卻冠秫絀각관출출

서광이 말했다. "《전국책》에서는 '출봉秫縫'으로 되어 있는데, 출紬은 바느질의 다른 명칭이기도 하다. 출秫은 동여매서 깁는 바늘기침[綦鍼]이다. 옛 글자에는 가차假借가 많았다. 그러므로 '출출秫紬'로 되어 있을 뿐이다. 이것은 아마 그 여자의 바느질 솜씨가 거칠고 서툴다는 말이다. 또 다른 판본에는 '규관여설鮭冠黎緤'로 되어 있다."

徐廣曰 戰國策作秫縫 紬亦縫絓之別名也 秫者 綦鍼也 古字多假借 故作秫紬耳 此蓋言其女功鍼縷之麤拙也 又一本作鮭冠黎緤也

'기침'은 아마 바늘귀가 없이 실을 동여매서 깁는 바늘일 것이다. 《전국책》〈조책〉에서는 '규관鮭冠'으로 되어 있는데, 규관은 물고기 껍질로 만든 관을 뜻한다. '규관여설'도 아마 물고기 껍질로 만든 관을 바늘로 만드는 것을 뜻하는 것 같다.

그러므로 예복은 같지 않아도 그 편리함은 같습니다. 고을이 다르면 쓰임이 변하고 일이 다르면 예가 바뀝니다. 이 때문에 성인께서는 나라를 이롭게 할 수 있으면 쓰임을 하나로 한정하지 않습니다. 일을 편리하게 할 수 있으면 예를 동일하게 하지 않습니다. 유자儒者는 스승이 한 분이었어도 풍속은 향토에 따라 달랐습니다. 중국은 예를 같이하면서도 가르침은 장소에 따라 달랐습니다. 하물며 산골짜기에서의 편리함이겠습니까.

그러므로 나아가야 할 때 나아가고 물러나야 할 때 물러나는 것은 변화에 따른 것이었고, 지혜로운 자라도 일정할 수 없고, 국토의 멀고 가까움에 따른 복장은 성인이라도 동일하게 할 수는 없는 것입니다. 외딴 시골에는 (풍속이) 다른 것이 많고 정도를 벗어난 학문에는 변명해야 할 것이 많습니다. 알지 못해도 의심하지 않고 자신과 달라도 비난하지 않는 것은 (마음을 공평하게 해서) 중지 衆智를 찾아 선을 다하는 것입니다. 지금 숙부께서 말씀하신 것은 세속에 의한 것이지만, 내가 말하는 바는 세속을 제정하는 것입니다.

우리나라는 동쪽으로 하수河水와 박락수薄洛水^①가 있어 제나라와 중산中山과 함께하는데도^② 배에 노를 사용하지 않고 있습니다. 상산常山에서 대代와 상당上黨에 이르기까지^③ 동쪽으로 연나라와 동호東胡의 경계가 있고^④ 서쪽으로는 누번과 진나라와 한나라의 변경이 있는데도 지금 말을 타고 활을 쏘는 준비가 되어 있지 않습니다.

그러므로 과인은 배에 노를 사용하지도 않으면서 물을 끼고 사는 백성에게 장차 어떻게 하수와 박락수를 지키라고 하겠습니까. 복장을 바꿔 말을 타고 활을 쏘는 것은 연나라, 삼호三胡,^⑤ 진秦나라, 한나라의 변경에 대비하려는 것입니다. 또 옛날 간자簡子께서는 진양晉陽에서 상당에 이르기까지 요지를 요새화하지 않고, 양자襄子께서는 융戎 땅을 합병하고 대代를 빼앗았으며, 이로써 여러 호족을 무찌른 것은 어리석은 자나 지혜로운 자나 알고 있는 바입니다.

故禮服莫同 其便一也 鄕異而用變 事異而禮易 是以聖人果可以利其國 不一其用 果可以便其事 不同其禮 儒者一師而俗異 中國同禮而教離 況於山谷之便乎 故去就之變 智者不能一 遠近之服 賢聖不能同 窮

鄉多異 曲學多辯 不知而不疑 異於己而不非者 公焉而衆求盡善也 今
叔之所言者俗也 吾所言者所以制俗也 吾國東有河薄洛之水^① 與齊中
山同之^② 無舟楫之用 自常山以至代上黨^③ 東有燕東胡之境^④ 而西有樓
煩秦韓之邊 今無騎射之備 故寡人無舟楫之用 夾水居之民 將何以守
河薄洛之水 變服騎射 以備燕三胡^⑤秦韓之邊 且昔者簡主不塞晉陽以
及上黨 而襄主幷戎取代以攘諸胡 此愚智所明也

① 河薄洛之水하박락지수

집해 서광이 말했다. "안평군 경현 서쪽에 장수漳水가 있는데 나루터
이름이 박락진薄洛津이다."

徐廣曰 安平經縣西有漳水 津名薄洛津

정의 살펴보니 안평현은 정주에 속한다.

按 安平縣屬定州也

신주 안평은 한나라 신도군信都郡으로 중산과 청하 사이에 있다. 서쪽
에 장수가 남서에서 북동으로 흐른다. 장수 물길은 고대에 황하의 지류였
다. 그러다가 주나라 정왕定王과 진晉나라 성공成公 시절인 서기전 600년
무렵에 물줄기를 바꿔, 동쪽 청하淸河가 황하가 되었다. 그래서 무령왕이
'東有河동유하'(동쪽에 하수가 있다)라고 한 것이다. 또 그때 황하 하류는 많은
물줄기로 갈라져 흘렀는데, 그 중 하나가 박락수일 것이다. 안평군 경현
과 안평현은 각각 남과 북 양단에 있어 거리가 상당히 떨어져 있다.

② 與齊中山同之여제중산동지

정의 이때 제나라와 중산은 서로 가까이 있었다. 중산과 조나라에서

박락수가 함께 흘렀으므로 '여제중산동지與齊中山同之'라고 하여, 모름지기 배와 노의 준비가 있어야 한다는 말이다.

爾時齊與中山相親 中山趙共薄洛水 故言與齊中山同之 須有舟楫之備

③ 自常山以至代上黨자상산이지대상당

집해 서광이 말했다. "다른 판본에는 '자상산이하自常山以下 대상당이동代上黨以東'이라고 되어 있다."

徐廣曰 一云 自常山以下 代上黨以東

신주 무령왕은 한결같이 동→북→서의 반시계 방향으로 빙 둘러 국경을 설명하고 있다.

④ 東有燕東胡之境동유연동호지경

신주 동쪽에 연나라 다음에 동호가 나온다. 앞서 무령왕은 "북쪽으로는 연이 있고 동쪽으로는 호가 있다.[北有燕 東有胡]"라고 말했는데, 여기에서는 "동쪽으로 연나라와 동호의 경계가 있다."라고 달리 말했다. 이 무렵 연나라는 중산국의 동쪽인 한漢나라 때 하간군河間郡과 발해군勃海郡 및 그 남쪽 신도군(안평군) 북부 일부였을 것이다. 그리고 중산국의 동북쪽과 대代 동쪽과 북쪽은 동호의 강역이었을 것으로 추정되는데, 무령왕의 말에 당시의 지리 지식이 담겨 있다면 조나라 동쪽에 연과 동호가 있었을 것이다.

⑤ 三胡삼호

색은 임호, 누번, 동호, 이것이 삼호다.

林胡 樓煩 東胡 是三胡也

지난날 중산은 제나라의 강한 군사를 등에 업고 우리 땅을 사납게 침략해 우리의 백성을 포로로 잡았으며,[①] 물을 끌어다 호성鄗城을 포위했다. 사직의 신령이 아니었다면 호를 필시 지키지 못했을 것입니다. 선왕께서는 이것을 부끄럽게 여기셨으나 원한을 갚을 수 없었습니다. 지금 말을 타는 일과 활을 쏘는 일을 갖추고 있다면 가깝게는 상당上黨의 형세를 유리하게 하기에 편리함이 있고, 멀게는 중산의 원한을 갚을 것입니다. 그러나 숙부께서는 중원의 풍속을 따르고 간자와 양자의 뜻을 거스르면서, 복장의 변화가 싫다는 명분으로 호 땅 일의 부끄러움을 잊었다는 것은 과인이 바라는 바가 아닙니다."

공자公子 성成이 재배하고 머리를 조아리며 말했다.

"신이 어리석어 왕의 뜻을 깨우치지 못하고 감히 세속의 견문만을 말씀드렸으니 신의 죄입니다. 지금 왕께서 장차 간자와 양자의 뜻을 계승해 선왕들의 뜻을 따른다고 하시는데, 신이 어찌 감히 명을 듣지 않겠습니까."

재배하고 머리를 조아렸다. 이에 호복을 하사했다. 다음 날 호복을 입고 조회에 이르렀다. 이에 처음으로 호복을 입으라는 명령을 내렸다.

先時中山負齊之彊兵 侵暴吾地 係累[①]吾民 引水圍鄗 微社稷之神靈 則鄗幾於不守也 先王醜之 而怨未能報也 今騎射之備 近可以便上黨之形 而遠可以報中山之怨 而叔順中國之俗以逆簡襄之意 惡變服之名以忘鄗事之醜 非寡人之所望也 公子成再拜稽首曰 臣愚 不達於王之義 敢道世俗之聞 臣之罪也 今王將繼簡襄之意以順先王之志 臣敢不聽命乎 再拜稽首 乃賜胡服 明日 服而朝 於是始出胡服令也

① 係累계누

정의 앞글자 발음은 '계計'이고, 뒷글자 발음은 '루[力追反]'이다.

上音計 下力追反

조문趙文, 조조趙造, 주소周紹,① 조준趙俊은 모두 왕에게 호복胡服을
중지시키고 옛 법의 편리함과 같게 해달라고 간했다. 왕이 말했다.
"선왕들의 풍속은 같지 않았거늘 무엇이 옛날의 법인가? 제왕은
서로 답습하지 않았는데 어떤 예를 따르라는 것인가? 복희와 신농
은 교화를 펴되 죽이지 않았고, 황제黃帝와 요임금과 순임금은 죽
였지만 사람들은 노하지 않았소. 삼왕三王에 이르러서는 때에 따
라 법을 제정하고, 일로 인해 예를 만들었소. 법도와 제령制令은
각각 마땅한 것을 따르고, 의복과 기계는 각각 그것을 이용하는
데 편하게 했소. 그러므로 (세상을 다스리는) 예는 반드시 하나의 길이
아니었고, 나라를 편리하게 하는 것은 반드시 옛 법만이 아니오.
성인이 일어났을 때는 서로 답습하지 않았지만 왕이 되었고, 하
나라와 은나라는 쇠하자 예를 바꾸지 않았지만 없어졌소. 그런
즉 옛날에 반한다고 해서 비난해서는 안 되고, 예를 따른다고 해
서 칭찬할 것만은 아니오. 또 의복이 기이하다고 해서 뜻이 음란
해졌다면 추鄒나 노나라에는 기이한 행동을 하는 자가 없어야 할
것이오.② 풍속이 치우쳤기에 백성이 바뀌었다고 한다면 이는 오
나라나 월나라에는 빼어난 사인이 없어야 할 것이오.③
趙文趙造周紹①趙俊皆諫止王毋胡服 如故法便 王曰 先王不同俗 何古

> 之法 帝王不相襲 何禮之循 慮戱神農教而不誅 黃帝堯舜誅而不怒 及
> 至三王 隨時制法 因事制禮 法度制令各順其宜 衣服器械各便其用 故
> 禮也不必一道 而便國不必古 聖人之興也不相襲而王 夏殷之衰也不易
> 禮而滅 然則反古未可非 而循禮未足多也 且服奇者志淫 則是鄒魯無
> 奇行也② 俗辟者民易 則是吳越無秀士也③

① 周詔주소

집해 서광이 말했다. "《전국책》에서는 '소紹'로 되어 있다. 詔는 '소紹'
로 발음한다."

徐廣曰 戰國策作紹 詔音紹

② 鄒魯無奇行也추노무기행야

색은 살펴보니 추鄒와 노魯에서는 긴 끈을 좋아한다. 이것은 기복奇服
이지만 그들의 뜻이 모두 음란하거나 치우친 것은 아니다. 그리고 공자의
문하에 안연顏淵과 염유冉有의 무리가 있었지만, 어찌 이로써 기이한 행
동이 없었겠는가?

按 鄒魯好長纓 是奇服 非其志皆淫僻也 而有孔門顏冉之屬 豈是無奇行哉

③ 俗辟者~秀士也속벽자~수사야

색은 지방의 풍속에 산 계곡에 피하여 살면 사람들은 모두 바뀌기 쉽
지만 큰 교화는 통하지 않는다. 즉 이는 오나라나 월나라에는 빼어난 사
인이 없다는 것인데, 어떻게 연주래延州來(계찰)나 대부 종鍾의 무리가 있
어서 얻었겠느냐는 말이다.

言方俗僻處山谷 而人皆改易不通大化 則是吳越無秀士 何得有延州來及大夫
種之屬哉

또 성인은 자신을 이롭게 하는 것을 의복이라 이르고 일을 편리
하게 하는 것을 예라고 일렀소. 무릇 나아가고 물러나는 절도나
의복의 제정은 일반 백성을 가지런히 하려는 까닭이니 현인이 논
할 바가 아니오. 그러므로 백성은 세속의 흐름과 가지런히 하고
현인은 변화와 더불어 갖추는 것이오. 그러므로 속담에 이르기를
'글로써 말을 모는 자는 말의 사정을 다 알 수 없고, 옛날로써 지
금을 통제하려는 자는 일의 변화에 통달하지 못한다.'라고 했소.
법이 이룬 것만을 따른다면 세상에서 뛰어나는 데는 부족하고,
옛날의 학문만을 본받는다면 지금을 통제하는 데는 부족하오.
그대들은 다다르지 못할 것이오."
마침내 호복을 입게 하고 말을 타고 활 쏘는 기사들을 불러들였다.
20년, 왕이 중산 땅을 공략하여 영가寧葭①에 이르렀다. 서쪽으로
호胡 땅을 공략하고 유중楡中②에 이르렀다. 임호왕이 말을 바쳤
다. 돌아와서는 누완樓緩을 진秦나라에, 구액仇液을 한나라에, 왕
분王賁을 초나라에, 부정富丁을 위魏나라에, 조작趙爵을 제나라에
사신으로 보냈다. 대代의 재상 조고趙固는 호를 주관하고 그의 군
사들을 이르게 했다.
且聖人利身謂之服 便事謂之禮 夫進退之節 衣服之制者 所以齊常民
也 非所以論賢者也 故齊民與俗流 賢者與變俱 故諺曰 以書御者不盡

> 馬之情 以古制今者不達事之變 循法之功 不足以高世 法古之學 不足
> 以制今 子不及也 遂胡服招騎射 二十年 王略中山地 至寧葭^① 西略胡
> 地 至楡中^② 林胡王獻馬 歸 使樓緩之秦 仇液之韓 王賁之楚 富丁之魏
> 趙爵之齊 代相趙固主胡 致其兵

① 寧葭영가

[색은] 다른 판본에 '만가蔓葭'로 되어 있다. 현 이름이고 중산군에 있다.

一作蔓葭 縣名 在中山

② 楡中유중

[정의] 승주 북쪽 하수의 북쪽 언덕이다.

勝州北河北岸也

> 21년, 중산을 공격했다. 조소趙袑를 우군으로 삼고, 허균許鈞을
> 좌군으로 삼고, 공자 장章을 중군으로 삼아 왕이 이들을 아울러
> 거느렸다. 우전牛翦은 전차와 기마들을 거느리고, 조희趙希는 호
> 胡와 대代의 군사를 아울러 거느렸다. 조나라는 형陘으로 가서^①
> 곡양曲陽^②으로 군사를 합하고 단구丹丘,^③ 화양華陽,^④ 치鴟의 요
> 새^⑤를 공격해 빼앗았다.
>
> 二十一年 攻中山 趙袑爲右軍 許鈞爲左軍 公子章爲中軍 王幷將之 牛翦
> 將車騎 趙希幷將胡代 趙與之陘^① 合軍曲陽^② 攻取丹丘^③華陽^④鴟之塞^⑤

① 趙與之陘조여지형

집해 서광이 말했다. "다른 판본에는 '육陸'으로 되어 있고, 또 '형陘'으로도 되어 있다. 어떤 이는 마땅히 '조여지형趙與之陘'이 되어야 한다고 말했다. 형陘은 산줄기가 끊어진 곳의 이름이다. 상산군에는 정형井陘이 있고, 중산군에는 고형苦陘이 있고, 상당군에는 알측關側이 있다."

徐廣曰 一作陸 又作陘 或宜言 趙與之陘 陘者山絶之名 常山有井陘 中山有苦陘 上黨有關與

정의 與의 발음은 '여與'이고, 陘의 발음은 '형荊'이다. 형陘은 형산陘山이고, 병주 형현 동남 18리에 있다. 그래서 조희가 대와 조나라 병력을 합해 거느리고 여러 군대와 더불어 정형井陘의 곁을 향하고, 함께 정주 상곡양현으로 나가 군대를 합하여 단구, 화양, 치의 관문을 공격해 빼앗았다.

與音與 陘音荊 陘 陘山也 在幷州陘縣東南十八里 然趙希幷將代趙之兵 與諸軍向井陘之側 共出定州上曲陽縣 合軍攻取丹丘華陽鴟上之關

신주 상산군 정형에서 동북으로 상곡양上曲陽으로 올라가서, 태항산맥에서 발원하여 동쪽으로 흐르는 물줄기들을 따라 중산국을 공략했다는 것이다.

② 曲陽곡양

집해 서광이 말했다. "상곡양은 상산군에, 하곡양은 거록군에 있다."

徐廣曰 上曲陽在常山 下曲陽在鉅鹿

정의 《괄지지》에서 말한다. "상곡양 고성은 정주 곡양현 서쪽 5리에 있다." 살펴보니 곡양에서 군대를 합한 것은 곧 상곡양인데, 상산군에 있다.

括地志云 上曲陽故城在定州曲陽縣西五里 按 合軍曲陽 即上曲陽也 以在常山郡也

③ 丹丘단구

정의 아마 형주 단구현일 것이다.

蓋邢州丹丘縣也

④ 華陽화양

집해 서광이 말했다. "화華는 다른 판본에는 '상爽' 자로 되어 있다."

徐廣曰 華 一作爽

정의 《괄지지》에서 말한다. "북악에는 5개의 별명이 있다. 첫째는 난대부蘭臺府이고, 둘째는 열녀궁列女宮이고, 셋째는 화양대華陽臺이고, 넷째는 자대紫臺이고, 다섯째는 태일궁太一宮이다." 살펴보니 북악 항산은 정주 항양현 북쪽 140리에 있다.

括地志云 北岳有五別名 一曰蘭臺府 二曰列女宮 三曰華陽臺 四曰紫臺 五曰太一宮 按 北岳恆山在定州恆陽縣北百四十里

⑤ 鴟之塞치지새

집해 서광이 말했다. "치鴟는 다른 판본에는 '홍鴻'으로 되어 있다."

徐廣曰 鴟 一作鴻

정의 앞글자 鴟의 발음은 '치[昌之反]'이고, 뒷글자 塞의 발음은 '새[先代反]'이다. 서광은 "치鴟는 다른 판본에는 '홍鴻'으로 되어 있다."라고 한다. 홍상鴻上의 옛 관關은 지금은 여성汝城이라고 부른다. 정주 당현 동북쪽 60리에 있는데, 본래 진晉나라 홍상관성이다. 또 홍상수가 있는데 수원은 당현 북쪽 갈홍산葛洪山에서 나와서 북악 항산恆山에 닿아 있고 홍상새鴻上塞와 더불어 모두 정주定州에 있다. 다른 판본에 '명鳴' 자로 되어 있는 것은 잘못된 것이다.

上昌之反 下先代反 徐廣曰鴝 一作鴻 鴻上故關今名汝城 在定州唐縣東北六十

里 本晉鴻上關城也 又有鴻上水 源出唐縣北葛洪山 接北岳恆山 與鴻上塞皆在

定州 然一本作鳴字 誤也

왕의 군사는 호鄗, 석읍石邑,[1] 봉룡封龍,[2] 동원東垣을 빼앗았다.
중산에서 네 읍을 바치고 화평을 요구하자 왕이 허락하고 군사를
철수했다.

23년, 중산을 공격했다.

25년, 혜후惠后가 죽었다.[3]

주소周紹를 시켜 호복을 입고 왕자 하何를 가르치게 했다.

26년, 다시 중산을 공격해 땅을 빼앗고, 북쪽으로 연나라와 대나
라에 이르렀으며,[4] 서쪽으로 운중雲中과 구원九原에 이르렀다.

王軍取鄗石邑[1]封龍[2]東垣 中山獻四邑和 王許之 罷兵 二十三年 攻中

山 二十五年 惠后卒[3] 使周紹胡服傅王子何 二十六年 復攻中山 攘地

北至燕代[4] 西至雲中九原

---

① 石邑석읍

집해 서광이 말했다. "상산군에 있다."

徐廣曰 在常山

정의 《괄지지》에서 말한다. "석읍 옛 성은 항주 녹천현 남쪽 35리에 있
는데, 6국 시대의 옛 읍이다."

括地志云 石邑故城在恆州鹿泉縣南三十五里 六國時舊邑

② 封龍봉룡

　정의　《괄지지》에서 말한다. "봉룡산은 일명 비룡산飛龍山이며 항주 녹천현 남쪽 45리에 있다. 읍邑은 산 이름을 따라서 이름으로 삼았다."

括地志云 封龍山一名飛龍山 在恆州鹿泉縣南四十五里 邑因山爲名

③ 惠后卒혜후졸

　색은　살펴보니 무령왕의 전후前后이고 태자 장章의 어머니이며 혜문왕의 적모嫡母이다. 혜후가 죽은 뒤 오왜吳娃가 처음으로 정실正室을 맡았고, 효성왕孝成王 2년에 이르러 "혜문후가 죽었다."라고 일컬은 것이 이것이다. 또 아래 문장에서 "맹요孟姚가 죽자 하何에 대한 총애가 식었는데, 아울러 세우려고 했다."라고 이른 것은 또한 잘못이다.

按 謂武靈王之前后 太子章之母 惠文王之嫡母也 惠后卒後 吳娃始當正室 至孝成二年稱惠文后卒是也 而下文又云孟姚卒後 何寵衰 欲幷立 亦誤也

　신주　　색은　의 주석이 착오인 것 같다. 여기 혜후는 혜문왕의 친어머니 '오왜'가 맞으며, 효성왕 2년에 죽은 혜문후는 혜문왕의 왕비이자 효성왕의 어머니이다.

④ 北至燕代북지연대

　신주　무령왕의 말대로 동쪽은 조나라의 대代 지역과 연나라에 접했지만 중간에 중산국이 조나라 한단과 대 사이, 안쪽에 자리했으니 한단에서 대까지는 쉽게 이어지지 못했다. 마침내 중산을 계속 공략하여, 중산국 북부에 있던 조나라 북부인 국경마저 연나라 국경과 마침내 맞닿았다는 뜻일 것이다.

굶어죽은 무령왕

27년 5월 무신일, 동궁에서 성대하게 조회를 하고, 나라를 전하고, 왕자 하何를 세워서 왕으로 삼았다. 왕은 종묘에 예를 마치고 나가서 조회에 임했다. 대부들은 모두 신하가 되었는데, 비의肥義는 나라의 재상이 되고 왕의 스승도 겸했다. 이이가 혜문왕惠文王으로 혜후 오왜吳娃의 아들이다. 무령왕은 스스로 주부主父라고 일컬었다.

주부는 아들 임금에게 나라를 다스리게 하고, 자신은 호복을 입고 사대부를 거느리고 서북쪽 호胡 땅을 공략하고, 다시 운중과 구원에서 곧바로 남하해서 진秦나라를 습격하려고 했다. 이에 속임수로 자신이 사신이 되어 진나라로 들어갔다.

진나라 소왕은 알아차리지 못했다. 주부가 떠난 뒤 그 형상이 괴이하고 매우 훌륭해서 신하의 풍채가 아니라고 여겼다. 사람을 보내 쫓아가게 했지만, 주부는 말을 달려서 관문을 벗어났다. 살펴서 탐문하니 곧 주부였다. 진나라 사람들이 크게 놀랐다. 주부가 진나라에 들어간 까닭은 스스로 지형을 둘러보고, 이 기회에 진왕의 사람됨을 살펴보려고 한 것이다.

혜문왕① 2년,② 주부는 새로 개척한 땅으로 행차했는데 마침내 대代로 나갔다가 서쪽의 누번왕樓煩王③을 서하西河에서 만나고 그들의 군사들을 징집했다.

二十七年五月戊申 大朝於東宮 傳國 立王子何以爲王 王廟見禮畢 出臨朝 大夫悉爲臣 肥義爲相國 幷傅王 是爲惠文王 惠文王 惠后吳娃子也 武靈王自號爲主父 主父欲令子主治國 而身胡服將士大夫西北略胡地 而欲從雲中九原直南襲秦 於是詐自爲使者入秦 秦昭王不知 已而怪其狀甚偉 非人臣之度 使人逐之 而主父馳已脫關矣 審問之 乃主父也 秦人大驚 主父所以入秦者 欲自略地形 因觀秦王之爲人也 惠文王①二年② 主父行新地 遂出代 西遇樓煩王③於西河而致其兵

① 惠文王혜문왕

[집해] 서광이 말했다. "원년 공자 승勝을 재상으로 삼고 평원에 봉했다."

徐廣曰 元年 以公子勝爲相 封平原

② 二年이년

[신주] 이때 진秦에 억류되었던 초나라 회왕懷王이 조나라로 도망쳐 왔으나 받아들이지 않았다.

③ 樓煩王누번왕

[신주] 누번은 북적北狄의 한 일파이다. 그 강역을 중국 학계는 지금의 산서성 서북부의 보덕保德, 기람岢嵐, 영무寧武로 비정한다. 누번국은 말 타고 활 쏘는 강한 군사가 있어서 조趙나라에 큰 위협이었고, 무령왕이

'호복기사胡服騎射'를 구상하게 된 계기가 되었다. 서기전 127년 전한前漢의 위청衛靑이 하남河南을 공격해서 누번을 패퇴시킨 후 이 땅에 삭방군朔防軍을 설치하게 된다.

3년, 중산을 멸망시키고 그 왕을 부시膚施①로 옮겼다. 영수靈壽②에서 군사를 일으키자 북쪽 땅이 바야흐로 복종하니 대로 가는 길이 크게 통했다. 돌아와서는 농공행상을 시행하고 크게 사면령을 내리며, 큰 축연을 5일 동안 베풀었다. 맏아들 장章을 봉해 대의 안양군安陽君③으로 삼았다.

장은 평소 사치스러웠는데 마음속으로 그의 아우를 군주로 세운 것에 불복했다. 주부는 또 전불례田不禮를 장의 재상으로 삼았다.

三年 滅中山 遷其王於膚施① 起靈壽② 北地方從 代道大通 還歸 行賞 大赦 置酒酺五日 封長子章爲代安陽君③ 章素侈 心不服其弟所立 主父 又使田不禮相章也

---

① 膚施부시

집해 서광이 말했다. "상군에 있다."

徐廣曰 在上郡

정의 지금의 연주 부시현이다.

今延州膚施縣也

신주 〈육국연표〉에 따르면 중산을 멸한 때는 혜문왕 4년이다. 한편 〈진본기〉에서 따르면 진나라 소왕 8년에 조나라가 중산을 무너뜨리자,

그 군주는 도망가서 끝내 제나라에서 죽었다. 소왕 8년은 무령왕 27년에 해당한다. 아마 혜문왕 3년에 중산은 거의 망하고 조나라에 속했을 것이다. 연나라와 조나라 사이에 있던 중산국은 백적白狄이 세웠는데, 중산성中山城 안의 중산中山을 이름으로 삼았다.

② 靈壽영수

집해 서광이 말했다. "상산군에 있다."

徐廣曰 在常山

③ 代安陽君대안양군

정의 《괄지지》에서 말한다. "동안양 고성은 삭주 정양현의 강역에 있다. 《지지》에서 동안양현은 대군에 속한다고 했다."

括地志云 東安陽故城在朔州定襄縣界 地志云東安陽縣屬代郡

이태李兌가 비의肥義에게 일러 말했다.

"공자 장章은 강하고 씩씩하지만 뜻이 교만하여 집단을 이룬 무리가 많고 욕망이 큰데, 거의 개인적 욕심이 있어서겠지요? 전불례田不禮의 사람됨은 잔인하고 교만합니다. 두 사람이 서로 뜻을 합하면 반드시 음모가 있어서 반란을 일으킬 것이니 한번은 몸을 걸고 요행을 바랄 것입니다. 무릇 소인은 욕심이 있고 생각은 가볍고 얕게 모의하며, 다만 이익만 쳐다보고 해독을 고려하지 않으니 같은 무리끼리 서로 부추겨서 함께 재앙의 문으로 들어가게 됩니다.

내가 살펴보건대 반드시 오래 걸리지 않을 것입니다. 그대는 임무가 무겁고 세력도 커서 난이 시작되는 곳이고 재앙이 모이는 곳이어서, 당신은 반드시 제일 먼저 재난으로 생기는 피해를 받게 될 것입니다. 어진 자는 만물을 사랑하고 지혜로운 자는 재앙이 형태를 갖추기 전에 대비한다고 합니다. 어질지 못하고 지혜롭지 못하다면 어떻게 나라를 다스리겠습니까? 그대는 어찌 병을 핑계로 대궐로 들어가지 않고, 정치를 공자 성成에게 넘겨주지 않으시는 것입니까? 원망이 모이는 곳이 되지 말아야 합니다. 재앙의 사다리가 되지 마시오."

비의가 말했다.

"옳지 않소. 예전에 주부主父께서 왕(혜문왕)을 저에게 부탁해 말씀하시기를 '너의 법도를 바꾸지 말고 너의 생각을 바꾸지 말고, 한마음을 굳게 지켜 너의 일생을 마쳐라.'라고 하셨소. 저는 재배를 올리고 명을 받아서 기록해두었소.[①] 지금 전불례의 난이 두렵다고 내가 기록한 것을 잊는다면 그 이상의 배심은 없소. 정치에 나아가 엄한 명령을 받았는데 물러나 제대로 하지 못한다면 저버리는 것인데, 어느 것이 이보다 심하겠소?

변절하고 저버린 신하는 형벌을 면하지 못하는 것이오. 속담에 이르기를 '죽은 자가 다시 살아나더라도 산 사람이 부끄럽지 않아야 한다.[②]'라고 했소. 내 말은 이미 이전에 했던 말인데 내가 내 말을 온전하게 하려고 한다면 어찌 내 몸을 온전하게 할 수 있겠소. 또 무릇 곧은 신하는 어려움이 닥치면 절개가 드러나고 충신은 우환이 닥치면 행동이 분명해진다고 했소.[③] 그대는 곧 가르쳐도 주고

내게 충언도 했소. 비록 그렇더라도 나는 지난날에 한 말이 있으
니 끝까지 감히 잃지 않을 것이오."

이태가 말했다.

"알았소. 그대는 힘쓰시오. 내가 그대를 볼 수 있는 것도 올해뿐
이구려."

울면서 나갔다. 이태는 자주 공자 성을 만나 전불례의 일을 대비
하라고 했다.

李兌謂肥義曰 公子章彊壯而志驕 黨衆而欲大 殆有私乎 田不禮之爲
人也 忍殺而驕 二人相得 必有謀陰賊起 一出身徼幸 夫小人有欲 輕慮
淺謀 徒見其利而不顧其害 同類相推 俱入禍門 以吾觀之 必不久矣 子
任重而勢大 亂之所始 禍之所集也 子必先患 仁者愛萬物而智者備禍
於未形 不仁不智 何以爲國 子奚不稱疾毋出 傳政於公子成 毋爲怨府
毋爲禍梯 肥義曰 不可 昔者主父以王屬義也 曰 毋變而度 毋異而慮 堅
守一心 以歿而世 義再拜受命而籍之① 今畏不禮之難而忘吾籍 變孰大
焉 進受嚴命 退而不全 負孰甚焉 變負之臣 不容於刑 諺曰 死者復生 生
者不愧② 吾言已在前矣 吾欲全吾言 安得全吾身 且夫貞臣也難至而節
見 忠臣也累至而行明 子則有賜而忠我矣 雖然 吾有語在前者也 終不
敢失 李兌曰 諾 子勉之矣 吾見子已今年耳 涕泣而出 李兌數見公子成
以備田不禮之事

① 受命而籍之수명이적지

색은 籍은 기록하는 것이다. 당시의 일은 곧 기록인데 책에 적었다는
말이다.

籍 錄也 謂當時即記錄 書之於籍

② 死者復生 生者不愧사자복생 생자불괴

정의 비의가 이태에게 보답하며 말했다. "반드시 힘을 다해 하何를 도와서 왕王으로 삼고, 장과 전불례에게 다른 마음이 생기는 것을 두려워하지 말라. 죽은 사람이 다시 바뀌어 살아나서, 아울러 살아 있는 자가 왕을 돕는 것이 변함없는 것을 보게 한다면, 나를 부끄럽지 않게 하여 순식荀息과 같은 것이다."

肥義報李兌云 必盡[力]傅何爲王 不可懼章及田不禮而生異心 使死者復更變生 幷見在生者(竝見)傅王無變 令我不愧之 若荀息也

다른 날 비의가 신기信期①에게 일러 말했다.

"공자 장과 전불례는 매우 우려할 만하오. 그 말뜻에 소리는 선하나 실제는 악하오. 이 사람됨은 아들 노릇도 못하고 신하 노릇도 못하고 있소. 내가 들으니 간신이 조에 있으면 국가가 무너지고 참소하는 신하가 궁 안에 있으면 군주의 좀벌레가 된다고 했소. 이 사람들은 탐욕스럽고 욕심이 커서 속으로는 주부의 마음을 얻으면서 밖으로는 포악하고, 오만하게 명령을 위조해서 하루아침에 목숨을 마음대로 하는 것이 어렵지 않을 것이니, 그 재앙이 장차 나라에 미칠 것입니다. 지금 나는 걱정스러워서 밤마다 잠이 오지 않고, 굶주려도 먹는 것을 잊고 있습니다. 도적들이 나가고 들어오는 것에 대비하지 않으면 안 될 것입니다. 지금부터 만약 왕을 찾는 자가 있거든 반드시 나를 만나게 해주시오. 내가 먼저 몸으로 마주한 다음에 탈이 없으면 왕이 곧 들어가야 하오."

신기가 말했다.

"좋습니다. 내가 이런 말을 들을 수 있다는 것이."

異日肥義謂信期^①曰 公子與田不禮甚可憂也 其於義也聲善而實惡 此爲人也不子不臣 吾聞之也 姦臣在朝 國之殘也 讒臣在中 主之蠹也 此人貪而欲大 內得主而外爲暴 矯令爲慢 以擅一旦之命 不難爲也 禍且逮國 今吾憂之 夜而忘寐 飢而忘食 盜賊出入不可不備 自今以來 若有召王者必見吾面 我將先以身當之 無故而王乃入 信期曰 善哉 吾得聞此也

---

① 信期신기

[색은] 곧 아래 문장에 있는 고신高信이다.

即下文高信也

[정의] 앞글자 信은 '신申'으로 발음한다.

上音申也

4년, 군신을 조정에 들게 했다. 안양군도 역시 내조했다. 주부主父는 왕에게 조회하며 정사를 듣게 하고 자신은 곁에서 신하들과 종실의 예절을 엿보고 살폈다. 그의 맏아들 장章이 실망한 표정으로 도리어 북면하면서 신하의 예를 다하고 아우에게 굽히는 것을 보고, 마음속으로 애처롭게 여겼다. 이에 조나라를 나누어 장을 대代의 왕으로 삼고자 했으나, 그 계획은 정해져 있지 않았다. 주부와 왕이 사구沙丘에서 유람하면서 이궁異宮①에서 거처했는데 공자 장이 곧 그 무리 및 전불례와 함께 난을 일으키고 거짓으로 주부의 명령이라고 왕을 불렀다. 비의가 먼저 들어가자 죽였다. 고신高信은 곧 왕과 더불어 싸웠다. 공자 성과 이태가 나라에서 이르러 이에 네 읍의 군사를 일으켜 들어가 난을 진압하고, 공자 장과 전불례를 살해하고 그 잔당들을 섬멸해서 왕실을 안정시켰다.

공자 성은 재상이 되어 호를 안평군安平君이라고 했다. 이태는 사구司寇가 되었다. 공자 장이 패배하고 주부에게 달려가자 주부가 문을 열어 주었는데,② 성과 이태가 이 때문에 주부의 궁을 포위했다.

四年 朝群臣 安陽君亦來朝 主父令王聽朝 而自從旁觀窺群臣宗室之禮 見其長子章傫然也 反北面爲臣 詘於其弟 心憐之 於是乃欲分趙而王章於代 計未決而輟 主父及王游沙丘 異宮① 公子章即以其徒與田不禮作亂 詐以主父令召王 肥義先入 殺之 高信即與王戰 公子成與李兌自國至 乃起四邑之兵入距難 殺公子章及田不禮 滅其黨賊而定王室 公子成爲相 號安平君 李兌爲司寇 公子章之敗 往走主父 主開之② 成兌因圍主父宮

① 異宮이궁

[정의] 형주 평향현 동북쪽 20리에 있다.

在邢州平鄉縣東北二十里(矣)也

[신주] 형주邢州는 한나라 때의 거록군鉅鹿郡 일대이다. 평향현은 한단에서 그리 멀지 않은 곳에 있다.

② 公子章之敗~主開之공자장지패~주개지

[색은] 개開는 문을 열어서 들어오게 한 것을 말한다. 속본에는 '문聞' 자로 되어 있는데 잘못된 것이다. 초주와 공연은 모두 '폐지閉之'라고 했는데, 폐閉는 감추는 것을 말한다.

開謂開門而納之 俗本亦作聞字者 非也 譙周及孔衍皆作閉之 閉謂藏之也

[정의] 반역 죄를 꾸짖지 않고 그가 궁으로 들어온 것을 받아들여 숨긴 것을 말한다.

謂不責其反叛之罪 容其入宮藏也

> 공자 장이 죽자, 공자 성과 이태가 의논하며 말했다.
> "공자 장 때문에 주부를 포위했는데 즉시 군사를 해산한다면 우리는 죽임을 당할 것이요."
> 이에 마침내 주부를 포위했다. 궁 안의 사람들에게 명해 "뒤에 나오는 자는 죽일 것이다."라고 했다. 궁 안의 사람들이 모두 나왔다. 주부는 나가려고 해도 나갈 수 없었고 또 먹을 것도 얻지 못해 새끼참새들까지 찾아 먹다가① 석 달 만에 사구궁沙丘宮②에서

굶어 죽었다. 주부의 죽음이 확실해지자 이에 상喪을 발표하고 제후에게 부고했다.

公子章死 公子成李兌謀曰 以章故圍主父 即解兵 吾屬夷矣 乃遂圍主父 令宮中人後出者夷 宮中人悉出 主父欲出不得 又不得食 探爵鷇而食之^① 三月餘而餓死沙丘宮^② 主父定死 乃發喪赴諸侯

① 探爵鷇而食之탐작구이식지

집해 기무수가 말했다. "구鷇는 새끼참새이다."

綦毋邃曰 鷇 爵子也

색은 살펴보니 조대가는 구鷇를 새끼참새라고 했다. 태어나 먹이를 받아먹는 것을 구라고 이른다.

按 曹大家云鷇 雀子也 生受哺者謂之鷇

② 死沙丘宮사사구궁

집해 응소가 말했다. "무령왕은 대군 영구현에 장사지냈다."

應劭曰 武靈王葬代郡靈丘縣

정의 《괄지지》에서 말한다. "조나라 무령왕 묘는 울주 영구현 동쪽 30리에 있다." 응소의 말이 옳다.

括地志云 趙武靈王墓在蔚州靈丘縣東三十里 應說是也

이때 왕은 어려서 공자 성과 이태가 정사를 전횡했는데 처벌될까 두려워 주부를 포위한 것이다.

주부는 처음에 맏아들 장章을 태자로 삼았다가 뒤에 오왜吳娃를 얻고 사랑해서 (오왜의 궁) 밖으로 나가지 않은 지 여러 해였다. 아들 하何를 낳자 이에 태자 장을 폐하고 하를 세워 왕으로 삼았다. 오왜吳娃가 죽자 사랑이 식고 옛 태자를 애처롭게 여겨서 둘을 왕으로 하고자 했으나 오히려 미적거려 결단하지 못해서 난이 일어난 것이다. 이에 아버지와 아들이 모두 죽음에 이르러 천하의 웃음거리가 되었으니 어찌 애통하지 않겠는가?①

是時王少 成兌專政 畏誅 故圍主父 主父初以長子章爲太子 後得吳娃 愛之 爲不出者數歲 生子何 乃廢太子章而立何爲王 吳娃死 愛弛 憐故太子 欲兩王之 猶予未決 故亂起 以至父子俱死 爲天下笑 豈不痛乎①

---

① 以至父子~豈不痛乎이지부자~개불통호

[집해] 서광이 말했다. "어떤 판본에는 여기 있는 14글자가 없다."

徐廣曰 或無此十四字

전국시대의 소용돌이

(주부가 죽고 혜문왕이 섰다.) 혜문왕 5년, 연나라에 막鄭과 역易 땅[①]을 주었다.

8년, 남행당南行唐[②]에 성을 쌓았다.

9년, 조량趙梁이 장수가 되어 제나라와 함께 군사를 회합해 한나라를 공격하고 노관魯關 아래[③]에 이르렀다.

10년에 이르러 진秦나라가 스스로 일컬어 서제西帝라고 했다.[④]

(主父死惠文王立)五年 與燕鄭易[①] 八年 城南行唐[②] 九年 趙梁將 與齊合軍攻韓 至魯關下[③] 及十年 秦自置爲西帝[④]

① 鄭易막역

집해 서광이 말했다. "모두 탁군에 속한다. 鄭의 발음은 '막莫'이다."

徐廣曰 皆屬涿郡 鄭音莫

② 南行唐남행당

집해 서광이 말했다. "상산군에 있다."

徐廣曰 在常山

정의 行의 발음은 '형[寒庚反]'이다. 《괄지지》에서 "행당현은 기주에 속
한다."라고 하는데, (여기서는) 남행당에 성을 쌓았다.

行 寒庚反 括地志云 行唐縣屬冀州 爲南行唐築城

③ 魯關下노관하

정의 유백장이 말했다. "아마 남양군 노양관魯陽關에 있을 것이다." 살
펴보니 여주 노산현은 옛 곡양현이다. "

劉伯莊云 蓋在南陽魯陽關 按 汝州魯山縣 古穀陽縣

④ 十年 秦自置爲西帝십년 진자치위서제

신주 〈육국연표〉에서 진나라와 제나라가 제帝를 칭한 것은 혜문왕 11
년이다.

11년, 동숙董叔이 위魏나라와 함께 송나라를 정벌하고[1] 위나라에
서 하양河陽을 얻었다. 진秦나라가 조나라 경양梗陽[2]을 빼앗았다.
12년, 조량趙梁이 장수가 되어 제나라를 공격했다.
13년, 한서韓徐가 장수가 되어 제나라를 공격했다. 공주가 죽었다.[3]

十一年 董叔與魏氏伐宋[1] 得河陽於魏 秦取梗陽[2] 十二年 趙梁將攻齊
十三年 韓徐爲將 攻齊 公主死[3]

① 與魏氏伐宋여위씨벌송

신주 송나라는 2년 뒤 망하게 된다.

② 梗陽경양

집해 두예가 말했다. "태원군 진양현 남쪽의 경양성이다."

杜預曰 太原晉陽縣南梗陽城也

색은 〈지리지〉에서 "태원군 유차楡次에 경양향이 있다."라고 했다. 두예가 의거해 말한 곳과는 조금 다르다.

地理志云太原楡次有梗陽鄉 與杜預所據小別也

정의 《괄지지》에서 말한다. "경양 고성은 병주 청원현 남쪽 120보에 있는데, 진양현을 나누어 설치했다. 본래 한나라 유차현 땅이고 춘추시대 진晉나라 대부 기씨祁氏 읍이다."

括地志云 梗陽故城在幷州清源縣南百二十步 分晉陽縣置 本漢楡次縣地 春秋晉大夫祁氏邑也

신주 이때 진나라는 이미 하수를 넘어와 위魏나라 하동 일대를 점유했으니 진양까지 올 수도 있었다. 〈육국연표〉에서는 '경양'을 '계양桂陽'이라고 했는데, 서광은 주석에서 다른 판본에는 경梗으로 나온다고 했다.

③ 公主死공주사

색은 아마 오왜吳娃의 딸이며 혜문왕의 누이일 것이다.

蓋吳娃女 惠文王之姊

14년, 상국相國 악의樂毅가 조, 진, 한, 위, 연나라를 거느리고 제나라를 공격해① 영구靈丘②를 빼앗았다. 진나라와 더불어 중양中陽③에서 회맹했다.

15년, 연나라 소왕이 와서 만났다. 조나라가 한, 위, 진나라와 함께 제나라를 공격했다. 제나라 왕이 무너져 달아나자, 연나라에서 단독으로 깊숙이 쳐들어가 임치臨菑를 빼앗았다.

十四年 相國樂毅將趙秦韓魏燕攻齊① 取靈丘② 與秦會中陽③ 十五年 燕昭王來見 趙與韓魏秦共擊齊 齊王敗走 燕獨深入 取臨菑

① 相國樂毅將趙秦韓魏燕攻齊상국악의장조진한연공제

[색은] 〈육국연표〉와 〈한세가〉, 〈위세가〉 등을 살펴보니 5국이 제나라를 공격한 것은 이듬해에 있었던 일이다. 그러나 다음 문장에서 15년에 거듭 제나라를 공격했다고 했으니 이 문장이 적합하다. 아마도 이해에 함께 제나라를 정벌했을 것이다.

按年表及韓魏等系家 五國攻齊在明年 然此下文十五年重擊齊 是此文爲得 蓋此年同伐齊耳

② 靈丘영구

[정의] 울주현이다.

蔚(丘)[州]縣也

[신주] 울주현은 대代에 있다. 이 영구는 전한시대의 청하군 일대로 조나라와 제나라의 접경지대이다.

③ 中陽중양

정의 《괄지지》에서 말한다. "중양 옛 현은 분주 습성현 남쪽 10리에 있는데, 한나라 중양현이다."

括地志云 中陽故縣在汾州隰城縣南十里 漢中陽縣也

16년, 진秦나라가 다시 조나라와 더불어 자주 제나라를 공격하자 제나라에서 괴로워했다. 소려蘇厲①가 제나라를 위해 조나라 왕에게 글을 보내 말했다.

"신이 들으니 옛날의 어진 군주는 그 덕을 행했지만 해내에 펼쳐지지 않았고, 가르쳐 따르게 하는 것이 백성에게 스며들지 않았고, 계절마다 제사를 지냈지만 귀신이 늘 흠향한 것도 아니었습니다. 그래도 감로甘露가 내리고 때맞춰 비가 내리고 해마다 곡식이 잘 익고 백성은 돌림병이 없어 많은 사람이 좋아했지만 현명한 군주는 헤아렸습니다.

十六年 秦復與趙數擊齊 齊人患之 蘇厲①爲齊遺趙王書曰 臣聞古之賢君 其德行非布於海内也 教順非洽於民人也 祭祀時享非數常於鬼神也 甘露降 時雨至 年穀豊孰 民不疾疫 衆人善之 然而賢主圖之

---

① 蘇厲소려

신주 소려는 동주東周 낙양洛陽 출신으로 전국시대의 유명한 유세가였다. 그의 큰 형 소창蘇昌은 아버지 소항蘇亢을 따라 장사를 했고, 둘째 형이 유명한 합종설의 소진蘇秦이고, 셋째 소대蘇代도 저명한 유세가였다.

소려는 소진과 소대에 비해서 사료가 많지 않아서 그 사적을 정확하게 말하기는 힘들다. 《전국책》에서 소진이 이 편지를 조나라 왕에게 보낸 것으로 나온다.

지금 족하의 어진 행동이나 공적이 진나라에 베풀어진 것도 아니고, 진나라도 제나라에 대한 깊은 원망이나 쌓인 분노가 본디부터 있었던 것도 아닙니다.

진나라가 조나라의 동맹국이 되어 강압적으로 병사를 한韓나라에서 징발했는데, 진나라가 정성을 다해 조나라를 사랑했을까? 그들이 진실로 제나라를 미워했기 때문일까? 현명한 군주라면 알 것입니다.

진나라는 조나라를 사랑하고 제나라를 미워하는 것이 아니라 한나라를 멸해서 동서의 이주二周를 삼키려고 하는 것입니다. 그래서 제나라를 천하에 미끼로 던진 것입니다.

일이 계획대로 되지 않을 것을 두려워서 군사를 출동시켜 위魏나라와 조나라를 겁박하는 것입니다. 천하에서 진나라를 의심할 것이 두려워 인질을 보내 믿음을 얻으려는 것입니다. 천하가 빠르게 돌아설 것이 두려워 한나라의 군사를 징발해서 위협하는 것입니다.

조나라에 덕을 베푼다고 떠들지만① 실상은 텅빈 한나라를 정벌하는 것이니, 신이 진나라의 계책을 살펴보면 반드시 이런 생각에서 나왔다고 생각합니다. 무릇 사물은 본디 형세는 다르지만, 근심은 같을 수 있습니다. 초나라가 오랫동안 공격을 당하자 중산이

(조나라에게) 망한 것처럼,[②] 지금 제나라가 오랫동안 침략당하고 있으니 한나라는 반드시 망할 것입니다.

제나라가 무너지면 왕은 여섯 나라(진, 초, 연, 한, 위, 조)와 그 이익을 나눌 것입니다. 그러나 한나라가 망하면 진秦나라가 혼자 그 이익을 차지할 것입니다. 이주二周를 손에 넣고 제기祭器를 서쪽으로 가져가서 진나라 혼자 가질 것입니다. 받은 전지와 공력을 헤아린다면 왕께서 얻을 이익이 진나라와 비교하여 어느 쪽이 많겠습니까?

今足下之賢行功力 非數加於秦也 怨毒積怒 非素深於齊也 秦趙與國 以彊徵兵於韓 秦誠愛趙乎 其實憎齊乎 物之甚者 賢主察之 秦非愛趙而憎齊也 欲亡韓而吞二周 故以齊餤天下 恐事之不合 故出兵以劫魏趙 恐天下畏己也 故出質以爲信 恐天下亟反也 故徵兵於韓以威之 聲以德與國[①] 實而伐空韓 臣以秦計爲必出於此 夫物固有勢異而患同者 楚久伐而中山亡[②] 今齊久伐而韓必亡 破齊 王與六國分其利也 亡韓 秦獨擅之 收二周 西取祭器 秦獨私之 賦田計功 王之獲利孰與秦多

① 聲以德與國성이덕여국

색은 여국與國은 조나라이다. 진나라와 조나라가 지금 국가를 더불어 함께하자 진나라는 한나라에서 군사를 징발하고 이를 거느려서 조나라와 함께 제나라를 정벌해 조나라와 화합했다는 위세와 소리를 내서 이로써 조나라에 덕을 베풀었다고 하는 것이다.

與國 趙也 秦趙今爲與國 秦徵兵於韓 帥之共趙伐齊 以威聲和趙 是以德與國也

② 楚久伐而中山亡초구벌이중산망

신주 위나라와 제나라가 초나라를 오래도록 정벌하느라 중산국에 마음을 쏟지 못해 중산이 망했다는 말이다.

유사遊士(소려)가 헤아려보건대 한나라가 삼천三川①을 잃고, 위魏나라가 진국晉國②을 잃으면 시정市井과 조정朝廷③이 변하기도 전에 재앙은 이미 닥친 것입니다. 연나라가 제나라 북쪽 땅을 다 차지하면 사구沙丘와 거록鉅鹿까지의 거리는 약 300리이고④ 한나라 상당에서 한단까지의 거리는 100리이니,⑤ 연나라와 진秦나라가 왕의 산하를 (차지하려고) 계획한다면 300리 사이에서 통하게 될 것입니다.

說士之計曰 韓亡三川① 魏亡晉國② 市朝③未變而禍已及矣 燕盡齊之北地 去沙丘鉅鹿斂三百里④ 韓之上黨去邯鄲百里⑤ 燕秦謀王之河山 間三百里而通矣

---

① 三川삼천

[정의] 하남 땅이다. 황하와 낙수 사이에 있다.

河南之地 兩川之間

② 晉國진국

[정의] 하수 북쪽 땅이다. 안읍과 하내군이다.

河北之地 安邑河内

[신주] 옛 진晉나라 본거지인 하동군 일대 안읍安邑과 곡옥曲沃과 강絳

등의 지역이다.

③ 市朝시조

신주 '시조市朝'는 시장市場과 조정朝廷을 이른다. 《전국책》 〈진책秦策〉에서 "신이 듣건대 명예를 좇는 자는 조정에서 다투고, 이익을 좇는 자는 시장에서 다툰다고 했습니다. 지금의 삼천과 주나라 왕실이 천하의 시조입니다.[臣聞爭名者于朝 爭利者于市 今三川周室 天下之市朝也]"라고 했다. 시조란 명예와 이익을 위해서 시끄럽게 다투는 형국을 말한다.

④ 沙丘鉅鹿斂三百里사구거록렴삼백리

정의 사구는 형주이다. 거록은 기주이다. 제나라 북쪽 강역은 패주이다. 렴斂은 감減이다. 제나라를 쳐부수고 한나라를 멸한 뒤에는 연나라 남쪽 강역과 진나라 동쪽 강역의 거리가 300리가 안 되는데, 조나라는 중간에 있다는 말이다.

沙丘 邢州也 鉅鹿 冀州也 齊北界 貝州也 斂 減也 言破齊滅韓之後 燕之南界 秦之東界 相去減三百里 趙國在中間也

⑤ 韓之上黨去邯鄲百里한지상당거감단백리

신주 한단에서 한나라 상당까지는 먼 거리인데, 아마 여기에 탈락된 문장이 있는 것으로 보인다.

진秦나라 상군^①은 (조나라) 정관挺關과 가깝고 유중楡中에 이르기
까지는 1,500리이다. 진나라는 3군郡의 병력으로 왕의 상당^②을
공격하면 양장羊腸의 서쪽,^③ 구주句注의 남쪽^④은 왕의 소유지가
되지 않을 것입니다.

秦之上郡^①近挺關 至於楡中者千五百里 秦以三郡攻王之上黨^② 羊腸
之西^③ 句注之南^④ 非王有已

① 上郡상군

[정의] 부주와 연주 등의 주이다.

鄜延等州也

② 上黨상당

[정의] 진나라 상당군은 지금의 택주, 노주, 의주, 심주 4개 주 땅이고 상
주의 절반을 겸했다. 한韓나라에서 모두 소유했다. 7국 시대에 이르러서
는 조나라가 의와 심 2개 주의 땅을 얻었고, 한나라는 오히려 노주와 택
주의 절반을 가졌으며, 절반은 조나라와 위나라에 속했다. 심주는 양장
파 서쪽에 있다. 의주, 병주, 대주의 3개 주는 구주산 남쪽에 있다. 진나
라가 3개 군郡의 병력으로 조나라 택주와 노주를 공격하면 곧 구주산 남
쪽에서 조나라는 땅이 없어진다. 그러나 진시황이 상당군을 설치했는데,
여기에서 말하는 것은 태사공이 도리어 전서前書를 인용한 것이다. 다른
것도 모두 이것을 본받았다.

秦上黨郡今澤潞儀沁等四州之地 兼相州之半 韓總總有之 至七國時 趙得儀沁
二州之地 韓猶有潞州及澤州之半 半屬趙魏 沁州在羊腸坡之西 儀幷代三州在

句注山之南 秦以三郡攻趙之澤潞 則句注之南趙無地 然秦始皇置上黨郡 此言之者 太史公郤引前書也 他皆傚此

신주 당나라 때 심주와 의주는 원래 상당군 북부로 전국시대 조나라 땅이었고, 노주와 택주는 상당군 남부로 한나라와 위나라 땅이었다. 그래서 장수절이 정의 에서 '조지택로趙之澤潞'라고 한 것은 착오이고 '조지의심趙之儀沁'이라고 해야 맞다.

③ 羊腸之西양장지서

정의 태항산맥의 길 이름이다. 남쪽은 회주에 속하고 북쪽은 택주에 속한다.

太行山阪道名 南屬懷州 北屬澤州

신주 지형이 양의 창자처럼 산맥을 돌아 구불구불한 데서 연유한 이름이다. 택주는 상당군 남단이고, 회주는 한나라 하내군 일대이다.

④ 句注之南구주지남

정의 구주산은 대주 서북쪽에 있다.

句注山在代州西北也

(진나라가) 구주산을 넘고 상산常山을 끊어서 지킨다면 300리 거리로 연나라와 통합니다. 그렇게 되면 대代의 말이나 호胡의 개는 동쪽으로 내려오지 못하고① 곤륜산의 옥도 조나라로 나오지 못할 것이니, 이 세 가지 보배도 왕의 소유물이 되지 않을 것입니다.

왕께서 오래도록 제나라를 정벌하고 강력한 진나라를 따라 한나라를 공격한다면 그 재앙은 반드시 이 지경에 이를 것이니, 왕께서는 깊이 생각하시길 원하옵니다.

또 제나라가 공격당하는 까닭은 왕을 섬겼기 때문입니다.[2] 천하의 군사를 불러 모아서[3] 왕을 도모하려 합니다. 연나라와 진나라의 맹약이 이루어지면 군사를 출동시키는 것은 시간문제입니다. 다섯 나라에서 왕의 땅을 셋으로 나누려 하겠으나[4] 제나라는 다섯 나라와 맹약을 어기고 왕의 근심거리를 위해 목숨을 바칠 것이니,[5] 서쪽으로 군사를 보내 강한 진나라를 막으면 진나라는 제帝라는 칭호를 없애고 복종할 것을 청할 것입니다.[6]

踰句注 斬常山而守之 三百里而通於燕 代馬胡犬不東下[1] 昆山之玉不出 此三寶者亦非王有已 王久伐齊 從彊秦攻韓 其禍必至於此 願王孰慮之 且齊之所以伐者 以事王也[2] 天下屬行[3] 以謀王也 燕秦之約成而兵出有日矣 五國三分王之地[4] 齊倍五國之約而殉王之患[5] 西兵以禁彊秦 秦廢帝請服[6]

① 代馬胡犬不東下대마호견불동하

정의 진나라가 구주산을 넘어 상산을 차단해 지키면 서북쪽 대 땅의 말과 호胡 땅의 개는 동쪽 조나라로 들어가지 못하고 사주 곤륜산의 옥도 조나라에 들어오지 못한다는 것이다. 곽박이 말했다. "호 땅의 들개는 여우를 닮았고 작다."

言秦踰句注山 斬常山而守之 西北代馬胡犬不東入趙 沙州崑山之玉亦不出至趙矣 郭璞云 胡地野犬似狐而小

신주 진나라가 만약 상산을 차단하면 상산에서 연나라 역易까지는 300리에 불과하고, 그 사이에 조나라 중산 땅이 자리한다는 것이다.

② 且齊之所以伐者 以事王也차제지소이벌자 이사왕야

정의 조왕을 섬겼기 때문에 진나라에서 반드시 정벌하는 것이다.

以趙王爲事也 而秦必伐之也

신주 《전국책》에서는 이 이야기가 옛날에 있었던 일로 나온다. 따라서 본문 번역에서는 시제를 과거형으로 했다.

③ 天下屬行천하속행

정의 앞글자 屬의 발음은 '촉燭'이고, 뒷글자 行의 발음은 '항[胡郎反]'이다. 진나라가 제나라로 하여금 제帝라고 칭하게 하고 5국과 맹약하여 함께 조나라를 멸하여, 조나라 땅을 셋으로 나누려고 한다는 것이다.

上音燭 下胡郎反 言秦欲令齊稱帝 與約五國共滅趙 三分趙地

신주 속행은 군대를 집결시킨다는 뜻이다.

④ 五國三分王之地오국삼분왕지지

정의 진, 제, 한, 위, 연이 조나라 땅을 셋으로 나누는 것을 이른다.

謂秦齊韓魏燕三分趙之地也

⑤ 齊倍五國之約而殉王之患제배오국지약이순왕지환

정의 제나라 왕은 몸소 조왕의 근심을 따르겠다는 것이다.

齊王以身從趙王之患也

⑥ 秦廢帝請服진폐제청복

[정의] 진과 제가 서로 약속하고 번갈아 거듭 제帝를 칭하고자 했다. 그러므로 '폐제廢帝'라고 했다는 말이다.

言秦齊相約 欲更重稱帝 故言廢帝也

고평高平과 근유根柔①를 위魏나라에 돌려주고 형분邢分②과 선유先俞③를 조나라에 돌려줄 것입니다. 제나라가 조나라 왕을 섬기는 것은 마땅히 최상의 친교인데④ 지금 우리에게 죄를 미루시니,⑤ 신은 천하에서 이 뒤에 왕을 섬기려는 자가 감히 반드시 스스로 나서서 섬기지 않게 될 것이 두렵습니다. 왕께서 깊이 헤아리시길 원합니다.

反高平根柔①於魏 反邢分②先俞③於趙 齊之事王 宜爲上佼④ 而今乃抵罪⑤ 臣恐天下後事王者之不敢自必也 願王孰計之也

---

① 高平根柔고평근유

[집해] 서광이 말했다. "《죽서기년》에서는 위애왕 4년 양陽을 고쳐 하옹河雍이라고 하고, 상向을 고쳐 고평高平이라고 했다. 근유는 다른 판본에는 '비유沸柔'로 되어 있고, 또 다른 판본에는 '평유平柔'로 되어 있다."

徐廣曰 紀年云魏哀王四年改陽曰河雍 向曰高平 根柔 一作沸柔 一作平柔

[정의] 반返은 돌려주는 것이다. 《괄지지》에서 말한다. "고평 고성은 회주 하양현 서쪽 40리에 있다. 《죽서기년》에서 위애왕이 상向을 고쳐 고평이라고 했다." 근유는 자세하지 않다. 두 읍은 위魏나라 땅이다.

返 還也 括地志云 高平故城在懷州河陽縣西四十里 紀年云魏哀王改向曰高平
也 根柔未詳 兩邑 魏地也

신주 《전국책》에서는 '근유' 대신에 '온溫과 지枳'라고 했다. '온과 지'
는 하내군의 현으로, 한나라 하남과 상당을 연결하고 위魏나라 동서를
연결하는 길목이다. 하내군 서부 일대는 두 나라가 서로 공유하며 동서
남북으로 통행하는 길목이라 누구의 소유도 아니기에 아마 '근유'라는
표현을 쓴 것으로 보인다.

② 巠分형분

집해 서광이 말했다. "다른 판본에는 '왕공王公'으로 되어 있다. 巠의
발음은 '형[胡鼎反]'이다."

徐廣曰 一作王公 巠音胡鼎反

정의 巠의 발음은 '형邢'이다. '분分' 자는 잘못된 것이다. 마땅히 '산山'
자가 되어야 한다. 《괄지지》에서 말한다. "구주산은 일명 서형산西陘山이
다. 대주 안문현 서북쪽 40리에 있다."

巠音邢 分字誤 當作山字耳 括地志云 句注山一名西陘山 在代州鴈門縣西北
四十里

③ 先兪선유

집해 서광이 말했다. "《이아》에서는 서유西兪라고 했는데, 안문鴈門이
이곳이다."

徐廣曰 爾雅曰西兪 鴈門是

정의 兪의 발음은 '술戌'이다. 곽박의 주석에서 '서유는 곧 안문산鴈門
山이다.'라고 한다. 살펴보니 서西와 선先은 발음이 서로 비슷하다. 아마

형산陘山과 서유 두 산의 땅은 나란히 대주 안문현에 있는데, 모두 조나라 땅이다.

兪音戌 郭注云 西隃即鴈門山也 按 西先聲相近 蓋陘山西隃二山之地並在代州 鴈門縣 皆趙地也

④ 宜爲上佼의위상교

색은 교佼는 행行과 같다.

佼猶行也

⑤ 今乃抵罪금내저죄

정의 진나라와 함께 제나라를 정벌하는 것을 이른다.

謂共秦伐齊也

지금 왕께서 천하와 더불어 제나라를 공격하지 않는다면 천하에서는 반드시 왕을 의롭다고 여길 것입니다. 제나라는 사직을 껴안고 왕을 두텁게 섬길 것이고, 천하는 반드시 모두 왕의 의를 존중할 것입니다. 왕께서는 천하를 거느리고 진秦나라와 잘 지낼 수 있습니다. 진나라가 포악해질 경우는 왕께서 천하를 거느리고 진나라를 막을 수 있습니다. 이는 한 세대의 명예와 총애를 왕께서 통제하시는 것입니다."

이에 조나라는 공격을 멈추고 진나라를 거절하고 제나라를 공격하지 않았다.

왕이 연나라 왕과 만났다. 염파廉頗가 장군이 되어 제나라 석양昔陽①을 공격해 빼앗았다.②

今王毋與天下攻齊 天下必以王爲義 齊抱社稷而厚事王 天下必盡重王義 王以天下善秦 秦暴 王以天下禁之 是一世之名寵制於王也 於是趙乃輟 謝秦不擊齊 王與燕王遇 廉頗將 攻齊昔陽①取之②

① 昔陽석양

정의 《괄지지》에서 말한다. "석양 고성은 일명 양성陽城이라고 하는데 병주 낙평현 동쪽에 있다. 《춘추석지명》에서 '석양은 비국肥國의 도읍이다. 낙평성 첨현 동쪽에 석양성이 있다. 비국肥國은 백적白狄의 별종이다. 낙평현성은 한나라 첨현성이다.'라고 했다."

括地志云 昔陽故城一名陽城 在幷州樂平縣東 春秋釋地名云 昔陽 肥國所都也 樂平城沾縣東[有]昔陽城 肥國 白狄別種也 樂平縣城 漢沾縣城也

신주 병주幷州 낙평현樂平縣은 산서성 동쪽으로, 당시 조나라의 중심부였으니 그곳이 제나라 땅일 리 없다. 착오로 보인다.

② 取之취지

집해 두예가 말했다. "낙평군 첨현에 석양성이 있다.

杜預曰 樂平沾縣有昔陽城

신주 '王與燕王遇~取之왕여연왕우~취지'까지는 혜문왕 15년의 일이다. 〈육국연표〉에는 혜문왕 15년에 있었던 일로 되어 있다. 그러나 〈염파인상여열전〉에서는 혜문왕 16년에 염파가 제나라를 공격하여 양진陽晉을 취한 것으로 나온다.

17년, 악의樂毅가 조나라 군사를 거느리고 위魏나라 백양伯陽[①]을 공격했다. 진秦나라는 조나라가 자기들과 더불어 제나라를 공격하지 않은 것을 원망하고, 조나라를 공격해 조나라 성 2개를 함락시켰다.

18년, 진秦나라가 조나라 석성石城[②]을 함락시켰다. 왕은 다시 위衛나라 동양東陽으로 가서 하수를 터뜨려[③] 위나라를 공격했다. 큰비로 장수漳水가 범람했다. 위염魏冉이 와서 조나라 재상이 되었다.[④]

19년, 진秦나라는 조나라 성 2개를 빼앗아 갔다. 조나라는 위魏나라에 백양伯陽을 주었다. 조사趙奢 장군이 제나라 맥구麥丘를 공격해 빼앗았다.

十七年 樂毅將趙師攻魏伯陽[①] 而秦怨趙不與己擊齊 伐趙 拔我兩城

十八年 秦拔我石城[②] 王再之衛東陽 決河水[③] 伐魏氏 大潦 漳水出 魏冉 來相趙[④] 十九年 秦{敗}[取]我二城 趙與魏伯陽 趙奢將 攻齊麥丘 取之

① 伯陽백양

정의 《괄지지》에서 말한다. "백양 고성은 일명 한회성邯會城인데 상주 업현 서쪽 55리에 있다. 7국 시대에는 위나라 읍이고, 한나라 한회성邯會城이다."

括地志云 伯陽故城一名邯會城 在相州鄴縣西五十五里 七國時魏邑 漢邯會城

② 石城석성

집해 〈지리지〉에서 말한다. "우북평에 석성현이 있다."

地理志云右北平有石城縣

정의 《괄지지》에서 말한다. "석성은 상주 임려현 서남쪽 90리에 있다."
아마 상주 석성이 이곳일 것이다.

括地志云 石城在相州林慮縣西南九十里 疑相州石城是

신주 우북평군右北平郡 석성현石城縣은 전국시대 말기의 연나라 땅이
다. 집해 의 주석은 잘못된 것으로 보인다.

③ 王再之衛東陽 決河水왕재지위동양 결하수

정의 《괄지지》에서 말한다. "동양 고성은 패주 역정현의 경계에 있다."
살펴보니 동양東陽은 먼저 위衛나라에 속했다가 지금은 조나라에 속해
있다. 하수는 패주의 남쪽을 거쳐 동북으로 흘러 하남 기슭을 지나가니
곧 위나라 땅이다. 그러므로 왕이 다시 위衛나라 동양으로 가서 위나라
를 정벌했다고 말한 것이다.

括地志云 東陽故城在貝州歷亭縣界 按 東陽先屬衛 今屬趙 河歷貝州南 東北
流 過河南岸即魏地也 故言王再之衛東陽伐魏氏也

④ 魏冉來相趙위염래상조

신주 〈육국연표〉에 따르면 위염은 진秦나라 소양왕 26년에 다시 승상
이 되었다. 〈조세가〉의 기록이 잘못된 것으로 보인다.

20년, 염파 장군이 제나라를 공격했다. 왕은 진나라 소왕과 서하 밖에서 만났다.①

21년, 조나라는 장수漳水 물길을 무평武平 서쪽으로 바꾸었다.②

22년, 크게 돌림병이 돌았다. 공자 단丹을 세워서 태자로 삼았다.

二十年 廉頗將 攻齊 王與秦昭王遇西河外① 二十一年 趙徙漳水武平西② 二十二年 大疫 置公子丹爲太子

① 王與秦昭王遇西河外왕여진소왕우서하외

[집해] 서광이 말했다. "〈육국연표〉에서는 진나라와 민지澠池에서 회합했다고 한다."

徐廣曰 年表云 與秦會澠池

[신주] 이때 인상여가 수행했고 진나라 소양왕을 말로써 굴복시킨다.

② 徙漳水武平西사장수무평서

[정의] 《괄지지》에서 말한다. "무평정의 지금 이름은 위성渭城이다. 영주 문안현 북쪽 72리에 있다." 살펴보니 27년에 또 장수 물길을 무평 남쪽으로 바꾸었다.

括地志云 武平亭今名渭城 在瀛州文安縣北七十二里 按 二十七年又徙漳水武平南

23년, 누창樓昌 장군이 위魏나라 기幾를 공격했는데[1] 빼앗지 못했다. 12월 염파 장군이 기를 공격해 빼앗았다.

24년, 염파 장군이 위나라 방자房子[2]를 공격해 뿌리 뽑고 성을 쌓고 돌아왔다. 또 안양安陽을 공격해 빼앗았다.

二十三年 樓昌將 攻魏幾[1] 不能取 十二月 廉頗將 攻幾 取之 二十四年 廉頗將 攻魏房子[2] 拔之 因城而還 又攻安陽 取之

① 攻魏幾공위기

정의 幾의 발음은 '기祁'이다. 〈염파전〉에서는 제나라 기幾를 정벌해 기가 함락되었다고 했다. 또 《전국책》에서는 진나라에서 알여閼與를 무찌르고 위나라의 기를 공격하기에 이르렀다고 했다. 살펴보니 기읍幾邑은 어느 때는 제나라에 속하고 어느 때는 위나라에 속해 있었다. 마땅히 상相과 노주潞州 사이에 있어야 한다.

音祁 傳云伐齊幾 幾拔之 又戰國策云秦敗閼與 及攻魏幾 按 幾邑或屬齊 或屬魏 當在相潞之間也

② 房子방자

집해 서광이 말했다. "상산군에 속한다."

徐廣曰 屬常山

신주 상산군은 조나라의 한단 한참 북쪽인데, 집해 의 내용은 착오인 것 같다. 또 안양을 공격한 것을 보니 그 인근 지역으로 비정된다.

> 25년, 연주燕周① 장군이 창성昌城②과 고당高唐을 공격해 빼앗았
> 다. 위魏나라와 함께 진나라를 공격했다. 진나라 장군 백기白起가
> 조나라 화양華陽③을 쳐부수고 1명의 장군을 사로잡았다.
> 26년, 동호東胡가 취했던 대代 땅을 빼앗았다.④
> 二十五年 燕周①將 攻昌城②高唐 取之 與魏共擊秦 秦將白起破我華
> 陽③ 得一將軍 二十六年 取東胡歐代地④

① 燕周연주

[색은] 조나라 사람으로 조나라 장수가 되었다.

趙人 爲趙將

② 昌城창성

[집해] 서광이 말했다. "제군에 속한다."

徐廣曰 屬齊郡

[정의] 《괄지지》에서 말한다. "옛 창성은 치주 치천현 동북쪽 40리에 있다."

括地志云 故昌城在淄州淄川縣東北四十里也

③ 華陽화양

[정의] 《괄지지》에서 말한다. "옛 화양성은 정주 관성현 남쪽 40리에 있
다. 사마표는 화양정은 지금 노주 밀현에 있다고 했다." 이때 위, 한, 조나
라는 군사를 화양에서 집합시키고 서쪽 진나라를 공격했다.

括地志云 故華陽城在鄭州管城縣南四十里 司馬彪云華陽亭在今洛州密縣
是時魏韓趙聚兵於華陽 西攻秦

신주 〈육국연표〉에 따르면 화양 전투는 혜문왕 26년이다.

④ 東胡歐代地동호구대지

정의 지금의 영주이다.

今營州也

색은 동호가 조나라에 반기를 들었다. 대代 땅을 공략했는데 백성들이
달아났다. 그래서 다시 빼앗았다.

東胡叛趙 驅略代地人衆以叛 故取之也

신주 《사기》〈흉노열전〉에서 연나라 장수 진개가 인질로 갔던 동호는
《삼국지》〈위략〉에서 고조선으로 나온다. 동호가 취했던 대 땅은 연나라
서쪽, 조나라 동북쪽에 있는데, 조나라 장성에서 멀지 않다. 이 동호도
고조선일 것이다.

27년, 장수漳水의 물줄기를 무평 남쪽으로 바꾸었다. 조표趙豹를
봉해 평양군平陽君으로 삼았다.① 하수가 범람했다. 큰비가 왔다.
28년, 인상여藺相如가 제나라를 공격해서 평읍平邑②에 이르렀다.
군사를 물리고 북쪽에 구문대성九門大城을 쌓았다.③ 연나라 장수
성안군成安君 공손조公孫操가 왕을 시해했다.④

二十七年 徙漳水武平南 封趙豹爲平陽君① 河水出 大潦 二十八年 藺
相如伐齊 至平邑② 罷城北九門大城③ 燕將成安君公孫操弑其王④

① 封趙豹爲平陽君봉조표위평양군

《전국책》에서는 조표가 평양군이고, 혜문왕과 어머니가 같은 동생이라고 했다.

戰國策曰趙豹 平陽君 惠文王母弟

② 平邑평읍
《괄지지》에서 말한다. "평읍 옛 성은 위주 창락현 동북쪽 40리에 있다."

括地志云 平邑故城在魏州昌樂縣東北四十里也

③ 城北九門大城성북구문대성
항주 구문현성이다.

恆州九門縣城

④ 公孫操弒其王공손조시기왕
서광이 말했다. "〈육국연표〉에서는 이것을 연나라 무성왕 원년의 일이라고 했다."

徐廣曰 年表云是燕武成王元年

살펴보니 악자가 이르기를 "그 왕은 곧 혜왕이다."라고 했다.

按 樂資云其王即惠王

29년, 진秦나라와 한韓나라가 서로 공격해 알여閼與[1]를 포위했다. 조나라에서 조사 장군을 보내서 진나라를 쳤는데, 진나라 군사를 알여閼與 아래에서 대파했다. 이에 마복군馬服君[2]이란 호칭을 내렸다.

33년, 혜문왕이 죽고 태자 단丹이 계승했는데, 이이가 효성왕孝成王이다.

二十九年 秦韓相攻 而圍閼與[1] 趙使趙奢將 擊秦 大破秦軍閼與下 賜號爲馬服君[2] 三十三年 惠文王卒 太子丹立 是爲孝成王

① 閼與알여

정의 閼의 발음은 '연[於連反]'이고 與의 발음은 '예預'이다. 《괄지지》에서 말한다. "알여는 취락이고 지금의 명칭은 오소성烏蘇城이며, 노주 동제현 서북쪽 20리에 있다. 또 의주 화순현성도 한나라 알여읍이라고 이른다. 두 곳은 확실하지 않다. 또 알여산은 명주 무안현 서쪽 50리에 있는데, 아마도 이곳일 것이다.

上於連反 下音預 括地志云 閼與 聚落 今名烏蘇城 在潞州銅鞮縣西北二十里 又儀州和順縣城 亦云韓閼與邑 二所未詳 又有閼與山在洺州武安縣西五十里 蓋是也

신주 閼에는 다양한 뜻이 있다. 가로막다는 뜻일 때는 '알'로 발음하고, 흉노의 왕비를 뜻할 때는 '연'으로 발음하고, 한가하다는 뜻일 때는 '어'로 발음한다.

② 馬服君마복군

정의 마복산에 연유해서 명칭이 생겼다. 우희의 《지림》에서 말한다. "말은 군사의 첫째이다. 마복馬服이라고 부르는 것은 말을 잘 복종시킨다는 말이다."《괄지지》에서 말한다. "마복산은 한단현 서북쪽 10리에 있다."

因馬服山爲號也 虞喜志林云馬 兵之首也 號曰馬服者 言能服馬也 括地志云
馬服山 邯鄲縣西北十里也

효성왕 원년,[①] 진나라에서 조나라를 공격해서 3개 성을 함락시켰다. 조나라 왕이 새로 즉위하고 태후가 권력을 잡자, 진나라에서 급히 공격했다. 조나라가 제나라에 구원을 요청하자 제나라에서 말했다.

"반드시 장안군長安君[②]을 인질로 삼게 한다면 군사를 출동시키겠다."

태후가 수긍하지 않자 대신들이 강하게 간언했다. 태후가 좌우에 일러 분명하게 말했다.

"다시 장안군을 인질로 삼자고 말하는 자는 노부老婦가 반드시 그의 얼굴에 침을 뱉을 것이오."

좌사 촉룡觸龍이 태후를 뵙기 원한다고 하자, 태후가 단단히 화가 나서 기다리라고 했다.[③]

孝成王元年[①] 秦伐我 拔三城 趙王新立 太后用事 秦急攻之 趙氏求救
於齊 齊曰 必以長安君[②]爲質 兵乃出 太后不肯 大臣彊諫 太后明謂左
右曰 復言長安君爲質者 老婦必唾其面 左師觸龍言願見太后 太后盛
氣而胥之[③]

① 孝成王元年효성왕원년

집해 서광이 말했다. "평원군이 재상이 되었다."

徐廣曰 平原君相也

② 長安君장안군

색은 공연이 말했다. "혜문후의 작은아들이다. 조나라에도 장안長安
이 있었는데, 지금 그 땅 이름이 빠져 있다."

孔衍云 惠文后之少子也 趙亦有長安 今其地闕

정의 장안군은 길이 편안한 데서 이름이 연유했다.

長安君者 以長安善 故名也

③ 太后盛氣而胥之태후성기이서지

집해 서胥는 수須(기다리다)와 같다. 《곡량전》에는 '서는 그 나오는 것이
다.[胥其出也]'라는 말이 있다.

胥猶須也 穀梁傳曰 胥其出也

촉룡이 천천히 종종걸음으로 가서 앉고, 스스로 사죄하며 말했다.
"노신이 발에 병이 들어서 일찍이 빨리 걸을 수 없었으므로 뵙지
못한 지 오래입니다. 마음속으로 자신의 노쇠를 생각함에 따라
제 스스로 헤아려보니, 아마 태후의 옥체도 아픈 곳이 있을까 여
겼으므로 태후를 뵙기를 원했습니다."
태후가 말했다.

"노부老婦는 가마에 의지하여 행차할 뿐이오.①"

촉룡이 말했다.

"식사는 줄지 않았습니까?"

태후가 말했다.

"죽에 의지할 뿐이오."

촉룡이 말했다.

"노신은 요사이 식욕이 없었습니다. 이에 억지로 날마다 3~4리를 산보했더니 조금씩 식욕도 늘고 몸이 좋아졌습니다."

태후가 말했다.

"노부는 하지 못할 것이오."

入 徐趨而坐 自謝曰 老臣病足 曾不能疾走 不得見久矣 竊自恕 而恐太后體之有所苦也 故願望見太后 太后曰 老婦恃輦而行耳① 曰 食得毋衰乎 曰 恃粥耳 曰 老臣間者殊不欲食 乃彊步 日三四里 少益嗜食 和於身也 太后曰 老婦不能

① 老婦恃輦而行耳노부시연이행이

[색은] 살펴보니 속석이 이르기를 "조나라 혜문왕 아들 하何는 오광吳廣의 생질이고 왜영娃嬴의 아들이다."라고 했다. 〈조세가〉로 계산한 것과 같다면, 무령왕 16년에 꿈을 꾸고 난 후 오왜吳娃를 궁에 들이고, 27년에 무령왕이 죽음에 이르렀으며, 혜문왕이 32년에 죽음에 이르렀고, 효성왕 원년에 장안군을 제나라에 인질로 보냈다. 만약 오왜의 나이 20세에 왕궁에 들어갔다면 이때에 또한 나이가 60세쯤에 이른 것이니 늙었다고 일컬을 수 있다. 속광미束廣微(속석)는 태후가 겨우 30세가량이었다고 말했

는데 잘못이다.

按 束晳云趙惠文王子何者 吳廣之甥 娃嬴之子也 如系家計之 則武靈王十六年
夢吳娃而納之 至二十七年王薨 及惠文王三十二年卒 孝成王元年遣長安君質
於齊 若娃年二十入王宮 至此亦年六十左側 亦可稱老 而束廣微言太后纔三十
有奇者 誤也

신주 앞서 사마정이 혜후惠后를 오왜가 아닌 무령왕의 첫 부인이라고
오해한 데서 잘못되어 색은 까지 이어졌다. 태후는 혜문왕의 부인이고
효성왕의 어머니이지 오왜가 아니다. 아울러 속석이 태후 나이를 30세가
량이었다고 한 것도 잘못이다.

태후는 언짢은 기색이 조금 풀어졌다. 좌사공이 말했다.

"노신에게는 천한 자식 서기舒祺가 있는데, 막내로 불초합니다.
신의 몸이 쇠약해지니 마음속으로 가련하면서도 사랑스럽습니
다. 부디 검은 옷①의 결원을 메워 왕궁을 호위할 수 있기를 원하
오니 죽음을 무릅쓰고 아뢰옵니다."

태후가 말했다.

"삼가 승낙하겠소. 나이가 몇 살이오?"

촉룡이 대답했다.

"15세입니다. 비록 어리지만 제가 구덩이를 메우기② 전에 의지하게
해주시길 원하옵니다."

태후가 말했다.

"장부들도 막내아들을 아끼고 애처로워합니까?"

촉룡이 대답했다.

"부인보다 더합니다."

태후가 웃으면서 말했다.

"부인들은 남달리 더하오."

촉룡이 대답했다.

"노신은 마음속으로 태후께서는③ 장안군보다 연후燕后를 더 사랑하신다고 생각했습니다."

태후가 말했다.

"군君께서 지나치십니다. 장안군을 사랑하는 것만큼 깊지는 않습니다."

太后不和之色少解 左師公曰 老臣賤息舒祺最少 不肖 而臣衰 竊憐愛之 願得補黑衣①之缺以衛王宮 昧死以聞 太后曰 敬諾 年幾何矣 對曰 十五歲矣 雖少 願及未塡溝壑②而託之 太后曰 丈夫亦愛憐少子乎 對曰 甚於婦人 太后笑曰 婦人異甚 對曰 老臣竊以爲媼③之愛燕后賢於長安君 太后曰 君過矣 不若長安君之甚

① 黑衣흑의

신주 궁성을 호위하는 무사들이 입는 검은 옷을 말한다.

② 塡溝壑전구학

신주 죽어서 구덩이에 묻히는 것을 말하니, 곧 '죽음'이다.

③ 媼온

신주 온媼은 '할머니'라는 뜻이다. 여기서는 태후를 가리킨다.

좌사공이 말했다.

"부모가 자식을 사랑하면 곧 깊고 먼 것을 계획하게 됩니다. 태후께서 연후를 시집보내실 때 발꿈치를 붙잡고 우셨는데, 멀리 떠나는 것을 생각하니 또한 애처로우셨던 것입니다. 시집을 간 후에 생각하지 않으신 것은 아니지만 제사 때 곧 빌어 말하기를 '반드시 돌아오지 않게 해주소서.'라고 하셨으니 어찌 장구한 계획으로 자손들이 서로 계승해서 (연나라) 왕이 되기를[①] 바란 것이 아니겠습니까?"

태후가 말했다.

"그럴 것입니다."

좌사공이 말했다.

"지금 3대 이전에 조나라 군주의 자손이 후侯로 그 자리를 대대로 이어온 자가 있습니까?"

태후가 말했다.

"없소."

좌사공이 말했다.

"유독 조나라가 아니더라도 다른 제후의 자손 중에는 있습니까?"

태후가 말했다.

"노부는 듣지 못했소."

좌사공이 말했다.

"이는 가까운 화는 자신에게 닥치고, 먼 화는 자손에게 닥친다고 했습니다. 어찌 군주의 아들로 후가 된 자가 곧 착하지 않기 때문이겠습니까? 지위는 높은데 공은 없고, 봉록은 두터운데 수고로

움은 없으면서 몸에 보배로운 기물만 많이 지니고 있었기 때문이지요. 지금 태후께서 장안군의 지위를 높여주고 기름진 땅을 봉해 주셨으며, 많은 보배로운 기물도 주셨습니다. 그러나 지금 그로 하여금 나라에 공을 세우게 하려는데 미치지 못하게 하시니 하루아침에 산릉山陵이 무너진다면[2] 장안군이 어떻게 조나라에 자신을 의탁하겠습니까? 그래서 노신은 태후께서 장안군을 위하는 계책이 짧다고 여겼습니다. 이 때문에 사랑하시는 것이 연후만 같지 못하다고 했던 것입니다."

태후가 말했다.

"허락하오. 군께서 쓰시는 바대로 맡기겠소."

이에 장안군에게 100대의 수레를 주어 제나라에 인질로 보내자, 제나라에서 군사를 출동시켰다.

左師公曰 父母愛子則爲之計深遠 媼之送燕后也 持其踵 爲之泣 念其遠也 亦哀之矣 已行 非不思也 祭祀則祝之曰 必勿使反 豈非計長久 爲子孫相繼爲王[1]也哉 太后曰 然 左師公曰 今三世以前 至於趙主之子孫爲侯者 其繼有在者乎 曰 無有 曰 微獨趙 諸侯有在者乎 曰 老婦不聞也曰 此其近者禍及其身 遠者及其子孫 豈人主之子侯則不善哉 位尊而無功 奉厚而無勞 而挾重器多也 今媼尊長安君之位 而封之以膏腴之地 多與之重器 而不及今令有功於國 一旦山陵崩[2] 長安君何以自託於趙 老臣以媼爲長安君之計短也 故以爲愛之不若燕后 太后曰 諾 恣君之所使之 於是爲長安君約車百乘 質於齊 齊兵乃出

① 爲王 위왕

신주 효성왕 누이는 연나라에 시집가서 '연후'라고 부르니, 여기 왕은 그 자손인 연나라 왕을 말한다.

② 山陵崩산릉봉

신주 '태후께서 세상을 떠나면'이라는 뜻이다.

자의子義^①가 듣고 말했다.

"인주의 자식은 (국군國君과) 골육으로 친한 관계이다. 그렇지만 오히려 공이 없는 존귀함이나 수고로움이 없는 봉록으로는 금과 옥의 귀중함을 지킬 수 없는 것이다. 하물며 나 같은 사람에 있어서랴."

子義^①聞之 曰 人主之子 骨肉之親也 猶不能持無功之尊 無勞之奉 而守金玉之重也 而況於予乎

---

① 子義자의

색은 자의는 조나라 현인이다.

子義 趙之賢人

제6장 전국시대의 소용돌이   289

제나라 안평군安平君^① 전단田單은 조나라 군사를 인솔하고 연나라 중양中陽^②을 공격해 함락시켰다. 또 한나라 주인注人^③을 공격해 함락시켰다.

2년, 혜문후가 죽었다. 전단이 (제나라) 재상이 되었다.

齊安平君^①田單將趙師而攻燕中陽^② 拔之 又攻韓注人^③ 拔之 二年 惠文后卒 田單爲相

① 安平君안평군

[정의] 《괄지지》에서 말한다. "안평성은 청주 임치현 동쪽 19리에 있는데, 옛날 기紀나라의 휴읍鄑邑이다."

括地志云 安平城在靑州臨淄縣東十九里 古紀之鄑邑也

② 燕中陽연중양

[집해] 서광이 말했다. "다른 판본에는 '인人'으로 되어 있다

徐廣曰 一作人

[정의] 연나라에는 중양中陽이 없다. 《괄지지》에서 말한다. "중산군 고성은 일명 중인정中人亭이라고 한다. 정주 당현 동북쪽 41리에 있다. 이때에는 연나라에 속했다."

燕無中陽 括地志云 中山故城一名中人亭 在定州唐縣東北四十一里 爾時屬燕國也

[신주] 《사기지의》에서는 고증하여 '중인'이라고 한다. 하지만 여기서 제시한 중산군 당현은 당시 조나라 영토일 가능성이 많다. 조나라가 전단에게 군사를 주어 연나라를 치게 했다는 것도 의문이다. 당시 조나라와

연나라는 매우 사이가 좋았기 때문이다.

③ 注人주인

정의 읍 이름이다. 《괄지지》에서 "주성은 여주 양현 서쪽 15리에 있다."라고 했는데, 아마 이곳이 그 땅일 것이다.

邑名也 括地志云注城在汝州梁縣西十五里 蓋是其地也

참패한 장평대전

4년, 왕의 꿈에 양쪽 색이 다르게 꿰매진 옷을 입고[①] 나는 용을 타고 하늘로 오르다가 하늘에 이르지 못하고 떨어졌는데, 금과 옥이 산처럼 쌓여 있는 것을 보았다. 다음 날 왕이 점치는 사관, 감敢을 불러서 점을 치게 했다. 감이 말했다.

"꿈에 양쪽이 다른 색의 꿰맨 옷을 입은 것은 해로운 것입니다. 나는 용을 타고 하늘에 오르다가 이르지 못하고 떨어진 것은 기운은 있지만 실속이 없는 것입니다. 금과 옥이 산처럼 쌓인 것을 본 것은 걱정거리가 생긴다는 뜻입니다."

四年 王夢衣偏裻之衣[①] 乘飛龍上天 不至而墜 見金玉之積如山 明日 王召筮史敢占之 曰 夢衣偏裻之衣者 殘也 乘飛龍上天不至而墜者 有氣而無實也 見金玉之積如山者 憂也

① 偏裻之衣편독지의

정의 두예가 말했다. "편偏은 좌우가 색이 다른 것이다. 등솔기가 중간에 있고 좌우가 다른 것이므로 편偏이라고 한다." 살펴보니 독裻은 의복의 등을 꿰맨 것이다.

杜預云 偏 左右異色 裻在中 左右異 故曰偏 按 裻 衣背縫也

3일 뒤, 한나라 상당태수 풍정馮亭의 사신이 와서 말했다.

"한나라는 상당을 지키지 못해 진秦나라 땅으로 편입하려고 합니다만, 상당의 관리나 백성은 모두 조나라의 관리나 백성이 되는 것을 편안하게 여겨서 진나라로 들어가려고 하지 않습니다. 상당에는 성시城市의 읍邑이 17개①입니다. 재배하고 조나라로 편입시켜 주시길 원하니 왕께서는 재단하셔서 관리와 백성을 나누어 주십시오."

왕은 크게 기뻐하고 평양군 조표趙豹를 불러서 알려 말했다.

"풍정이 성읍 17개를 조나라에 헌상한다는데, 받아들이는 것이 어떻소?"

조표가 대답해 말했다.

"성인聖人께서는 까닭이 없는 이익을 받는 것을 매우 재앙으로 여겼습니다."

왕이 말했다.

"사람들이 나의 덕을 마음에 품고 있다는데 어찌 까닭이 없다고 하는가?"

後三日 韓氏上黨守馮亭使者至 曰 韓不能守上黨 入之於秦 其吏民皆安爲趙 不欲爲秦 有城市邑十七① 願再拜入之趙 財王所以賜吏民 王大喜 召平陽君豹告之曰 馮亭入城市邑十七 受之何如 對曰 聖人甚禍無故之利 王曰 人懷吾德 何謂無故乎

① 十七십칠

신주 〈조세가〉에서는 모두 '십칠十七'로 나오지만, 《전국책》에서는 '칠십七十'이라고 했다.

(조표가) 대답하며 말했다.

"무릇 진나라는 한나라 땅을 잠식하고 중간을 끊어서 서로 통하지 않게 해버렸습니다. 진실로 진나라 자신은 앉아서 상당上黨 땅을 손에 넣으려고 생각했기 때문입니다. 한나라가 (상당 땅을) 진나라에 편입시키려 하지 않는 것은 그 재앙을 조나라에 떠넘기려는 것입니다. 진나라가 수고롭게 일했지만 조나라가 그 이익을 받게 됩니다. 비록 강대한 진나라라도 약소한 한나라로부터 이익을 받을 수 없는데, 약소한 조나라가 강대한 진나라에게 이익을 취할 수 있겠습니까? 어찌 이유 없는 이익이 아니라고 할 수 있겠습니까? 또 무릇 진나라는 소를 이용해서 밭을 갈아 수확하고,① 강을 통해 양식을 운반하며,② 이름난 역전의 용사③가 상국上國의 땅을 나누어 갖고④ 이미 그 정치가 시행되고 있습니다. 그러니 진나라와 소동을 일으키는 것은 옳지 않습니다. 반드시 (상당을) 받아서는 안 됩니다."

왕이 말했다.

"지금 100만⑤ 군사를 일으켜 공격해도 해를 넘겨 1년이 걸려도 하나의 성도 얻지 못할 것이오. 지금 성시와 읍 17개가 우리나라의 재물이 된다면⑥ 이는 큰 이익이오."

對曰 夫秦蠶食韓氏地 中絶不令相通 固自以爲坐而受上黨之地也 韓氏所以不入於秦者 欲嫁其禍於趙也 秦服其勞而趙受其利 雖彊大不能得之於小弱 小弱顧能得之於彊大乎 豈可謂非無故之利哉 且夫秦以牛田之①水通糧②蠶食 上乘倍戰者③ 裂上國之地④ 其政行 不可與爲難 必勿受也 王曰 今發百萬⑤之軍而攻 踰年歷歲未得一城也 今以城市邑十七幣吾國⑥ 此大利也

① 且夫秦以牛田之차부진이우전지

집해 서광이 말했다. "다른 판본에는 '지之' 자가 없다."

徐廣曰 一無此字

정의 진나라가 한나라를 잠식해 나라의 가운데를 끊어서 서로 통하지 못했다. 무릇 소로 밭을 갈고 곡식을 심어 가을에 이르러 수확을 한다는 것은 성숙기를 뜻하는 것이다. 진나라가 한나라 상당을 침벌했는데 이기는 날이 있는 것은 소로 밭을 갈아 반드시 수확을 바란다는 것과 같다는 말이다.

秦蠶食韓氏 國中斷不通 夫牛耕田種穀 至秋則收之 成熟之義也 言秦伐韓上黨 勝有日矣 若牛田之必冀收穫矣

② 水通糧수통량

정의 진나라에서 위수渭水를 따라 군량을 운반하여 동쪽 하수와 낙수로 들여보내서 군대가 한나라의 상당을 공격한 것이다.

秦從渭水漕糧東入河洛 軍擊韓上黨也

③ 蠶食 上乘倍戰者잠식 상승배전자

[정의] 乘의 발음은 '승[承證反]'이다. 누에가 뽕잎을 갉아 먹는 것처럼 점점 나아가 반드시 다 먹는다는 것이다. 《사마법》에서 말한다. "100무畝를 부夫라 하고, 3부를 옥屋이라 하고, 3옥을 정井이라 하고, 10정을 통通이라 하고, 10통을 성成이라 한다. 성成에서는 혁거革車 1승을 내는데 72인이다." 상승上乘은 천하에서 제일이다. 배전倍戰은 힘써 공격하는 것이다. 한나라는 사방으로 싸우는 땅이라 군사들이 전투에 익숙한 점이 다른 나라보다 갑절이다.

乘 承證反 蠶食桑葉 漸進必盡也 司馬法云 百畝爲夫 夫三爲屋 屋三爲井 井十爲通 通十爲成 成出革車一乘 七十二人也 上乘 天下第一也 倍戰 力攻也 韓國四戰之地 軍士慣習 倍於餘國

④ 裂上國之地열상국지지

[정의] 상국上國은 진秦나라 땅이다. 한나라 상당의 땅을 찢어서 진나라 땅으로 만들었는데 그 정치가 이미 행해지고 있으니 조나라가 진秦나라와 더불어 난을 일으키는 것은 옳지 못하므로 반드시 풍정馮亭의 17개 읍을 받지 말라는 말이다.

上國 秦地也 言韓上黨之地以列爲秦國之地 其政已行 趙不可與秦作難 必莫受馮亭十七邑也

[신주] 본문을 본다면 상국은 진나라가 아니라 한韓나라이다. 아마 한나라가 주周나라를 빙 둘러싸고 있으므로 이렇게 표현했다고 보인다. 《전국책》에서는 단지 '상上'이라고 하는데, 그 뜻이 맞을 것이다.

⑤ 百萬백만

신주 많다는 뜻이다. 실제 100만이 아니다.

⑥ 城市邑十七幣吾國성시읍십칠폐오국

정의 풍정이 17개의 읍을 가지고 조나라에 들어오는 것은 폐백을 보내오는 것과 같으니, 큰 이익이라는 뜻이다.

馮亭將十七邑入趙 若幣帛之見遺 此大利也

조표趙豹가 나가버렸다. 왕이 평원군平原君과 조우趙禹를 불러서 알렸다. 이들이 대답했다.

"100만의 군사를 일으켜 공격해서 한 해를 넘겨도 성 하나를 얻을 수 없는데 지금 앉아서 성읍 17개를 받는다면 이는 큰 이익이니 잃어서는 안 될 것입니다."

왕이 말했다.

"좋은 말씀이오."

이에 평원군 조승趙勝을 시켜 땅을 받게 하고 풍정에게 알려서 말했다.

"폐국의 사신인 신 조승입니다. 폐국의 군주께서 저 조승을 시켜 명을 이르게 했습니다. 1만 호의 도시 셋을 태수에 봉하고,① 1,000호의 도시 셋을 현령에게 봉하고, 모두 대대로 후侯로 삼는다. 관리와 백성은 모두 작위 3급을 승진시킨다. 관리와 백성이 편안하도록 모두에게 육금六金을 하사한다."

趙豹出 王召平原君與趙禹而告之 對曰 發百萬之軍而攻 踰歲未得一

城 今坐受城市邑十七 此大利 不可失也 王曰 善 乃令趙勝受地 告馮亭
曰 敝國使者臣勝 敝國君使勝致命 以萬戶都三封太守^① 千戶都三封縣
令 皆世世爲侯 吏民皆益爵三級 吏民能相安 皆賜之六金

① 封太守봉태수

정의 당시에는 '태수'라는 말이 합당하지 않다. 한漢나라 경제景帝 때에 이르러 처음으로 태수를 더했다. 이곳에서 말한 '태太' 자는 쓸데없는 글자이다.

爾時未合言太守 至漢景帝始加太守 此言太 衍字也

풍정이 눈물을 흘리면서 사신을 보지 않고 말했다.

"나는 세 가지 불의에 빠질 수 없소.^① 주인을 위해서 땅을 지키는데 죽음으로 굳게 하지 못했으니 첫 번째 불의요. 진나라로 들이라는 군주의 명령을 듣지 않았으니 두 번째 불의요. 주인의 땅을 팔아먹었으니 세 번째 불의요."

조나라는 마침내 군사를 일으켜 상당을 차지했다.^② 염파 장군은 장평長平^③에 주둔했다

馮亭垂涕不見使者 曰 吾不處三不義也^① 爲主守地 不能死固 不義一矣
入之秦 不聽主令 不義二矣 賣主地而食之 不義三矣 趙遂發兵取上黨^②
廉頗將軍軍長平^③

① 吾不處三不義也오불처삼불의야

신주 《전국책》〈조책〉에서는 "나는 세 가지 불의한 일에 처했소.[是吾處三不義也]"라고 기록해서 '불不' 자가 빠져 있다. 뒤의 문맥상 《전국책》이 맞다.

② 趙遂發兵取上黨조수발병취상당

집해 《한서》〈풍봉세전〉에서 말한다. "조나라는 풍정을 봉해 화릉군華陵君으로 삼았는데, 조나라 장수 조괄과 함께 진나라를 막다가 장평에서 전사했다. 종족들이 이로 말미암아 흩어졌는데 혹은 조나라에 있었다. 조나라에 남은 자는 관사장官師將이 되었고 관사장의 아들이 대代의 재상이 되었다. 진나라가 6국을 멸하게 되자, 풍정의 후예 풍무택馮無擇과 풍거질馮去疾과 풍겁馮劫은 모두 진나라 장수나 재상이 되었다. 한나라가 일어날 때의 풍당馮唐은 곧 대나라 재상의 아들이다."《상당기》에서 말한다. "풍정 무덤은 호관성壺關城 서쪽 5리에 있다."

漢書馮奉世傳曰 趙封亭爲華陵君 與趙將括距秦 戰死於長平 宗族由是分散 或在趙 在趙者 爲官師將 官師將子爲代相 及秦滅六國 而馮亭之後馮無擇馮去疾馮劫皆爲秦將相焉 漢興 馮唐即代相之子也 上黨記云 馮亭家在壷關城西五里

③ 長平장평

정의 《괄지지》에서 말한다. "장평 고성은 택주 고평현 서쪽 21리에 있는데, 곧 백기가 조괄을 장평에서 무찌른 곳이다."

括地志云 長平故城在澤州高平縣西二十一里 即白起敗括於長平處

7년, 염파 장군이 면직되고 조괄趙括이 장군을 대신했다. 진나라 사람들이 조괄을 포위했다. 조괄이 군사들을 데리고 항복하자, 군졸 40여만 명을 모두 구덩이에 묻었다.[①]

왕은 조표의 계책을 듣지 않아서 장평의 재앙을 초래한 것을 후회했다.

七(年)[月] 廉頗免而趙括代將 秦人圍趙括 趙括以軍降 卒四十餘萬皆阬之[①] 王悔不聽趙豹之計 故有長平之禍焉

① 趙括以軍降 卒四十餘萬皆阬之조괄이군강 졸사십여만개갱지

신주 이것이 전국시대 운명을 가른 장평대전이다. 한나라, 위나라, 초나라는 이미 진나라에게 많은 영토를 잃었고, 조나라도 서쪽의 많은 영토를 잃은 상태였다. 설상가상 이 싸움에서 진나라와 맞서던 조나라가 대패하면서 사실상 진나라 통일시대가 열린 것이나 마찬가지였다. 〈진본기〉, 〈조세가〉, 〈한세가〉, 〈염파열전〉, 〈백기열전〉, 〈육국연표〉를 종합하여 전투 경과를 나타내면 다음과 같다. 본문에는 조나라 기년이 많이 빠져 있다.

1) 진나라 소양왕 44년(조나라 효성왕 3, 서기전 263) 진나라 백기가 한나라 태항산 남부 일대를 쳐서 남양南陽, 즉 하내군河內郡 획가현獲嘉縣 일대를 점령하자, 한나라는 남북으로 분단될 위험에 놓인다. 이전에 위나라는 상당 서쪽 땅을, 한나라는 낙양 서쪽 땅을 모두 진나라에 잃은 상태였다.

2) 진나라 소양왕 45년, 진나라가 한나라 야왕野王, 즉 하내군 심양현沁陽縣 일대 등 10성을 빼앗자, 한나라 상당 땅은 완전히 본토인 남쪽과 분리되었다. 그러자 풍정이 조나라에 땅을 들이려 했는데, 조나라는 평

원군 조승을 보내 접수했다.

　3) 진나라 소양왕 46년, 진나라는 다시 한나라 유지와 인繭을 함락시켜, 상당을 도우려는 한나라를 막고 상당을 차지하기 위한 마지막 작업을 마무리한다.

　4) 진나라 소양왕 47년(조나라 효성왕 6년, 서기전 260), 진나라는 왕흘王齕을 보내 상당으로 들어가고, 조나라는 염파를 보내 장평에 주둔시켜 진무하게 한다. 7월에 반간계에 속은 조나라 효성왕이 염파를 조괄로 교체한다. 진나라는 백기白起를 상장군으로, 왕흘을 비장으로 하여 재정비한다. 9월에 조군은 전멸당하고, 진나라는 10월에 상당을 접수한다.

　왕은 그럼에도 진나라의 명을 듣지 않았다. 진나라에서 한단을 포위했다.[1] 무원武垣[2] 현령 부표傅豹와 왕용王容과 소석은 연나라 무리를 인솔하고 연나라 땅으로 되돌렸다.[3]

　조나라는 영구靈丘[4]를 초나라 재상 춘신군春申君에게 봉했다.

　王還 不聽秦 秦圍邯鄲[1] 武垣[2]令傅豹王容蘇射率燕衆反燕地[3] 趙以靈丘[4]封楚相春申君

---

①　秦圍邯鄲진위한단

　집해　서광이 말했다. "9년에 있었다."

　徐廣曰 在九年

②　武垣무원

집해 서광이 말했다. "하간군에 무원현이 있는데 본래는 탁군에 속했다."

徐廣曰 河間有武垣縣 本屬涿郡

정의 《괄지지》에서 말한다. "무원 고성은 지금 영주성이 맞다."

括地志云 武垣故城今瀛州城是也

③ 率燕衆反燕地솔연중반연지

집해 서광이 말했다. "무원은 이때 조나라에 속했는데 연나라와 국경을 접하고 있었다. 그러므로 연나라 무리를 인솔하고 연나라의 땅으로 되돌린 것이다."

武垣此時屬趙 與燕接境 故云率燕衆反燕地也

④ 靈丘영구

정의 《괄지지》에서 말한다. "영구는 울주 치소현이다."

括地志云 靈丘 蔚州理縣也

신주 여기 영구는 전한 때 청하군 지역으로 비정된다. 《중국역사지도집》에도 그렇게 나온다.

8년, 평원군이 초나라에 가서 구원을 요청하고 돌아왔다. 초나라에서 원군이 왔다. 위魏나라 공자 무기無忌도 와서 구원했으므로① 진나라는 한단의 포위를 풀었다.

八年 平原君如楚請救 還 楚來救 及魏公子無忌亦來救① 秦圍邯鄲乃解

① 及**魏**公子無忌亦來救_{급위공자무기역래구}

정의 〈위공자전〉에서 말한다. "조왕이 호鄗 땅을 공자의 탕목읍湯沐邑
으로 삼았다." 〈육국연표〉에서 말한다. "9년에 공자 무기가 한단을 구원
했다." 그렇다면 포위한 것이 9년에 있어야 하니, 이 문장은 착오이다.

魏公子傳云趙王以鄗爲公子湯沐邑 年表云九年公子無忌救邯鄲 圍在九年 其
文錯誤

10년, 연나라에서 창장昌壯을 공격해① 5월에 함락시켰다. 조나라
장수 악승樂乘과 경사慶舍가 진나라 신량信梁의 군사를 공격해 쳐
부수었다.②
태자가 죽었다.③ 진나라는 서주西周를 공격해서 함락시켰다. 도
부기徒父祺④가 출병했다.⑤
十年 燕攻昌壯① 五月拔之 趙將樂乘慶舍攻秦信梁軍 破之② 太子死③
而秦攻西周 拔之 徒父祺④出⑤

---

① 燕攻昌壯_{연공창장}

집해 서광이 말했다. "다른 판본에는 '사社'로 되어 있다."

徐廣曰 一作社

정의 '장壯' 자는 잘못되었으며 당연히 '성城' 자가 되어야 한다. 《괄지
지》에서 말한다. "창성 옛 성은 기주 신도현 서북쪽 5리에 있다." 이때
조나라에 속해 있으므로 공격한 것이다.

壯字誤 當作城 括地志云 昌城故城在冀州信都縣西北五里 此時屬趙 故攻之也

② 攻秦信梁軍 破之공진신량군 파지

[집해] 서광이 말했다. "〈육국연표〉에서는 신중新中의 군대라고 했다."

徐廣曰 年表云新中軍也

[색은] 신량은 진나라 장수이다.

信梁 秦將也

[정의] 신량은 아마 왕흘王齕의 호일 것이다. 〈진본기〉에서 말한다. "소양왕 50년에 왕흘이 당唐을 따라서 영신중寧新中을 함락하고 영신중의 이름을 안양安陽으로 고쳤다." 지금 상주를 다스리는 현이다. 〈육국연표〉에서 "한, 위, 초가 조나라 신중新中의 군사를 구원하자, 진秦나라 군사가 철수했다."라고 한 것이 이것이다.

信梁蓋王齕號也 秦本紀云昭襄王五十年王齕從唐拔寧新中 寧新中更名安陽 今相州理縣也 年表云韓魏楚救趙新中軍 秦兵罷是也

③ 太子死태자사

[집해] 서광이 말했다. "이해에 주나라 난왕赧王이 죽었다. 혹은 '태자가 천자인가?'라고 말했다."

徐廣曰 是年周赧王卒 或者 太子云 天子乎

[색은] 조나라 태자인데 역사서에서 이름을 잃었다.

趙之太子也 史失名

④ 徒父祺도부기

[색은] 조나라 대부이고 이름은 기祺이다.

趙大夫 名祺

⑤ 出출

정의 조나라는 진秦나라가 서주를 함락시키는 것을 보자, 도부기에게
군사를 거느리고 국경을 나가도록 했다.

趙見秦拔西周 故令徒父祺將兵出境也

> 11년, 원지元氏①에 성을 쌓고 상원上原현으로 삼았다. 무양군武陽
> 君 정안평鄭安平②이 죽어 그의 땅을 거두어들였다.
> 12년, 한단의 회廥에 불이 났다.③
> 14년, 평원군 조승이 죽었다.④
> 十一年 城元氏① 縣上原 武陽君鄭安平②死 收其地 十二年 邯鄲廥燒③
> 十四年 平原君趙勝死④

① 元氏원지

집해 〈지리지〉에는 상산군에 원지현이 있다.

地理志常山有元氏縣

정의 원지는 조주현이다.

元氏 趙州縣也

② 武陽君鄭安平무양군정안평

집해 서광이 말했다. "지난날 진나라 장수인데 조나라에 항복한 자이다."

徐廣曰 故秦將降趙也

③ 邯鄲廥燒한단회요

[집해] 서광이 말했다. "회廥는 마굿간 이름이다. 발음은 '회膾'이다."

徐廣曰 廥 廄之名 音膾也

[색은] 회廥는 말의 건초를 쌓아두는 창고인데 불에 탄 것이다.

廥 積蒭稿之處 爲火所燒也

④ 平原君趙勝死평원군조승사

[색은] 〈육국연표〉를 살펴보니 15년에 있었다.

按年表在十五年也

[신주] 〈평원군전〉에서도 15년이라고 했다.

마지막 저항

15년, 위문尉文 땅을 상국相國 염파廉頗에게 봉하고 신평군信平君으로 삼았다.[1]

연나라 왕은 승상 율복栗腹을 보내 화약을 맺어 사이좋게 지내자고 하면서 500금으로 조왕을 위해 주연을 베풀게 했다. 그러나 돌아와서 연나라 왕에게 보고하며 말했다.

"조나라 젊은이들은 모두 장평長平에서 죽었고, 그의 고아들은 아직 자라지 않았습니다. 정벌할 만합니다."

연왕은 창국군昌國君 악간樂間을 불러서 물었다. 창국군이 대답했다.

"조나라는 사방으로 싸우는 나라입니다. 그 백성은 전쟁에 익숙합니다. 정벌하는 것은 안 됩니다."

十五年 以尉文封相國廉頗爲信平君[1] 燕王令丞相栗腹約驩 以五百金爲趙王酒 還歸 報燕王曰 趙氏壯者皆死長平 其孤未壯 可伐也 王召昌國君樂間而問之 對曰 趙 四戰之國也 其民習兵 伐之不可

---

[1] 以尉文封相國廉頗爲信平君이위문봉상국염파위신평군

[색은] 위문은 아마 지명일 것이다. 어떤 이는 위尉는 관청이고 문文은 이름이라고 했다. 위문을 식읍의 땅으로 삼아 염파에게 봉한 것을 말한다. 옛글은 본질을 간략하게 해서 문장이 생략되었을 뿐이다.

尉文蓋地名 或曰 尉 官 文 名 謂以尉文所食之地以封廉頗也 古文質略 文省耳

[정의] 위문은 아마 울주(代) 땅일 것이다. 신평信平은 염파의 호이다. 믿음이 군세고 화평하다는 말이다.

尉文蓋蔚州地也 信平 廉頗號也 言篤信而平和也

[신주] 〈염파인상여열전〉에 따르면 염파가 신평군이 된 것은 연나라를 물리친 다음의 일이다.

왕이 말했다.

"우리가 많은 군사로 적은 군사를 정벌하려 하는데 둘로써 하나를 정벌한다면 가능하겠는가?"

대답하며 말했다.

"안 됩니다."

왕이 말했다.

"우리가 곧 다섯으로 하나를 정벌한다면 가능하겠는가?"

악간이 대답했다.

"안 됩니다."

연왕은 크게 노했다. 신하들은 가능하다고 했다. 연나라에서 마침내 이군二軍과 병거 2,000승乘을 일으키고, 율복栗腹을 장수로 삼아 호鄗를 공격하고 경진卿秦을 장수로 삼아 대代를 공격했다.①

염파는 조나라 장군이 되어 율복을 쳐부수어 죽이고 경진과 악간을 포로로 잡았다.[2]

王曰 吾以衆伐寡 二而伐一 可乎 對曰 不可 王曰 吾即以五而伐一 可乎 對曰 不可 燕王大怒 群臣皆以爲可 燕卒起二軍 車二千乘 栗腹將而攻鄗 卿秦將而攻代[1] 廉頗爲趙將 破殺栗腹 虜卿秦樂間[2]

① 栗腹將而攻鄗 卿秦將而攻代율복장이공호 경진장이공대

색은 율복과 경진은 모두 연나라 장수 이름이다.

二人皆燕將姓名

신주 〈연소공세가〉에 따르면 율복은 연나라 서남부에서 조나라 동쪽 접경을 따라 내려와 서쪽 상산군 방향으로 공격했고, 경진은 연나라 서북부에서 대군 방향으로 공격했다. 이때 연나라는 마지막 왕 희喜 4년이다. 진나라의 전국 통일을 눈앞에 두고 단결해서 맞서기보다 조나라의 약한 틈을 노려 땅을 차지하려 한 단견이 눈에 띈다.

② 殺栗腹 虜卿秦樂間살율복 노경진악간

정의 세 사람은 모두 연나라의 장수 이름이다.

三人皆燕將(姓)也

16년, 염파가 연나라를 포위했다. 악승樂乘을 무양군武襄君으로 삼았다.[①]

17년, 임시 재상인 대장 무양군은 연나라를 공격하고 그 국도를 포위했다.

18년, 연릉균延陵鈞[②]은 군사를 인솔하고 상국 신평군(염파)을 따라 위魏나라를 도와 연나라를 공격했다.

진秦나라는 조나라 유차楡次 등의 37개 성城[③]을 함락시켰다.

十六年 廉頗圍燕 以樂乘爲武襄君[①] 十七年 假相大將武襄君攻燕 圍其國 十八年 延陵鈞[②]率師從相國信平君助魏攻燕 秦拔我楡次三十七城[③]

① 樂乘爲武襄君악승위무양군

| 정의 | 양襄은 들다, 올린다는 뜻이다. 악승樂乘의 공이 최고라는 말이다.

襄 擧也 上也 言樂乘功最高也

② 延陵鈞연릉균

| 집해 | 서광이 말했다. "대군에 연릉현이 있다."

徐廣曰 代郡有延陵縣

신주 《전국책》과 〈육국연표〉에 따르면 한, 위, 제가 합동으로 연나라를 공격한 것은 연나라 혜왕 7년이다. 조나라 혜문왕 27년이다.

③ 楡次三十七城유차삼십칠성

| 집해 | 서광이 말했다. "태원군에 있다."

徐廣曰 在太原

신주 〈육국연표〉에서도 이 사건은 효성왕 18년이지만 〈진본기〉에서는 진나라 장양왕 3년이니 효성왕 19년에 해당한다.

19년, 조나라와 연나라가 땅을 바꾸었다.[①] 조나라는 용태龍兌,[②] 분문汾門,[③] 임락臨樂[④]을 연나라에 주었고 연나라는 갈葛, 무양武陽,[⑤] 평서平舒[⑥]를 조나라에 주었다.

十九年 趙與燕易土[①] 以龍兌[②]汾門[③]臨樂[④]與燕 燕以葛武陽[⑤]平舒[⑥]與趙

---

① 趙與燕易土조여연역토

색은 易의 발음은 '역亦'이다. 조나라가 연나라와 현을 교환한 것을 이른 것이다.

音亦 謂與燕換易縣也

신주 조나라는 주로 역易 부근의 땅을 주고, 연나라는 주로 하간군 부근의 땅을 주었다.

② 龍兌용태

정의 《괄지지》에서 말한다. "북신성의 고성은 역주 수성현 서남쪽 20리에 있다. 살펴보니 수성현 서남쪽 25리에 용산이 있다. 형자려邢子勵의 《조기》에서 '용산에는 4개의 산줄기가 있어서 각각 동굴이 하나씩 있는데, 크기는 수레바퀴와 같다. 봄바람은 동쪽에서 나오고, 가을바람은 서쪽에서 나오고, 여름바람은 남쪽에서 나오고, 겨울바람은 북쪽에서 나오는데, 서로의 차례를 빼앗지 않는다.'라고 했다." 살펴보니 아마 용태龍兌

를 이른 것이다.

括地志云 北新城故城在易州遂城縣西南二十里 按 遂城縣西南二十五里有龍
山 邢子勵趙記云 龍山有四麓 各有一穴 大如車輪 春風出東 秋風出西 夏風出
南 冬風出北 不相奪倫 按蓋謂龍兌也

신주 역주 수성현은 지금의 하북성에 있던 낙랑군 수성현을 수隋나라
에서 옮긴 지명이다. 원래 이름은 무수武遂이다. 고구려가 낙랑군을 비
롯하여 원래 고조선 영역인 요동까지 다 차지하고 현재 난하 동쪽을 경
영했다. 그러자 수나라는 원래 요동 지역의 지명들을 유주幽州 경내로 이
치시킨다. 그리하여 낙랑군 수성현은 역주로 이름을 옮겨오게 된다. 《통
전》의 저자 두우杜佑는 그것을 착각하여 이곳에서 장성이 시작되었다고
했다. 그리하여 저절로 낙랑군 수성현이 만리장성의 시작점이자 갈석산
이 되었다.

③ 汾門분문

[집해] 서광이 말했다. "북신성에 있다."

徐廣曰 在北新城

[정의] 《괄지지》에서 말한다. "역주 영락현에 있는 서수徐水는 광창령에
서 나오는데, 3개의 수원이 기이하게 일어나 함께 한줄기로 쏟아진다. 흘
러서 북평현 동남쪽에 이르러 석문 가운데를 지나는데, 세속에서는 용
문이라고 한다. 물은 그 사이를 지나 매우 세차게 흘러 남쪽으로 나가 돌
에 부딪쳐 정井을 만들었다." 아마 '분汾' 자는 잘못된 것 같다. 수성현과
영락현, 고안현, 신성현의 땅이다.

括地志云 易州永樂縣有徐水 出廣昌嶺 三源奇發 同瀉一澗 流至北平縣東南
歷石門中 俗謂之龍門 水經其間 奔激南出 触石成井 蓋汾字誤也 遂城及永樂

[固]安新城縣地也

④ 臨樂임락

집해 서광이 말했다. "방성에 임향이 있다."

徐廣曰 方城有臨鄉

정의 《괄지지》에서 말한다. "임향 고성은 유주 고안 남쪽 17리에 있다."

括地志云 臨鄉故城在幽州固安南十七里也

⑤ 葛武陽갈무양

집해 서광이 말했다. "갈성은 고양에 있다."

徐廣曰 葛城在高陽

정의 《괄지지》에서 말한다. "옛 갈성은 서하성이라고 부른다. 영주 고양현 서북쪽 50리에 있다."

括地志云 故葛城又名西河城 在瀛州高陽縣西北五十里

신주 영주瀛州는 한나라 하간군 일대이다. 무양이 어느 곳인지는 자세하지 않다. 《수경주》에서는 역수 일대에 무양이 있고, 《수서》〈지리지〉에서는 후한시대 양평군과 청하군 일대에 무양군이 설치되었다고 한다. 청하군은 하간군 바로 남쪽이므로 그 일대일 것으로 생각된다. 마침 주변 신도군에는 무읍武邑이 있고, 청하군에는 동무성東武城이 있다.

⑥ 平舒평서

집해 서광이 말했다. "평서는 대군에 있다."

徐廣曰 平舒在代郡

정의 《괄지지》에서 말한다. "평서 고성은 울주 영구현 북쪽 93리에 있다."

括地志云 平舒故城在蔚州靈丘縣北九十三里也

신주 대군 평서는 원래 조나라 땅으로 한단에서 대군을 가려면 반드시 거치는 길목이다. 또 대군의 서쪽이지 울주가 아니다. 하간군 동단에 동평서東平舒가 있으니, 이곳으로 비정된다. 동평서는 하간군과 발해군 소속을 오갔다. 아울러 당나라 때 영주瀛州이다. 이렇듯 당시 연나라 남부이던 옛 연나라 땅을 조나라에 주었다.

20년, 진秦나라 왕 정政이 처음 즉위했다. 진나라는 조나라 진양晉陽을 함락시켰다.[1]

21년, 효성왕이 죽었다. 염파 장군은 번양繁陽[2]을 공격해 빼앗았다. 악승에게 염파를 대신하게 하자 염파가 악승을 공격했다. 악승은 달아나고 염파는 도망쳐 위나라로 들어갔다. 아들 언偃이 즉위했는데, 이이가 도양왕悼襄王이다.

도양왕 원년, 위魏나라와 화친을 맺으려고 성대하게 예의를 갖추었다.[3] 평읍平邑과 중모中牟의 길을 통하게 하고자 했는데 성공하지 못했다.[4]

二十年 秦王政初立 秦拔我晉陽[1] 二十一年 孝成王卒 廉頗將 攻繁陽[2] 取之 使樂乘代之 廉頗攻樂乘 樂乘走 廉頗亡入魏 子偃立 是爲悼襄王 悼襄王元年 大備[3]魏 欲通平邑中牟之道 不成[4]

---

① 秦拔我晉陽진발아진양

신주 전년에 서부 지역을 대거 진나라에게 잃었는데, 이때 다시 옛 도읍이자 서부 거점이던 진양을 빼앗겼으니, 상산과 대代 땅 등의 동북부마 저 진나라 공격권에 들게 되었다.

② 繁陽번양
[집해] 서광이 말했다. "돈구에 있다."
徐廣曰 在頓丘
[정의] 《괄지지》에서 말한다. "번양 고성은 상주 내황현 동북쪽 27리에 있다. 응소는 '번수繁水의 북쪽이므로 번양이라 한다.'라고 했다."
括地志云 繁陽故城在相州内黃縣東北二十七里 應劭云 繁水之北 故曰繁陽也

③ 大備대비
[집해] 서광이 말했다. "다른 판본에는 '수脩'로 되어 있다."
徐廣曰 一作脩
[정의] 거창하게 갖추어 예를 행하는 것을 이른다.
謂行大備之禮也

④ 平邑中牟之道 不成평읍중모지도 불성
[정의] 평읍은 위주 창락현 동북쪽 30리에 있다. 상주 탕음현 서쪽 58리에 모산牟山이 있다. 살펴보니 모산牟山 곁의 당시 2개 읍이 모두 위나라에 속했다. 황하黃河를 건너는데 길이 서로 통하게 하고자 한 것인데 끝내 이루지 못했다.
平邑在魏州昌樂縣東北三十里 相州湯陰縣西五十八里有牟山 按 (中)牟山之側 時二邑皆屬魏 欲渡黃河作道相通 遂不成也

2년, 이목李牧 장군은 연나라를 공격해 무수武遂와 방성方城^①을 빼앗았다.

진秦나라에서 춘평군을 불러들여 억류시켰다. 설균洩鈞^②이 그를 위해 문신후文信侯(여불위)에게 일러 말했다.

"춘평군은 조나라 왕이 매우 아끼는데 낭중郎中이 이를 시샘하고 있습니다. 이 때문에 서로 함께 모의해서 말하기를 '춘평군이 진나라로 들어가면 진나라에서 반드시 억류시킬 것이다.'라고 하면서 이 때문에 서로 모의해서 진나라로 들여보냈습니다. 지금 군께서 그를 억류하여 조나라와 단절되었으니 낭중의 계략이 적중한 것입니다. 군께서는 춘평군을 보내서 평도平都^③에 머물게 하는 것만 같지 못합니다. 춘평군의 언행을 조왕은 믿고 있으니 조왕은 반드시 후하게 조나라 땅을 할애해 평도와 바꿀 것입니다."

문신후가 말했다.

"좋은 계책이다."

이로 인해 그를 보내고^④ 한고韓皐에 성을 쌓았다.

二年 李牧將 攻燕 拔武遂方城^① 秦召春平君 因而留之 洩鈞^②爲之謂文信侯曰 春平君者 趙王甚愛之而郎中妬之 故相與謀曰 春平君入秦 秦必留之 故相與謀而内之秦也 今君留之 是絶趙而郎中之計中也 君不如遣春平君而留平都^③ 春平君者言行信於王 王必厚割趙而贖平都 文信侯曰 善 因遣之^④ 城韓皐

① 武遂方城무수방성

[집해] 서광이 말했다. "무수는 안평에 속한다."

徐廣曰 武遂屬安平

정의 《괄지지》에서 말한다. "역주 수성은 전국시대의 무수성武遂城이다. 방성은 옛날 유주 고안현 17리에 있다." 당시 2개 읍은 연나라에 속해 있어 조나라가 이목을 시켜 함락한 곳이다.

括地志云 易州遂城 戰國時武遂城也 方城故在幽州固安縣南十七里 時二邑屬燕 趙使李牧拔之也

신주 효성왕 19년에 연나라에 주었던 땅을 이때 다시 공격하여 빼앗았다.

② 泄鈞설균

정의 사람의 이름이다.

人姓名也

신주 진秦나라 대부이다.

③ 平都평도

정의 《괄지지》에서 말한다. "평도현은 지금 신흥군에 있고 양주현과 서로 가깝다."

(輿地理志)[括地志]云 平都縣在今新興郡 與陽周縣相近也

④ 因遣之인견지

집해 서광이 말했다. "〈육국연표〉에서 태자가 진나라에 인질로 갔다가 돌아왔다고 했다."

徐廣曰 年表云太子從質秦歸

정의 살펴보니 태자는 곧 춘평군이다.

按 太子即春平君也

3년, 방훤龐煖 장군이 연나라를 공격하여 장수 극신劇辛을 사로잡
았다.

4년, 방훤은 조나라, 초나라, 위나라, 연나라의 정예 군사를 거느
리고 진秦나라 최蕞 땅①을 공격했으나 함락시키지 못하고 군사를
옮겨 제나라를 공격해 요안饒安②을 빼앗았다.

5년, 부저傅抵③ 장군은 평읍平邑에 주둔하고, 경사慶舍는 동양東
陽④에 진을 치고, 하외河外의 군사가 다리를 지켰다.⑤

6년, 장안군을 요饒 땅⑥에 봉했다. 위나라에서 조나라에 업鄴 땅
을 주었다.

三年 龐煖將 攻燕 禽其將劇辛 四年 龐煖將趙楚魏燕之銳師 攻秦蕞①
不拔 移攻齊 取饒安② 五年 傅抵③將 居平邑 慶舍將東陽④河外師 守河
梁⑤ 六年 封長安君以饒⑥ 魏與趙鄴

① 蕞최
[집해] 서광이 말했다. "신풍에 있다."
徐廣曰 在新豊

② 饒安요안
[집해] 서광이 말했다. "발해군에 있다. 또 이르기를 '요饒는 북해군에
속하고 안安은 평원군에 속한다.'라고 했다."
徐廣曰 在渤海 又云饒屬北海 安屬平原
[정의] 요안은 창주현이다. 7국 시대에는 제나라에 속했고, 전국시대에
는 조나라에 속했다.

饒安 滄州縣也 七國時屬齊 戰國時屬趙

신주 요안은 삼국시대 발해군 소속으로, 옛날에 제나라에서 연나라로 가는 길목이었다. 《중국역사지도집》에서도 그렇게 나온다.

③ 傅抵부저

정의 앞글자는 '부付'로, 뒷글자는 '저邸'로 발음한다. 조나라 장수의 성명이다.

上音付 下音邸 趙將姓名

④ 東陽동양

정의 패주에 속하고 하수 북쪽 기슭에 있다.

屬貝州 在河北岸也

신주 패주는 한나라 청하군 일대이다. 이때 황하 물줄기가 지금 청하淸河였으니, 당시에는 황하 남쪽이었다.

⑤ 河外師 守河梁하외사 수하량

정의 하외河外는 (현재) 하수 남쪽 기슭인 위주 땅이다. 하량河梁은 하수의 다리이다.

河外 河南岸魏州地也 河梁 橋也

⑥ 饒요

정의 곧 요양饒陽이다. 영주 요양현 동쪽 20리에 있다. 요양의 고성은 한나라의 현이다. 장안군長安君은 이를 칭호로 한 것이 분명하다.

即饒陽也 瀛州饒陽縣東二十里饒陽故城 漢縣也 明長安君是號也

9년, 조나라가 연나라를 공격해 리貍와 양성陽城①을 빼앗았다. 군사를 해산하지 않았는데 진나라가 업 땅을 공격해 함락시켰다.② 도양왕이 죽고 아들 유목왕幽穆王 천遷이 계승했다.

유목왕 천③ 원년, 백인柏人에 성을 쌓았다.

2년, 진나라가 무성武城④을 공격하자, 호첩扈輒이 군사를 이끌고 구원했는데 군대는 패하고 그는 전사했다.

九年 趙攻燕 取貍陽城① 兵未罷 秦攻鄴 拔之② 悼襄王卒 子幽繆王遷立
幽繆王遷元年③ 城柏人 二年 秦攻武城④ 扈輒率師救之 軍敗 死焉

① 貍陽城이양성

[정의] 살펴보니 연나라에는 이양貍陽이 없다. 의심컨대 '이貍' 자가 잘못된 것으로 마땅히 '어양漁陽'이 되어야 한다. 옛 성은 단주 밀운현 남쪽 18리에 있는데 연나라 어양군성이다. 살펴보니 조나라 동쪽 강역은 영주瀛州에 닿았고 단주는 북쪽에 있으니, 조나라가 연나라를 공격하여 어양성을 빼앗은 것이다.

按 燕無貍陽 疑貍字誤 當作漁陽 故城在檀州密雲縣南十八里 燕漁陽郡城也
按趙東界至瀛州 則檀州在北 趙攻燕取漁陽城也

[신주] [정의]에서 이양貍陽을 어양으로 추정했다. 그러나 어양은 북경의 동북쪽에 있으니 여기를 점령하려면 연나라 도읍인 계薊를 함락하고 지나가야 하는데, 계를 함락했다는 기록이 없다. 《사기지의》에서 말한다. "《전국책》〈연책〉에서 연나라가 제나라 양성과 리를 공격하자 소대蘇代가 제나라 장군이 되어 연나라와 싸우다가 패했다고 했으니, 리와 양성은 두 곳의 지명이다. 연나라가 제나라에게서 빼앗았는데, 지금 또 조나

라에게 빼앗겼다." 이 또한 발해군 일대로 비정되며, 조나라는 연나라 땅을 야금야금 잠식했던 것으로 보인다.

② 攻鄴 拔之공업 발지

집해 서광이 말했다. "지금의 요양饒陽은 하간군에 있다. 또 〈육국연표〉에서는 알여閼與와 업鄴의 9개 성을 함락시켰다고 했다."

徐廣曰 今饒陽在河間 又年表曰拔閼與鄴九城

③ 幽繆王遷유목왕천

집해 서광이 말했다. "또 이르기를 '민왕湣王'이라고 한다.《세본》에는 효성왕 단丹은 도양왕 언偃을 낳고, 언은 지금의 왕인 천을 낳았다고 했다. 〈육국연표〉와《고사고》에는 모두 조천趙遷의 시호가 없다."

徐廣曰 又云 湣王 世本云孝成王丹生悼襄王偃 偃生今王遷 年表及史考趙遷皆無謚

색은 서광은 왕 천이 시호가 없다고 했는데, 지금 〈조세가〉에서 유독 유목왕幽繆王이라고 칭한 것은 아마 진나라가 조나라를 멸한 뒤에 신하들이 몰래 추시追謚했거나 태사공이 혹시 별도로 본 바가 있어 기록했을 것이다.

徐廣云王遷無謚 今惟此獨稱幽繆王者 蓋秦滅趙之後 人臣竊追謚之 太史公或別有所見而記之也

④ 秦攻武城진공무성

집해 서광이 말했다. "〈육국연표〉에서 진나라가 조나라 평양平陽을 함락시켰다고 한다."

徐廣曰 年表云秦拔我平陽

3년, 진나라가 적려赤麗와 의안宜安[①]을 공격하자 이목李牧이 군사를 인솔하고 비하肥下[②]에서 싸워 물리쳤다. 이목을 봉해 무안군武安君으로 삼았다.

4년, 진나라가 파오番吾[③]를 공격하자 이목이 싸워 물리쳤다.

三年 秦攻赤麗宜安[①] 李牧率師與戰肥下[②] 卻之 封牧爲武安君 四年 秦攻番吾[③] 李牧與之戰 卻之

① 宜安의안

[정의] 《괄지지》에서 말한다. "의안 고성은 항주 고성현 서남쪽 20리에 있다."

括地志云 宜安故城在恆州稿城縣西南二十里也

② 肥下비하

[정의] 《괄지지》에서 말한다. "비루 고성은 항주 고성현 서쪽 7리에 있는데, 춘추시대 때 비자국이며 백적의 한 종족이다."

括地志云 肥纍故城在恆州稿城縣西七里 春秋時肥子國 白狄別種也

③ 番吾파오

[정의] 앞글자 番는 '파婆'로 발음하고, 또 '반盤'으로도 발음한다. 또 '포蒲'로 되어 있다. 《괄지지》에서 말한다. "포오성은 항주 방산현 동쪽 20리에 있다."

上音婆 又音盤 又作蒲 括地志云 蒲吾城在恆州房山縣東二十里也

[신주] 항주는 항산군(상산군) 일대이다. 이곳을 잃으면 한단과 대代가 분

리되는데, 그것을 막는 데 이목의 활약이 컸다.

5년, 대代 땅, 악서樂徐 서쪽부터[1] 북쪽 평음平陰[2]까지 크게 지진이 일어났다. 이때 누대나 가옥, 담장 등, 태반이 무너지고 땅이 동서로 130보 갈라졌다.[3]

6년, 크게 흉년이 드니 백성이 유언비어를 만들어 말했다.

"조나라는 울부짖게 되고 진秦나라는 웃을 것이다. 믿지 못하겠지만 땅에서 새싹[4]이 나는 것을 보리라."

五年 代地大動 自樂徐以西[1] 北至平陰[2] 臺屋牆垣太半壞 地坼東西百三十步[3] 六年 大饑 民謠言曰 趙爲號 秦爲笑 以爲不信 視地之生毛[4]

---

① 自樂徐以西 자악서이서

집해 서광이 말했다. "서徐는 다른 판본에는 '제除'로 되어 있다."

徐廣曰 徐 一作除

② 平陰 평음

정의 악서는 진주에 있고 평음은 분주에 있다.

樂徐在晉州 平陰在汾也

③ 地坼東西百三十步 지탁동서백삼십보

정의 그 갈라진 도랑이 지금 남아 있는데 또한 진주와 분주의 두 주 강역에 있다.

其坏溝見在 亦在晉汾二州之界也

④ 毛모

신주 모毛에는 '새싹'이라는 뜻도 있다. 그래서 모종毛種이라고 하는 것이다.

> 7년, 진나라 사람들이 조나라를 공격하자 조나라 대장 이목과 장군 사마상司馬尙이 장수가 되어 공격했다. 이목은 살해되고 사마상은 파면되었다. 조총趙忽과 제나라 장군 안취顔聚가 대신했다. 조나라 군대는 무너지고 안취는 도망갔다. 조왕 천遷을 받들어 항복했다.①
>
> 8년 10월, 한단 땅은 진秦나라가 되었다.
>
> 七年 秦人攻趙 趙大將李牧將軍司馬尙將 擊之 李牧誅 司馬尙免 趙忽 及齊將顔聚代之 趙忽軍破 顔聚亡去 以王遷降① 八年十月 邯鄲爲秦

① 王遷降왕천항

집해 《회남자》에서 말한다. "조왕 천은 방릉房陵에 유배되어 고향을 생각하고 '산수山水의 노래'를 지었는데, 들으면 눈물을 흘리지 않는 자가 없었다."

淮南子云 趙王遷流於房陵 思故鄕 作爲山水之謳 聞之者莫不流涕

정의 《괄지지》에서 말한다. "조왕 천의 무덤은 방주 방릉현 서쪽 9리에 있다."

括地志云 趙王遷墓在房州房陵縣西九里也

방릉은 한중漢中에서 한수漢水를 따라 내려와서 중류에 있는 첩첩산중이다. 진秦나라의 주요 유배지였다.

태사공은 말한다.

내가 듣건대 풍왕손馮王孫이 말하기를 "조왕 천遷은 그 어머니가 창倡(가수)이었는데[1] 도양왕에게 총애를 입었다. 도양왕은 적자 가嘉를 폐하고 천을 세웠다. 천은 본래 선행도 없었고 참소만을 믿었다. 그러므로 그의 훌륭한 장수 이목을 죽이고 곽개郭開를 등용했다."라고 했다. 어찌 그릇된 정치가 아니겠는가?

진나라에서 이미 천을 포로로 잡자, 조나라의 도망친 대부들이 함께 가嘉를 세워서 왕으로 삼았다. 대代에서 왕노릇 한 지 6년이 되었다. 진나라가 군사를 진격시켜 가를 쳐부수고 마침내 조나라를 멸망시켜 군郡으로 삼았다.

太史公曰 吾聞馮王孫曰 趙王遷 其母倡也[1] 嬖於悼襄王 悼襄王廢適子嘉而立遷 遷素無行 信讒 故誅其良將李牧 用郭開 豈不繆哉 秦旣虜遷 趙之亡大夫共立嘉爲王 王代六歲 秦進兵破嘉 遂滅趙以爲郡

---

① 其母倡也기모창야

서광이 말했다. "《열녀전》에서는 한단의 창倡(가수, 배우)이라 했다."

徐廣曰 列女傳曰邯鄲之倡

사마정이 펼쳐서 밝히다.

조씨의 계보는 진나라와 같은 조상이다. 주나라 목왕은 서徐를 평정하고 조보를 봉했다. 숙대가 처음 진晉나라를 섬겼고 조숙은 봉토를 지녔다. 도안고는 명령을 위조하여 조씨를 주멸했지만 한궐은 조무를 세웠다. 보배로운 부절이 대代에 다다르고 끝내 백로가 자리 잡았다. 간자는 적견을 꿈꾸고 무령왕은 노래하는 처녀를 꿈꾸었다. 호복을 입고 비록 강해졌지만 후계자를 세운 것이 잘못되었다. 염파와 이목을 제대로 쓰지 못해서 왕 천遷은 포로가 되었구나.

趙氏之系 與秦同祖 周穆平徐 乃封造父 帶始事晉 夙初有土 岸賈矯誅 韓厥立武 寶符臨代 卒居伯魯 簡夢翟犬 靈歌處女 胡服雖強 建立非所 頗牧不用 王遷囚虜

[지도 2] 조세가

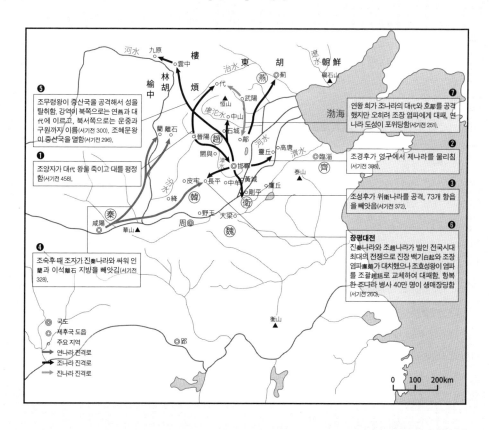

❺ 조무령왕이 중산국을 공격해서 성을 탈취함. 강역이 북쪽으로는 연燕과 대 代에 이르고, 북서쪽으로는 운중과 구원까지 이름(서기전 300). 조혜문왕 이 중산국을 멸함(서기전 296).

❶ 조양자가 대代 왕을 죽이고 대를 평정 함(서기전 458).

❹ 조숙후 때 조자가 진秦나라와 싸워 인 藺과 이석離石 지방을 빼앗김(서기전 328).

◎ 국도
◎ 제후국 도읍
◦ 주요 지역
➡ 연나라 진격로
➡ 조나라 진격로
➡ 진나라 진격로

0   100   200km

❼ 연왕 희가 조나라의 대代와 호鄗를 공격 했지만 오히려 조장 염파에게 대패, 연 나라 도성이 포위당함(서기전 251).

❷ 조경후가 영구에서 제나라를 물리침 (서기전 385).

❸ 조성후가 위衛나라를 공격, 73개 향읍 을 빼앗음(서기전 372).

❻ 장평대전
진秦나라와 조趙나라가 벌인 전국시대 최대의 전쟁으로 진장 백기白起와 조장 염파廉頗가 대치했으나 조효성왕이 염파 를 조괄趙括로 교체하여 대패함. 항복 한 조나라 병사 40만 명이 생매장당함 (서기전 260).

《신주 사마천 사기》〈세가〉를 만든 사람들

한가람역사문화연구소 사기연구실

이덕일(한가람역사문화연구소 소장, 문학박사)

김명옥(문학박사)

송기섭(문학박사)

이시율(고대사 및 역사고전 연구가)

정 암(지리학박사)

최원태(고대사 연구가)

한가람역사문화연구소는 1998년 창립된 이래 한국 사학계에 만연한 중화사대주의 사관과 일제식민 사관을 극복하고 한국의 주체적인 역사관을 세우려 노력하고 있는 학술연구소이다. 독립운동가들의 역사관 계승 작업을 꾸준히 진행하는 한편 《사기》 본문 및 '삼가주석'에 한국 고대사의 진실을 말해주는 수많은 기술이 있음을 알고 연구에 몰두했다. 지난 10여 년간 '《사기》 원전 및 삼가주석 강독(강사 이덕일)'을 진행하는 한편 사기연구실 소속 학자들과 《사기》에 담긴 한중고대사의 진실을 찾기 위한 연구 및 답사도 계속했다. 《신주 사마천 사기》는 원전 강독을 기초로 여러 연구자들이 그간 토론하고 연구한 결과의 집대성이라고 할 수 있다. 한가람역사문화연구소는 《신주 사마천 사기》 출간을 시작으로 역사를 바로세우기 위해 토대가 되는 문헌사료의 번역 및 주석 추가 작업을 꾸준히 이어갈 계획이다.

한문 번역 교정

박종민 유정님 오선이 김효동 이주은 김현석

《사기》를 지은 사람들

본문_ 사마천

사마천은 자가 자장子長으로 하양(지금 섬서성 한성시) 출신이다. 한
무제 때 태사공을 역임하다가 이릉 사건에 연루되어 궁형을 당했
다. 기전체 사서이자 중국 25사의 첫머리인 《사기》를 집필해 역사
서 저술의 신기원을 이룩했다. 후세 사람들이 태사공 또는 사천이
라고 높여 불렀다. 《사기》는 한족의 시각으로 바라본 최초의 중국
민족사라고 할 수 있는데 여기서 사마천은 동이족의 역사를 삭제
하거나 한족의 역사로 바꾸기도 했다.

삼가주석_ 배인·사마정·장수절

《집해》 편찬자 배인은 자가 용구龍駒이며 남북조시대 남조 송
(420~479)의 하동 문희(현 산서성 문희현) 출신이다. 진수의 《삼국지》
에 주석을 단 배송지의 아들로 《사기집해》 80권을 편찬했다.

《색은》 편찬자 사마정은 자가 자정子正으로 당나라 하내(지금 하남성
심양) 출신인데 굉문관 학사를 역임했다. 사마천이 삼황을 삭제한 것
을 문제로 여겨서 〈삼황본기〉를 추가했으며 위소, 두예, 초주 등
여러 주석자의 주석을 폭넓게 모으고 자신의 견해를 덧붙여 《사기
색은》 30권을 편찬했다.

《정의》 편찬자 장수절은 당나라의 저명한 학자로, 개원 24년(736)
《사기정의》 서문에 "30여 년 동안 학문을 섭렵했다"고 썼을 정도로
《사기》 연구에 몰두했다. 그가 편찬한 《사기정의》에는 특히 당나라
위왕 이태 등이 편찬한 《괄지지》를 폭넓게 인용한 것을 비롯해서
역사지리에 관한 내용이 풍부하다.